Caspar David Hermanns

# Einheit der Verwaltungsgerichtsbarkeit

Empfiehlt sich eine einheitliche Prozessordnung der öffentlich-rechtlichen Gerichtsbarkeiten?

# Planungsrecht
# Band 7

Herausgeber und Schriftleiter
Rechtsanwalt und Notar Prof. Dr. Bernhard Stüer
Honorarprofessor an der Universität Osnabrück

In dieser Schriftenreihe werden planungsrechtliche Themen behandelt. Dabei stehen das Bauplanungsrecht und die verschiedenen Fachplanungsrechte im Mittelpunkt. Aber auch die vielfältigen Bezüge des Planungsrechts zu verwandten Rechtsgebieten werden in dieser Schriftenreihe behandelt.

Caspar David Hermanns

# Einheit der Verwaltungsgerichtsbarkeit

## Empfiehlt sich eine einheitliche Prozessordnung der öffentlich-rechtlichen Gerichtsbarkeiten?

Universitätsverlag Rasch Osnabrück

Die Deutsche Bibliothek – CIP-Einheitsaufnahme

Hermanns, Caspar David:
Einheit der Verwaltungsgerichtsbarkeit : empfiehlt sich eine einheitliche Prozess-
ordnung der öffentlich-rechtlichen Gerichtsbarkeiten? / Caspar David Hermanns. –
Osnabrück : Univ.-Verl. Rasch, 2002
(Planungsrecht : Bd. 7)
Zugl. Osnabrück, Univ., Diss., 2001
ISBN 3-935326-43-2



ISBN 3-935326-43-2

# Geleitwort

Die Gerichtsorganisation in der Bundesrepublik Deutschland steht vor weitreichenden Veränderungen. Geringere finanzielle Handlungsspielräume der öffentlichen Haushalte stellen auch die dreigliedrige Verwaltungs-, Sozial- und Finanzgerichtsbarkeit in Frage und haben der Forderung nach einer einheitlichen Prozessordnung für die öffentlichen-rechtlichen Gerichtsbarkeiten in den letzten Jahren wieder Auftrieb gegeben. Ja – es mehren sich Stimmen, die auch eine Vereinheitlichung der Verwaltungs-, Sozial- und Finanzgerichtsbarkeit unter einem Dach für erwägenswert, vielleicht sogar schon in naher Zukunft für erforderlich halten.

*Hermanns*, der neben zahlreichen anderen öffentlich-rechtlichen Themen auch durch verschiedene Veröffentlichungen zur Entwicklung der Verwaltungsgerichtsbarkeit und des Verwaltungsprozessrechts hervorgetreten getreten ist, setzt sich mit den aktuellen prozessualen Fragen auseinander und schlägt einen integrativen Lösungsansatz zur Bewältigung der auf die Verwaltungsgerichtsbarkeit zukommenden Herausforderungen vor. Eine durchgreifende Reform, die diesen Namen verdient, muss zugleich auch die obersten Bundesgerichte des BVerwG, des BFH und des BSG zusammenfassen, was eine Änderung des Art. 95 GG voraussetzt. Im Verbund mit einer einheitlichen Prozessordnung könnten sich daraus vor allem erhebliche Effektivitätsgewinne erzielen lassen. Dabei sollten die jeweils besten Ansätze der gegenwärtigen Verfahrensordnungen ein Vorbild für das neue Prozessrecht bilden. *Hermanns* stellt die Verantwortlichen in Politik und Gesetzgebung dabei vor eine klare Entscheidungsalternative: Entweder es gelingt der große Wurf einer Einheit der öffentlich-rechtlichen Gerichtsbarkeit unter einem Dach mit einer einheitlichen Verfahrensordnung oder es bleibt alles wie es ist.

Band 7 ist Teil von planungsrechtlichen Veröffentlichungen in der Reihe „Planungsrecht". Band 1 behandelt Fragen der Verfahrensbeschleunigung, Band 2 die Planung von Großvorhaben. In Band 3 widmet sich Dr. Stefan Rude der Planreparatur im Städtebau. In Band 4 arbeitet Frau Dr. Claudia Plogmann die naturschutzrechtliche Konfliktbewältigung in der Bau- und Fachplanung auf. Band 5 gibt mit dem Städtebaurecht 2001 eine aktuelle Übersicht über die durch das Umweltgesetz 2001 bewirkten Gesetzesänderungen des BauGB und UVPG. In Band 6 widmet sich Dr. Dietmar Hönig dem Thema Fachplanung und Enteignung.

Im Mittelpunkt der Reihe „Planungsrecht" stehen das Bauplanungsrecht und das Fachplanungsrecht. Aber auch die vielfältigen Bezüge des Planrechts zu verwandten Rechtsgebieten werden in dieser Schriftenreihe behandelt.

Münster/Osnabrück, den 19. November 2001 Prof. Dr. Bernhard Stüer

# Vorwort

Die nachfolgende Arbeit ist die leicht überarbeitete und aktualisierte Fassung meiner Dissertation, die im Wintersemester 2001/2002 vom Fachbereich Rechtswissenschaft der Universität Osnabrück angenommen wurde. Die Anfertigung der Dissertation wurde mit Mitteln des Bundesministeriums für Wissenschaft und Forschung durch die Friedrich-Naumann-Stiftung unterstützt.

Ein Vorwort, insbesondere ein Vorwort einer publizierten Dissertation, dient auch immer dazu, sich bei denen zu bedanken, die zum Gelingen der Arbeit beigetragen haben. Mir ist dies ein Bedürfnis, nicht eine Pflicht.

Dank schulde ich als erstes meinen Eltern Hans und Marjo Hermanns, die durch ihre Erziehung und ihre ständige Fürsorge die Grundlagen für meine Entwicklung legten.

Bei Herrn Rechtsanwalt und Notar Professor Dr. Bernhard Stüer habe ich nicht nur für die wohlwollende Begleitung meines Dissertationsvorhabens und die Aufnahme der Arbeit in seiner Schriftenreihe zu bedanken. Seit 1996 hat er mich fortwährend maßgeblich gefördert und mich in allen meinen juristischen Vorhaben unterstützt. Professor Dr. Stüer hat mir die Möglichkeit gegeben, intensive Eindrücke der Kombination von praktischer juristischer Arbeit und wissenschaftlicher Forschung zu sammeln und so meine Ausbildung wohl am meisten geprägt. Mit ihm verbindet mich daher auch weitaus mehr, als das Verhältnis zwischen Doktorvater und Doktoranden.

Dank gebührt natürlich auch den Professoren, die mich im Studium gefördert und unterstützt haben. Dies waren während meiner Studienzeit in Mannheim die Herren Professor Dr. Björn Burkhardt, Professor Dr. Egon Lorenz und Professor Dr. Jürgen Wolter. In Osnabrück waren dies die Herren Professor Dr. Hans Achenbach, Professor Dr. Jörg Manfred Mössner und Professor Dr. Hans-Werner Rengeling. Herrn Professor Dr. Rengeling habe ich überdies für die Erstellung des Zweitgutachtens zu danken.

Berlin, im Oktober 2001

# Inhalt

# 1. Kapitel – Einleitung und Gang der Erörterung

## A. Einleitung

Nachdem die bundesdeutsche Gerichtsorganisation während der ersten fünfzig Jahre der Bundesrepublik weitgehend unangetastet blieb, steht sie nun vor weitreichenden Veränderungen. Nicht zuletzt erhöhte finanzielle Belastungen aller öffentlichen Haushalte infolge der Deutschen Einheit, ein allgemein festzustellender Trend zur Reduzierung staatlicher Tätigkeiten, aber auch Effizienzgesichtspunkte haben dazu geführt, die Organisation des bundesdeutschen Rechtsstaates zu hinterfragen und einer intensiven Kontrolle zuzuführen. Vor diesem Hintergrund einigte sich die Regierungskoalition der 14. Legislaturperiode auf eine grundlegende Justizreform, nach der die Eingangsgerichte gestärkt und die Mittelinstanz auf die Korrektur von Fehlern konzentriert werden sollte[1]. Hiervon ausgehend könne dann mittelfristig die Umgestaltung des Gerichtsaufbaus folgen[2].

Aber auch die Strukturen der öffentlich-rechtlichen Gerichtsbarkeiten sehen sich in zunehmenden Maße öffentlichen Rechtfertigungsdruck ausgesetzt. So hat insbesondere die Diskussion über eine einheitliche Prozeßordnung für die öffentlichen-rechtlichen Gerichtsbarkeiten in den letzten Jahren wieder Auftrieb bekommen[3]. Unter anderem sprach sich der Sachverständigenrat »Schlanker Staat«, der am 18.07.1995 von der Bundesregierung der 13. Legislaturperiode eingesetzt worden war, unter Bezugnahme auf den aus der insbesondere in den siebziger und achtziger Jahren des vorigen Jahrhunderts geführten Debatte resultierenden Gesetzentwurf zur VwPO, der zweimal eingebracht aber jeweils durch Ablauf der Legislaturperiode seine Erledigung fand, in seinem Abschlußbericht für eine einheitliche Prozeßordnung der öffentlich-rechtlichen Gerichtsbarkeiten aus[4]. Auch die jetzige Bundesregierung scheint nach den Worten der Bundesjustizministerin eine Vereinheitlichung der öffentlich-rechtlichen Prozeßordnungen anzustreben[5], zumal dieses Vorhaben Teil der – wenn auch hier eher vagen – Koalitionsvereinbarung ist[6]. Schließlich könnte auch eine Überprüfung der Gliederung der Finanzgerichtsbarkeit bevorstehen, wenn die Justizministerin an ihrem Votum für durchgängig dreigliedrige Gerichtsbarkeiten festhält[7].

---

1 Koalitionsvereinbarung zwischen der SPD und Bündnis 90/Die Grünen vom 20.10.1998, ZRP 1998, 485, 499.

2 *Däubler-Gmelin*, ZRP 1999, 81, 82.

3 *Stüer/Hermanns*, DÖV 2001, 505, 506.

4 Abschlußbericht des Sachverständigenrates »Schlanker Staat«, S. 128; ebenso *Schmidt-Jortzig*, recht 1998, 70; *Meyer-Teschendorf/Hofmann*, ZRP 1998, 132, 134.

5 *Däubler-Gmelin*, ZRP 1999, 81, 82.

6 Koalitionsvereinbarung zwischen der SPD und Bündnis 90/Die Grünen vom 20.10.1998, ZRP 1998, 485, 499.

7 *Däubler-Gmelin*, ZRP 1999, 81, 82.

Zum einen steht also der Gang des Verfahrens zur Diskussion, zum anderen können sich die Überlegungen auf die äußeren Bedingungen des Verfahrens, insbesondere die Gerichtsorganisation, erstrecken. Wird hier die Frage nach der Einheit der Verwaltungsgerichtsbarkeit im Hinblick auf eine einheitliche Prozeßordnung der öffentlichrechtlichen Gerichtsbarkeiten offen gestellt, geht es letztlich um das Vorhaben einer wesentlichen Neustrukturierung der Verwaltungsgerichtsbarkeit, zu dessen Bewertung sowohl die Gesichtspunkte der Organisation, als auch der Ausgestaltung des verwaltungsgerichtlichen Rechtsschutzes zu prüfen sind.

## B. Gang der Erörterung

Um aber die Frage beantworten zu können, ob sich eine Neustrukturierung mit dem Ziel der Herstellung der Einheit der Verwaltungsgerichtsbarkeit unter Einbeziehung einer einheitlichen Prozeßordnung für die öffentlich-rechtlichen Gerichtsbarkeiten empfiehlt, soll im folgenden nach der Bestimmung der Begrifflichkeiten (2. Kapitel) der tatsächliche Zustand der für eine Neustrukturierung in Frage kommenden Verwaltungsgerichtsbarkeiten erörtert werden (3. Kapitel). Diese Ausführungen dienen als Grundlage für die weitere Bearbeitung, bei der anschließend der gesetzliche und politische Rahmen einer Neustrukturierung der Verwaltungsgerichtsbarkeit dargestellt wird (4. Kapitel).

Sodann folgen die abwägenden Ausführungen einerseits zu den Zielen, andererseits zu den Vor- und Nachteilen einer Vereinheitlichung der Verfahrensordnungen (5. Kapitel) und der Verwaltungsgerichtsbarkeiten (6. Kapitel). Hierauf wird untersucht, ob aktuelle Aktivitäten des Gesetzgebers Auswirkungen auf die Möglichkeiten zu einer Neustrukturierung der Verwaltungsgerichtsbarkeiten und der zugehörenden Verfahrensordnungen haben (7. Kapitel). Gleichsam als Zusammenfassung der Untersuchung wird hierauf ein eigener Vorschlag zur Neustrukturierung der Verwaltungsgerichtsbarkeit und der Verfahrensordnungen dargestellt (8. Kapitel), bevor abschließend ein Resümee hinsichtlich aller erörterten Aspekte gezogen und ein Ausblick genommen wird (9. Kapitel).

# 2. Kapitel – Begriffsbestimmungen

Bevor mit der eigentlichen Erörterung der Fragestellung begonnen werden kann, müssen Begriffsbestimmungen vorgenommen werden. Es ist daher zunächst zu klären, was unter Verwaltungsgerichtsbarkeit (A.) sowie deren Neustrukturierung zu verstehen ist (B). Schließlich gilt es zu untersuchen, wann eine Empfehlung für eine Neustrukturierung ausgesprochen werden kann, also welchem Prüfungsmaßstab die aufgeworfene Fragestellung unterliegt (C.).

## A. Verwaltungsgerichtsbarkeit

### *I. Gerichtsbarkeit und Prozeßordnung*

#### 1. Gerichtsbarkeit

Ausgangspunkt bei der Bestimmung des Begriffs Verwaltungsgerichtsbarkeit ist Art. 95 Abs. 1 GG. Dieser benennt konkret und abschließend fünf Gerichtsbarkeiten sowie die fünf dazugehörenden obersten Bundesgerichte[8]. Unter Gerichtsbarkeit ist zum einen die Machtbefugnis des Staates, Rechtspflege auszuüben[9], zum anderen aber auch die zusammengefaßte Rechtspflegeorganisation als Subjekt, dem die Rechtspflege übertragen wurde, zu verstehen[10]. Die maßgebliche rechtsstaatliche Funktion der rechtsprechenden Gewalt ist es, in Fällen verletzten oder bestrittenen Rechts autoritativ zu entscheiden[11]. Bei ihrer Bezeichnung im einzelnen bezieht sich das GG auf die Begriffe, die zur typologischen Abgrenzung der Rechtsmaterien gewöhnlich verwendet werden[12] und setzt den Begriff Gerichtsbarkeit voraus. Die genannten Bundesgerichte verkörpern also die letzte Instanz der durch ihre eigene Nennung begründeten Gerichtsbarkeiten[13].

#### 2. Prozeßordnung

Zwar haben die Prozeßordnungen genauso wie die Organisation der Gerichtsbarkeit als solche den Zweck, die rechtsstaatliche Funktion der rechtsprechenden Gewalt zu verwirklichen und in Fällen verletzten oder bestrittenen Rechts autoritativ zu entscheiden[14]. Die Prozeßordnungen füllen grundsätzlich nur den Rahmen aus, innerhalb dessen die Gerichte der jeweiligen Gerichtsbarkeiten ihre Entscheidungen treffen. Mittels der entsprechenden Prozeßordnung wird der Gang des gerichtlichen Verfahrens im Einzelfall

---

8 *Meyer*, in: *von Münch/Kunig*, GG, III, Art. 95, Rn. 4.

9 *Kronisch*, in: *Sodan/Ziekow*, VwGO, § 1, Rn. 30.

10 *Wolf*, Gerichtsverfassungsrecht, S. 44; *Cartellieri*, BB 1953, 1021.

11 *Degenhart*, in: *Isensee/Kirchhof*, HStR, III, § 76, Rn. 1; *Menger*, System des verwaltungsgerichtlichen Rechtsschutzes, S. 59 f.

12 *Meyer*, in: *von Münch/Kunig*, GG, III, Art. 95, Rn. 8.

13 *Degenhart*, in: *Isensee/Kirchhof*, HStR, III, § 75, Rn. 5.

14 *Wolf*, Gerichtsverfassungsrecht, S. 33; *Degenhart*, in: *Isensee/Kirchhof*, HStR, III, § 76, Rn. 1; *Scherer*, Entwurf einer VwPO, S. 17 f.

bestimmt und die konkrete Erfüllung des verfassungsrechtlichen Rechtsschutzauftrags sichergestellt[15]. Zwar enthalten verschiedene Verfahrensordnungen gerichtsorganisatorische Bestimmungen, deren jeweilige Verortung jedoch historisch begründet ist und sich auf wenige Normen beschränkt. So sind die Prozeßordnungen von dem Begriff der Gerichtsbarkeit, der, wie dargestellt, insbesondere die organisatorische Gliederung der rechtsprechenden Gewalt beschreibt, zu unterscheiden[16].

## *II. Abstrakte Bestimmung von Verwaltungsgerichtsbarkeit*

### 1. Der Begriff Verwaltung

Der Begriff Verwaltungsgerichtsbarkeit wird aus den Begriffen Verwaltung und Gerichtsbarkeit zusammengesetzt. Letzterer wurde oben bestimmt, so daß demgemäß die Verwaltungsgerichtsbarkeit die zusammengefaßte Rechtspflegeorganisation mit der Aufgabe ist, die Machtbefugnis des Staates Rechtspflege so auszuüben, daß das Handeln der Verwaltung kanalisiert wird. Von dem geklärten Begriff der Gerichtsbarkeit ausgehend stellt sich nun die Frage, was unter Verwaltung zu verstehen ist. Hier wird zwischen Verwaltung im organisatorischen Sinne und Verwaltung im materiellen Sinne unterschieden. So wird unter Verwaltung im organisatorischen Sinne die Gesamtheit der Verwaltungsträger und ihrer Untergliederungen verstanden. Zur Verwaltung gehören damit alle Organisationseinheiten, hinter denen unmittelbar oder mittelbar der Staat steht[17].

### 2. Kombination der Begriffe Verwaltung und Gerichtsbarkeit

Der organisatorische Begriff der Verwaltung ist allerdings statisch, weil er sich auf die Definition von Strukturen beschränkt. Diese Strukturen sind aber nicht lebendig. Lebendig werden sie allenfalls erst durch Aufgaben, die unter anderem unter Orientierung an diesen Strukturen erfüllt werden müssen. Die Art der Aufgabenerfüllung prägt daher das Verwaltungshandeln, so daß die Verwaltung erst durch das an ihren Aufgaben orientierte Handeln, das als Verwaltung im materiellem Sinne bezeichnet wird[18], ihren Ausdruck findet.

Hiermit korrespondiert, daß sich die gerichtliche Kontrolle der Exekutive nicht auf deren Einrichtungen, sondern auf ihr Handeln bezieht[19], denn erst dieses ist, wie oben ausgeführt, einer gerichtlichen Kontrolle zugänglich.

Doch das Handeln der Verwaltung ist vielgestaltig und nicht jedes Handeln der Verwaltung bedarf der verwaltungsgerichtlichen Kontrolle. Gegenstand der Verwaltungsgerichtsbarkeit muß vielmehr verwaltungsspezifisches Handeln sein. Ein solches Handeln ist gegeben, wenn es nach Maßgabe des öffentlichen Rechts entschieden wird, die Natur

15 *BVerfG*, Urt. v. 14.05.1996 – 2 BvR 1516/93 – BVerfGE 94, 166, 213; (*2. Kammer des 2. Senats*) Beschl. v. 10.08.1999 – 2 BvR 184/99 – NJW 2000, 649, 650.
16 *Degenhart*, in: *Isensee/Kirchhof*, HStR, III, § 75, Rn. 4.
17 *Ehlers*, in *Erichsen*, Allg. VerwR., § 1, Rn. 4.
18 *Ehlers*, in *Erichsen*, Allg. VerwR., § 1, Rn. 5.
19 *Bettermann*, in: *Isensee/Kirchhof*, HStR, III, § 73, Rn. 9 f.

des Rechtsverhältnisses mithin öffentlich-rechtlich ist[20]. Allerdings führt diese definitorische Formel nur begrenzt weiter. Zum einen dient sie regelmäßig der Feststellung, ob der Verwaltungsrechtsweg eröffnet ist und zum anderen bleibt immer noch unklar, was das öffentliche Recht in Abgrenzung zum privaten Recht nun ist.

Für die Abgrenzung zwischen öffentlich-rechtlichen und privaten Rechtsverhältnissen werden im allgemeinen die Interessen-, die Subordinations- und die Subjektstheorie verwendet, von denen sich einerseits keine durchzusetzen vermochte, andererseits aber auch keine endgültig verdrängt wurde. Hieraus wird geschlossen, daß zwar in jeder ein wahrer Kern stecke, jedoch keine die ganze Wahrheit enthalte[21]. Unabhängig aber von der Abgrenzung im einzelnen stimmen die Theorien zumindest insoweit überein, daß diejenigen Pflichten, Rechte, Ansprüche und Rechtsverhältnisse öffentlich-rechtlicher Natur sind, die sich aus einem Rechtssatz ergeben, der nicht jedermann verpflichtet und berechtigt. Vielmehr ist es notwendig, daß nur der Staat oder ein anderes Rechtssubjekt durch Staatsakt zur Wahrnehmung von Angelegenheiten der Gemeinschaft verpflichtet oder berechtigt werden[22].

Da aber der Verwaltungsrechtsschutz nicht allein von den Verwaltungsgerichten, sondern infolge von Sonderzuweisungen auch von der ordentlichen Gerichtsbarkeit ausgeübt wird[23], kann anhand der vorgenommenen Abgrenzung zwischen öffentlich-rechtlichen und privaten Rechtsverhältnissen nicht der Schluß vorgenommen werden, daß eine öffentlich-rechtliche Gerichtsbarkeit und damit eine Verwaltungsgerichtsbarkeit immer dann gegeben ist, wenn das betreffende Gericht für die Entscheidung von Streitigkeiten über derartige Pflichten, Rechte, Ansprüche oder Rechtsverhältnisse der dargestellten Art zuständig ist. Wenn über öffentlich-rechtliche Rechtsverhältnisse gerichtlich entschieden wird, handelt es sich vielmehr immer um Verwaltungsrechtsprechung, wobei diese Verwaltungsrechtsprechung eben nicht notwendigerweise von einer Verwaltungsgerichtsbarkeit wahrgenommen wird.

### *III. Einordnung der einzelnen Gerichtsbarkeiten*

Folglich ist anhand der bisherigen Ausführungen noch nicht geklärt, welche der fünf im Grundgesetz genannten Gerichtsbarkeiten als Verwaltungsgerichtsbarkeit zu bezeichnen sind.

Da eine definitorische Herleitung aus dem Organisationsrecht des Grundgesetzes nicht möglich ist, könnte eine am Wortlaut orientierte Bestimmung und des weiteren eine einfachgesetzliche Bestimmung aus dem jeweiligen Fachrecht der betreffenden Gerichtsbarkeit möglich sein. Aus der begrifflichen und inhaltlichen Differenzierung zwischen Gerichtsbarkeit einerseits und Prozeßordnung andererseits folgt nämlich nicht, daß die Bestimmung, wann eine Verwaltungsgerichtsbarkeit gegeben ist, mittels der einfachgesetzlichen Prozeßordnungen ausgeschlossen wäre. Gerade weil die Prozeßord-

---

20 *GmSOGB*, Beschl. v 10.04.1986 – GmS-OGB 1/85 – BVerwGE 74, 368, 370; *BVerwG*, Urt. v. 16.01.1997 – 4 A 12.94 – BVerwGE 104, 29, 31; Urt. v. 26.01.1995 – 3 C 21.93 – BVerwGE 97, 331, 335; Urt. v. 25.02.1982 – 2 C 30.79 – NVwZ 1983, 220; *von Oertzen*, in: *Redeker/von Oertzen*, VwGO, § 40, Rn. 6.

21 *Bachof*, in: Festgabe für das *BVerwG*, S. 1, 6.

22 *Wolff/Bachof*, VerwR I, § 22, Rn. 27; i. E. auch *Wolf*, Gerichtsverfassungsrecht, S. 101.

23 *Kronisch*, in: *Sodan/Ziekow*, VwGO, § 1, Rn. 31.

nungen den Rahmen des Aufgabenfeldes der jeweiligen verfassungsrechtlich vorgegebenen Gerichtsbarkeit ausfüllen, Gerichtsbarkeit und Prozeßordnung trotz ihrer inhaltlichen Unterscheidung also einander bedingen, ist es möglich, durch die Prozeßordnungen Rückschlüsse auf die Art der jeweiligen Gerichtsbarkeit vorzunehmen.

### 1. Allgemeine Verwaltungsgerichtsbarkeit

Nach § 40 Abs. 1 VwGO sind die Verwaltungsgerichte für alle öffentlich-rechtlichen Streitigkeiten nichtverfassungsrechtlicher Art zuständig, soweit keine Sonderzuweisung gegeben ist. Dies bedeutet, daß die Verwaltungsgerichte grundsätzlich alle Rechtsstreitigkeiten entscheiden sollen, die im öffentlichen Recht begründete Pflichten, Rechte, Ansprüche oder Rechtsverhältnisse betreffen. Insofern stimmen also einfachgesetzliche Definition und materielle Aufgaben der Verwaltungsgerichtsbarkeit überein. Bei der allgemeinen Verwaltungsgerichtsbarkeit handelt es sich daher um die ursprüngliche Verwaltungsgerichtsbarkeit, deren Berücksichtigung bei der aufgeworfenen Fragestellung unabdingbar ist.

### 2. Sozialgerichtsbarkeit als Verwaltungsgerichtsbarkeit

Die Sozialgerichtsbarkeit ist gemäß § 1 SGG eine besondere Verwaltungsgerichtsbarkeit. Fraglich ist auch hier, ob diese einfachgesetzliche Definition mit den materiellen Aufgaben der Sozialgerichtsbarkeit übereinstimmt. Durch die Verwendung des Ausdrucks besondere Verwaltungsgerichtsbarkeit soll ein Gegenpol zur allgemeinen Verwaltungsgerichtsbarkeit gebildet werden, wie vielfach die Verwaltungsgerichtsbarkeit bezeichnet wird, die die VwGO anwendet[24]. Darüber hinaus ist die Sozialgerichtsbarkeit gemäß § 51 SGG für die dort genannten öffentlich-rechtlichen Streitigkeiten zuständig[25], wie auch allgemein das Recht der Sozialversicherung dem öffentlichen Recht zugerechnet wird und die Sozialgerichtsbarkeit als aus historischen Gründen entstandene Sonderverwaltungsgerichtsbarkeit bezeichnet wird[26]. Insofern stimmt die einfachgesetzliche Definition des § 1 SGG mit den der Sozialgerichtsbarkeit gemäß § 51 SGG zugewiesenen Aufgaben überein. Die Sozialgerichtsbarkeit ist demgemäß ebenfalls eine Verwaltungsgerichtsbarkeit, die in die Überlegungen zur Neustrukturierung der Verwaltungsgerichtsbarkeit einzubeziehen ist.

### 3. Finanzgerichtsbarkeit als Verwaltungsgerichtsbarkeit

Des weiteren könnte die Finanzgerichtsbarkeit zu den Verwaltungsgerichtsbarkeiten zählen. Gemäß § 1 FGO handelt es sich bei der Finanzgerichtsbarkeit um eine besondere Verwaltungsgerichtsbarkeit, der nach § 33 Abs. 1 FGO öffentlich-rechtliche Streitigkeiten über speziell benannte Abgaben zugeordnet sind. Auch die Entstehung einer eigenständigen Finanzgerichtsbarkeit hat mehr historische als inhaltliche Gründe[27]. Nach den obigen Ausführungen zählt die Finanzgerichtsbarkeit folglich zu den Ver-

---

24 *Detterbeck*, in: *Sachs*, GG, Art. 95, Rn. 5; *Geiger*, in: *Eyermann*, VwGO, § 1, Rn. 2; *Ule*, DVBl. 1967, 345, 346.
25 *Degenhart*, in: *Isensee/Kirchhof*, HStR, III, § 75, Rn. 9.
26 *Ule*, NJW 1968, 967.
27 *Ule*, NJW 1968, 967.

waltungsgerichtsbarkeiten und muß in die Überlegungen zu einer Neustrukturierung der Verwaltungsgerichtsbarkeit einbezogen werden.

### 4. Strafgerichtsbarkeit als Verwaltungsgerichtsbarkeit

Schließlich stellt sich die Frage, ob auch die Strafgerichtsbarkeit zu den Verwaltungsgerichtsbarkeiten zu zählen ist. Ausgangspunkt der Prüfung ist hier die Überlegung, daß die Verwaltungsgerichtsbarkeiten mit der Entscheidung öffentlich-rechtlicher Streitigkeiten befaßt sind. Nun haben die Strafgerichte die Aufgabe, das einseitig dem Staat zustehende Recht, über die Bürger Strafgewalt auszuüben, in geordnete Bahnen zu lenken[28]. So ist die Strafgerichtsbarkeit für die Ausübung und Kontrolle des staatlichen Rechts, über die Verhängung von Strafen zu entscheiden, zuständig. Insofern handelt es sich beim Strafprozeßrecht um öffentliches Recht[29], so daß es sich bei der Strafgerichtsbarkeit grundsätzlich auch um eine öffentlich-rechtliche Gerichtsbarkeit handelt.

Dies bedeutet jedoch nicht, daß es sich bei der Strafgerichtsbarkeit folglich zwangsläufig um eine Verwaltungsgerichtsbarkeit handelt. Denn traditionell[30] und gemäß § 12 GVG i. V. m. den §§ 24, 60, 116 und 130 GVG wird die Strafgerichtsbarkeit der ordentlichen Gerichtsbarkeit zugeordnet. Allerdings kann weder eine traditionelle, noch eine organisatorische Einordnung über die tatsächliche Rechtsnatur einer Gerichtsbarkeit hinwegtäuschen. Bei dieser Einordnung handelt es sich nämlich nur um einen äußeren Umstand, der mit der materiellen Aufgabe der Gerichtsbarkeit nichts zu tun hat.

Gleichwohl könnte ein Grund vorliegen, der eine Einordnung der Strafgerichtsbarkeit als Verwaltungsgerichtsbarkeit verbieten könnte. Letztere dient nämlich dem Rechtsschutz des Bürgers gegen alle Akte öffentlicher Gewalt[31]. Ihr Tätigwerden ist nicht Voraussetzung für die Erfüllung öffentlich-rechtlicher Verpflichtungen. Vielmehr wird sie grundsätzlich nur reaktiv auf Verlangen des Bürgers tätig. Die Strafgerichtsbarkeit dagegen führt nach ihrer Einschaltung im Rahmen der Strafprozeßordnung selbständig und ausschließlich das Verfahren und kann dabei auch in die Rechtssphäre des Betroffenen eingreifen[32]. Verfahrensmaxime ist unter Beachtung der Grund- und Verfahrensrechte des Beschuldigten die Feststellung des rechtsstaatlich abzuleitenden Strafanspruchs[33]. Dementsprechend bestimmt § 33 FGO auch ausdrücklich die Unanwendbarkeit der FGO bei Steuerstrafverfahren, da das Verfahren der FGO eine andere Zielsetzung hat.

Daher ist die Strafgerichtsbarkeit zwar eine öffentlich-rechtliche Gerichtsbarkeit, die sich im Hinblick auf die Aufgabenstellung[34] deutlich von den Verwaltungsgerichtsbarkeiten unterscheidet[35]. Die Strafgerichtsbarkeit ist daher eine öffentlich-rechtliche Gerichtsbarkeit sui generis, die nicht zu den Gerichtsbarkeiten gehört, die in die Überle-

28 *Roxin*, Strafverfahrensrecht, § 1, Rn. 1.

29 *Kleinknecht/Meyer-Goßner*, StPO, Einl., Rn. 5.

30 *Wolf*, Gerichtsverfassungsrecht, S. 91.

31 *Degenhart*, in: *Isensee/Kirchhof*, HStR, III, § 75, Rn. 8; *Kraft*, in: Festgabe für *Grüner*, S. 311, 314.

32 *Roxin*, Strafverfahrensrecht, § 1, Rn. 12.

33 *Degenhart*, in: *Isensee/Kirchhof*, HStR, III, § 75, Rn. 10.

34 *Knauer*, Zur Vereinheitlichung der verwaltungsgerichtlichen Verfahrensordnungen, S. 4.

35 *Menger*, System des verwaltungsgerichtlichen Rechtsschutzes, S. 84.

gungen einer Neustrukturierung der Verwaltungsgerichtsbarkeit einbezogen werden soll.

### 5. Weitere Verwaltungsgerichtsbarkeiten

Neben den dargestellten Verwaltungsgerichtsbarkeiten treten noch verschiedene andere besondere Verwaltungsgerichtsbarkeiten. Dies sind im wesentlichen die Dienst- und Berufsgerichtsbarkeiten und die Patengerichtsbarkeit[36]. Die Berufsgerichtsbarkeiten beruhen auf Bundes- oder Landesgesetzen und sind staatliche Gerichtsbarkeiten, die vor allem aus Gründen der richterlichen Unabhängigkeit organisatorisch von den öffentlich-rechtlichen Körperschaften, die den jeweiligen Berufsstand tragen, getrennt sind. Sowohl Dienst- als auch Berufsgerichtsbarkeit sind daher öffentlich-rechtliche Gerichtsbarkeiten und eng mit der staatlichen Gerichtsbarkeit verzahnt[37], wenn sie auch nicht sämtlich den organisierten Verwaltungsgerichtsbarkeiten zugeordnet sind. Obwohl also in den Berufs- und Dienstgerichtsbarkeiten die dargestellten Aufgaben der Verwaltungsgerichtsbarkeiten wahrgenommen werden, werden sie dennoch nicht in die folgende Darstellung explizit miteinbezogen. Sie sind nämlich einerseits ohnehin schon so eng mit den Verwaltungsgerichtsbarkeiten verbunden, daß sich eine Neustrukturierung der Verwaltungsgerichtsbarkeiten zwangsläufig auch auf sie auswirken würde. Es kommt daher auch nicht von ungefähr, daß derzeit eine Integration der Bundesdisziplinargerichtsbarkeit in die allgemeine Verwaltungsgerichtsbarkeit betrieben wird. Andererseits ist oft auch eine Zuordnung zur ordentlichen Gerichtsbarkeit gegeben, so daß es einer gesonderten Untersuchung bedürfte, ob diese vorgenommene Ansiedlung verändert werden sollte. Insofern wird im folgenden auf die Dienst- und Berufsgerichtsbarkeiten grundsätzlich nicht mehr besonders eingegangen.

## B. Der Begriff der Neustrukturierung der Verwaltungsgerichtsbarkeit

Als nächstes stellt sich die Frage nach dem Begriff der Neustrukturierung. Für sich genommen ist der Begriff der Neustrukturierung kein Rechtsbegriff, so daß zu seiner Bestimmung als erstes der allgemeine Sprachgebrauch zu bemühen ist. Nach dem allgemeinen Sprachgebrauch bedeutet Neustrukturierung, daß eine bestehende Struktur verändert wird. Nach rechtlicher Würdigung wird unter einer Neustrukturierung auch eine Neuordnung[38] oder Neuorganisation[39] verstanden. Ein bestehendes System soll demgemäß verändert werden. Hier wird die Frage der Neustrukturierung der Verwaltungsgerichtsbarkeit aufgeworfen, so daß sich folglich eine Neustrukturierung nur auf die Änderung der bisherigen Gliederung und Organisation der Verwaltungsgerichtsbarkeit beziehen kann.

Wie sich aus den obigen Ausführungen ergibt, ist die Verwaltungsgerichtsbarkeit in mehrere funktional nebeneinanderstehende Verwaltungsgerichtsbarkeiten aufgeteilt[40]. Da sich die Fragestellung aber auf die Verwaltungsgerichtsbarkeit im allgemeinen be-

36 *Kronisch*, in: *Sodan/Ziekow*, VwGO, § 1, Rn. 34.

37 *Stelkens*, in: *Schmidt-Aßmann/Schoch/Pietzner*, VwGO, § 1, Rn. 18.

38 *BVerwG*, Beschl. v. 08.07.1998 – 4 BN 22.98 – NJ 1998, 553 (Ls.).

39 *BVerwG*, Urt. v. 15.10.1980 – 7 C 64.77 – Buchholz 421.2 HSchulG Nr. 84; Urt. v. 15.10.1980 – 7 C 15.77 – Buchholz 421.2 HSchulG Nr. 84.

40 *Bettermann*, ZZP 70 (1957), 161, 164.

zieht und sich nicht auf eine Verwaltungsgerichtsbarkeit beschränkt, sind alle drei großen Verwaltungsgerichtsbarkeiten, also einerseits die allgemeine Verwaltungsgerichtsbarkeit und andererseits die schon vor ihrer Kodifizierung als besondere Verwaltungsgerichtsbarkeiten bezeichneten Finanz- und die Sozialgerichtsbarkeit[41] in die Untersuchung miteinzubeziehen. So wird der Begriff der Verwaltungsgerichtsbarkeit in zweifacher Hinsicht verwendet, nämlich einmal allgemein als Oberbegriff und im übrigen mit entsprechendem Zusatz als Bezeichnung der jeweiligen Fachgerichtsbarkeit[42].

## C. Maßstab der Empfehlsamkeit einer Neustrukturierung

### *I. Allgemeine Begriffsbestimmung*

Wenn die Frage gestellt wird, ob sich eine Neustrukturierung der Verwaltungsgerichtsbarkeit empfiehlt, gilt es aber zunächst zu klären, wann sich ganz grundsätzlich etwas empfiehlt, was also unter dem Begriff des Empfehlens zu verstehen ist, damit bei der späteren Prüfung der Empfehlsamkeit ein einheitlicher Bewertungsmaßstab für deren Beurteilung herangezogen werden kann.

Auch hier ist wiederum auf den allgemeinen Sprachgebrauch abzustellen, nach dem sich etwas empfiehlt, wenn es nach einer Saldierung aller positiven und negativen Erwartungen für vorteilhaft gehalten wird. Nach rechtlicher Würdigung ist ein Vorteil daher dann angenommen worden, wenn der zu beurteilende Sachverhalt dem verfolgten Ziel von Nutzen ist[43], dessen Interessen fördert[44] oder die betreffende Gesamtsituation verbessert[45]. Ein Nachteil ist als Kehrseite eines zumeist – aber doch nicht zwingend – gegebenen materiellen oder vermögensrechtlichen Vorteils zu sehen[46]. Vorteil und Nachteil sind demgemäß ein gegenpoliges Begriffspaar[47], das letztlich zueinander in Relation gesetzt[48], mithin gegeneinander abgewogen werden muß.

Eine wie oben vorgenommene Begriffsbestimmung der Empfehlsamkeit mittels der Begriffe der Vor- und Nachteile ist aber abstrakt, mit der Folge, daß anhand dieser keine eigenständige Aussage zu einer Fragestellung getroffen werden kann. Denn ohne einen konkreten Maßstab, läßt sich der abstrakte Begriff der Empfehlsamkeit nicht in die Untersuchung einbinden. Deshalb ist es erforderlich, die abstrakten Aussagen über Vor- und Nachteile in Bezug zu dem Themenkomplex zu setzen, dessen Vor- und Nachteile ermittelt werden sollen. Dieses Bezugsverhältnis benötigt den gegebenen Zustand sowie

---

41 *Bettermann*, ZZP 70 (1957), 161, 195.

42 *Cartellieri*, BB 1953, 1021.

43 *BVerfG*, Beschl. v. 26.05.1993 – 2 BvR 208/93 – BVerfGE 89, 1, 6; Beschl. v. 09.01.1991 – 1 BvR 929/89 – NJW 1991, 1807, 1808; Beschl. v. 06.11.1984 – 2 BvL 16/83 – NJW 1985, 727, 728; Urt. v. 28.02.1980 – 1 BvL 17/77, 1 BvR 87/78 u. a. – BVerfGE 53, 257, 290.

44 *BVerfG* (Vorprüfungsausschuß), Beschl. v. 10.12.1985 – 1 BvR 1724/83 – NJW 1986, 1923, 1924.

45 *BVerfG* (Vorprüfungsausschuß), Beschl. v. 19.10.1983 – 2 BvR 859/83 – NJW 1984, 428, 429.

46 *VG Stuttgart*, Beschl. v. 04.06.1981 – A 14 K 865/80 – NJW 1982, 541, 542.

47 *BVerfG*, Urt. v. 08.04.1987 – 1 BvL 8/84, 1 BvL 16/84 – NJW 1987, 2359, 2362; Beschl. v. 06.10.1981 – 2 BvR 384/81 – NJW 1982, 161, 163; *(2. Kammer des 2. Senats)*, Beschl. v. 02.02.1993 – 2 BvR 1491/91 – NJW 1993, 3316, 3317.

48 *BVerfG*, Beschl. v. 08.02.1983 – 2 BvL 20/81 – NJW 1983, 1179, 1181.

die Ziele dieses Themenkomplexes als Determinanten. Diese Ziele lassen sich nur anhand von Gemeinwohlbelangen bestimmen, die sich wiederum unmittelbar aus dem Gesetz ergeben. Ob sich eine Neustrukturierung der Verwaltungsgerichtsbarkeit empfiehlt, ist folglich maßgeblich anhand der im Grundgesetz festgeschriebenen Aufgaben der Verwaltungsgerichtsbarkeit zu bestimmen.

### *II. Empfehlsamkeit – Bestimmung durch die Aufgabe der Verwaltungsgerichtsbarkeit*

Fraglich ist daher, welche Aufgabe die Verwaltungsgerichtsbarkeit hat, was also durch sie erreicht werden soll, denn ohne Kenntnis des Auftrages der Verwaltungsgerichtsbarkeit und ihres konkreten Zustands ist eine Bestimmung, was empfehlsam ist, nicht möglich.

#### 1. Rechtsschutzgarantie durch Art. 19 Abs. 4 GG

Grundlage der Tätigkeit der Verwaltungsgerichtsbarkeit ist Art. 19 Abs. 4 GG, der die justizförmige, gerichtliche Kontrolle der Verwaltung gewährleistet, indem er eine unmittelbare Rechtsschutzgarantie für die typischerweise vorliegende Eingriffskonstellation, bei der die Träger öffentlicher Gewalt zumeist einseitig-verbindlich über die Rechtssphäre des Bürgers entscheiden, verbürgt[49].

Dies setzt zum einen effektive Möglichkeiten des Rechtsschutzes voraus, wobei sowohl der Rechtsweg, als auch die Rechtsmittel hinreichend bestimmt und wirksamer Rechtsschutz in angemessener Frist erreichbar sein müssen[50]. Zu dieser formellen Aufgabe der Verwaltungsgerichtsbarkeit tritt nach Art. 20 Abs. 3 GG das materielle Schutzziel, das durch jegliche gerichtliche Verfahren erreicht werden soll und ohne das die anderen Aufgaben der Verwaltungsgerichtsbarkeit funktionslos würden[51], nämlich die Wahrung der materiellen Rechte des Bürgers[52].

#### 2. Kontrolle der Gesetzmäßigkeit der Verwaltung

Allerdings darf dieser Rechtsschutzauftrag nicht isoliert betrachtet werden. Auch zu beachten ist der von der Verwaltung zu erfüllende Vollzugsauftrag zugunsten des Gemeinwohls[53]. Weitere Aufgabe der Verwaltungsgerichtsbarkeit ist es, die Beachtung und Verwirklichung des objektiven Rechts durch die sich ebenfalls aus Art. 20 Abs. 3

49 *Degenhart*, in: *Isensee/Kirchhof*, HStR, III, § 76, Rn. 2; *Rieß*, Zur Reform der öffentlichrechtlichen Gerichtsbarkeit, S. 6; *Stüer/Hermanns*, DÖV 2001, 505, 506.

50 *BVerfG*, Beschl. v. 20.04.1982 – 2 BvL 26/81 – BVerfGE 60, 253, 269; Beschl. v. 16.12.1980 – 2 BvR 419/80 – BVerfGE 55, 349, 369; Beschl. v. 28.10.1975 – 2 BvR 883/73 u. a. – BVerfGE 40, 237, 256; *BFH*, Urt. v. 21.02.1991 – V R 105/84 – BFHE 163, 313, 319; *Krüger*, in: *Sachs*, GG, Art. 19, Rn. 146; *Schmidt-Aßmann*, in: *Schmidt-Aßmann/Schoch/Pietzner*, VwGO, Einl., Rn. 161; in Bezug auf eine VwPO *Ule*, DVBl. 1982, 821, 822 f.; *Scholz*, DVBl. 1982, 605, 608.

51 *Birk*, StuW 1993, 296, 299.

52 *BVerfG*, Beschl. v. 11.06.1980 – 1 PBvU 1/79 – BVerfGE 54, 277, 291; Beschl. v. 25.07.1979 – 2 BvR 878/74 – BVerfGE 52, 131, 153; *Degenhart*, in: *Isensee/Kirchhof*, HStR, III, § 76, Rn. 7; *Pitschas*, in: *Blümel/Pitschas*, Verwaltungsverfahren und Verwaltungsprozeß im Wandel der Staatsfunktionen, S. 27, 66; *Birk*, StuW 1993, 296, 299.

53 *Franßen*, DVBl. 1998, 413, 421.

GG ergebende Verpflichtung zur Gesetzmäßigkeit von Verwaltungshandeln sicherzustellen. Die mögliche Kontrolle der Verwaltungsgerichtsbarkeit zwingt nämlich die Verwaltung, das Recht zu beachten. Dabei ist es unerheblich, daß dieses Ziel grundsätzlich nur mittelbar in Verbindung mit der Kontrolle subjektiv-öffentlicher Rechte erreicht wird[54]. So darf es ungeachtet des Schutzes subjektiv-öffentlicher Rechte nicht zu einer einseitigen nur auf das Rechtsschutzbegehren des Klägers gerichteten Prozeßperspektive kommen, zumal das öffentliche Interesse im demokratischen Rechtsstaat regelmäßig auch die zum Klageziel des Einzelnen gegenläufigen Interessen einer Vielzahl ansonsten anderer Betroffener umfaßt[55].

### 3. Rechtsfrieden als Ziel eines verwaltungsgerichtlichen Verfahrens

Schließlich muß auch der am Ende einer gerichtlichen Auseinandersetzung stehende Rechtsfrieden Aufgabe und Ziel eines verwaltungsgerichtlichen Verfahrens sein. Dieses Verfahrensziel der Rechtsfrieden stiftenden und endgültigen Streitentscheidung läßt sich nur dann erreichen, wenn die richterliche Entscheidung zu einer für alle Beteiligten (noch) akzeptablen Lösung des Konflikts führt. Dazu sind im Verwaltungsstreitverfahren üblicherweise ein, nach Möglichkeit befriedendes, Rechts- und Tatsachengespräch und eine mit einer überzeugenden Begründung versehene richterliche Entscheidung erforderlich[56], damit sie von der unterlegenen Partei zumindest als gerade noch hinnehmbar erachtet wird[57]. Dementsprechende Anforderungen sind daher bei der Auswahl und Beförderung der Richter an ihre fachlichen und persönlichen Fähigkeiten zu stellen. Der Integrationskraft einer Richterpersönlichkeit kommt daher eine ganz besondere Bedeutung zu[58].

### 4. Wirtschaftlichkeitsgebot

Obwohl die obengenannten Aufgaben der Verwaltungsgerichtsbarkeit und hieraus entwickelten Verfahrensziele unmittelbar aus Art. 19 Abs. 4 GG und Art. 20 Abs. 3 GG abzuleiten sind, können sie dennoch keinen absoluten Anspruch haben. Eingeschränkt werden sie nämlich ihrerseits durch das Effizienzgebot, das aus dem seinerseits dem Gemeinwohlprinzip folgendem Wirtschaftlichkeitsgebot[59] des GG und dem materiellen Rechtsstaatsprinzip hergeleitet wird[60].

---

54 *Stelkens*, DVBl. 1995, 1105, 1110; *von Mutius*, in: Festschrift für *Menger*, S. 575, 586.

55 *Franßen*, DVBl. 1998, 413, 421.

56 *Brohm*, Die Verwaltung 24 (1991), 137, 142; *Schmidt*, VBlBW 2000, 53, 55; *Redeker* DVBl. 1982, 805, 811; i. E. auch *Steiner*, BayVBl. 1997, Beiheft 1, II, III sowie *Jessen*, NVwZ 1982, 410, 411.

57 *Pitschas*, ZRP 1998, 96, 101; *Stelkens*, DVBl. 1995, 1105, 1110; *Würtenberger*, NJW 1991, 257, 258 f.

58 *Bertrams*, NWVBl. 1999, 245, 249.

59 *BVerfG*, Beschl. v. 21.09.1976 – 2 BvR 350/75 – BVerfGE 42, 312, 332; Urt. v. 17.05.1961 – 1 BvR 561/60, 579/60, 114/61 – BVerfGE 12, 354, 364; *von Arnim*, Wirtschaftlichkeit als Rechtsprinzip, S. 74 f.

60 *Pitschas*, ZRP 1998, 96, 98.

### a. Grundlagen des Wirtschaftlichkeitsgebots

Bei einer abstrakten Betrachtung fragt Effizienz nach dem Verhältnis der eingesetzten Mittel zu dem erzielten Nutzen[61], wobei zwischen dem Minimal- und dem Maximalprinzip zu differenzieren ist. Während beim Minimalprinzip ein vorgegebenes Ziel mit geringst möglichen Mitteln zu erreichen ist, soll bei dem Maximalprinzip mit feststehenden Mitteln das bestmögliche Ergebnis erzielt werden[62]. Diese Betrachtungsweise gilt auch für die »Ressource Recht«, die ebenfalls den Knappheitsbedingungen der ökonomischen Entwicklung unterliegt[63]. Hier geht es um die Ziele der verwaltungsgerichtlichen Verfahrensordnungen, also um Verfahrenseffizienz. Bei der Relation dürfen die Aufgaben der Verwaltungsgerichte nicht in den Hintergrund treten, würden doch sonst die subjektiv-öffentlichen Rechte der Verfahrenseffizienz untergeordnet werden. Demgemäß ist zwar ein verhältnismäßiger Ausgleich zwischen dem Rechtsschutzauftrag des Art. 19 Abs. 4 GG und dem Gebot des wirtschaftlichen Umgangs mit öffentlichen Mitteln zu erreichen[64]. Dabei wird der Maßstab infolge des Fehlens einer anderweitigen verfassungsrechtlichen Regelung jedoch primär durch Art. 19 Abs. 4 GG gesetzt, so daß das Wirtschaflichkeitsgebot hier im Sinne des Minimalprinzips zu bestimmen ist. Daher ist nach dem Effizienzgebot das vorgegebene Ziel – die Rechtsschutzgewährung nach Art. 19 Abs. 4 GG – mit dem geringstmöglichen Aufwand zu erreichen, indem die verwendeten Mittel optimal zur Erreichung des Ziels genutzt werden[65].

### b. Wirtschaftlichkeitsgebot und Ökonomisierung der Rechtsprechung

Von dem Wirtschaftlichkeits- und Effizienzgebot zu unterscheiden sind die vor allem in der jüngeren Vergangenheit festzustellenden Ansätze zu einer Ökonomisierung der Rechtsprechung. Nach diesen sollen gerichtliche Erkenntnis- und Entscheidungsprozesse monetären und betriebswirtschaftlichen Betrachtungen unterliegen. Die richterliche Tätigkeit wird zum Produkt, das vom Kunden, dem Recht suchenden Bürger, nachgefragt wird.

Ungeachtet des Umstands, daß in ökonomischen Modellen vielfach schon längst im Alltag berücksichtigte Selbstverständlichkeiten der Organisation der der richterlichen Praxis nachgeordneten Tätigkeiten ausführlich dargestellt werden[66], ist eine betriebswirtschaftliche Betrachtung im übrigen nicht unproblematisch. Denn im Rechtsstaat ist eine vielleicht dem Wirtschaftlichkeitsgebot entsprechende Entscheidung auch dann ineffizient, wenn sie als rechtswidrig zu qualifizieren ist[67]. Dementsprechend stehen die für die Entscheidung eines Rechtsstreites aufgewendete Zeit und die Qualität der Entscheidung in keinem proportionalen Verhältnis[68]. Hohe Standards bei der Leistung und Qualität der Rechtsprechung sind so auch unverzichtbare Elemente einer effektiven

---

61 *Schmidt-Aßmann*, VBlBW 2000, 45, 47.

62 *Schmidt-Aßmann*, VBlBW 2000, 45, 47.

63 *Scholz*, DVBl. 1982, 605, 606; *Weber-Grellet*, DStZ 1987, 20, 21.

64 *Pitschas*, ZRP 1998, 96, 98; *Weber-Grellet*, DStZ 1987, 20, 21.

65 *Von Arnim*, Wirtschaftlichkeit als Rechtsprinzip, S. 74 f.; *Pitschas*, ZRP 1998, 96, 98; *Sachs*, ZRP 1982, 227, 231.

66 *Bertrams*, NWVBl. 1999, 245, 248; *Tanneberg*, NordÖR 2001, 1, 2 ff.

67 *Franßen*, DVBl. 1998, 413, 418.

68 *Dammert*, SächsVBl. 2001, 53, 57.

Rechtspflege[69]. So steht die Wirtschaftlichkeit bei der Rechtsfindung unter den dargestellten Prämissen nicht im Vordergrund und ist schon gar nicht der wesentliche Entscheidungsmaßstab[70]. Insofern können wirtschaftliche Steuerungsinstrumente, wenn überhaupt, auch nur bedingt auf richterliche Tätigkeit übertragen werden[71]. Primärer Maßstab der Bewertung der Empfehlsamkeit einer Neustrukturierung der Verwaltungsgerichtsbarkeit bleibt daher das an Art. 19 Abs. 4 GG und Art. 20 Abs. 3 GG orientierte Wirtschaftlichkeits- und Effizienzgebot, nicht aber eine an betriebswirtschaftlichen Erkenntnissen orientierte Rechtsprechungsökonomie.

#### 5. Aufgaben der Verwaltungsgerichtsbarkeit

Es lassen sich also effektiver Rechtsschutz, Verwaltungskontrolle, abschließende Streitentscheidung und effiziente Verfahrensgestaltung, die eine materiell richtige Entscheidung nach sich ziehen, als Aufgabe der Verwaltungsgerichtsbarkeit ausmachen. Dabei ist keine dieser Aufgaben Selbstzweck, vielmehr muß sich jede in der Reihe der anderen Aufgaben einordnen[72].

### *III. Ergebnis der Bestimmung des Empfehlsamkeitsbegriffs*

Ein Vorteil einer Neustrukturierung der Verwaltungsgerichtsbarkeit ist dann anzunehmen, wenn die Erfüllung einer ihrer Aufgaben durch die Neustrukturierung gefördert wird und der daraus resultierende Nutzen eventuell eintretende Nachteile für die Erfüllung anderer Aufgaben bei einer abwägenden Gesamtbetrachtung kompensiert. Die Aufgaben der Verwaltungsgerichtsbarkeit haben hier der verfassungsgebende und der einfache Gesetzgeber definiert.

Eine Neustrukturierung der Verwaltungsgerichtsbarkeit muß sich daher materiell daran messen lassen, ob sie den derzeitigen Standard des materiell richtige Entscheidungen nach sich ziehenden effektiven Rechtsschutzes, der Verwaltungskontrolle, der abschließenden Streitentscheidung und schließlich der effizienten Verfahrensgestaltung zumindest erreichen kann.

---

69 *Tanneberg*, NordÖR 2001, 1, 2.
70 *Bertrams*, NWVBl. 1999, 245, 246.
71 *Schoch*, VBlBW 2000, 41, 42.
72 *Birk*, StuW 1993, 296.

# 3. Kapitel – Möglichkeiten der Neustrukturierung der Verwaltungsgerichtsbarkeit

Wie oben dargestellt, kann der Begriff der Neustrukturierung auch mit den Begriffen Neuorganisation oder Neuordnung gleichgesetzt werden. Obwohl mit diesen Synonymen die Begrifflichkeit klarer wird, gilt es im Hinblick auf die aufgeworfene Fragestellung dennoch, den Begriff der Neustrukturierung zu konkretisieren. Dazu bedarf es zunächst der Klärung, was materiell neustrukturiert werden soll. So kann die Frage einer Neustrukturierung der Verwaltungsgerichtsbarkeit nicht isoliert betrachtet werden, vielmehr muß sie sich an dem Vorhandenen orientieren. Dazu ist es erforderlich, den status quo festzustellen. Diese Feststellungen sind der späteren Untersuchung, ob eine Neustrukturierung der Verwaltungsgerichtsbarkeit vor- oder nachteilhaft ist, sowie welche Probleme und welchen Veränderungsbedarf ein solches Vorhaben hervorrufen würde, zu Grunde zu legen. Denn erst wenn der Zustand der einzelnen Verwaltungsgerichtsbarkeiten bekannt ist, können Überlegungen angestellt werden, ob und inwieweit vorhandene Strukturen neugeordnet oder neuorganisiert, mithin neustrukturiert werden sollen.

## A. Zustand der Verwaltungsgerichtsbarkeit

### *I. Zustand der allgemeinen Verwaltungsgerichtsbarkeit*

Die allgemeine Verwaltungsgerichtsbarkeit hat ihre Grundlage in Art. 95 Abs. 1 GG. Dort wird sie explizit als eine der fünf konkret und abschließend[73] genannten Gerichtsbarkeiten aufgeführt. Wie dargestellt, füllen die Verfahrensordnungen den durch das Grundgesetz vorgezeichneten Rahmen der einzelnen Gerichtsbarkeiten aus. So wird die Struktur der Verwaltungsgerichtsbarkeit primär durch die Verwaltungsgerichtsordnung vom 21.01.1960 geregelt. Diese wurde durch das 6. VwGOÄndG vom 01.11.1996, in Kraft getreten zum 01.01.1997, grundlegend reformiert.

Insgesamt wird intensive Kritik am Zustand der allgemeinen Verwaltungsgerichtsbarkeit, vor allem an dem durch die Verwaltungsgerichtsordnung geregelten Verwaltungsgerichtsverfahren, geübt. Diese entzündet sich überwiegend und schon seit langem an der primär aus der hohen Geschäftsbelastung der einzelnen Spruchkörper resultierenden Länge der gerichtlichen Verfahren[74]. Damit verbunden ist eine massive Kritik

---

73 *Meyer*, in: *von Münch/Kunig*, GG, III, Art. 95, Rn. 4.

74 *Bertrams*, NWVBl. 1999, 245; *Stelkens*, DVBl. 1995, 1105, 1107; *Sendler*, VBlBW 1989, 41, 48; *Schenke*, DÖV 1982, 709, 710; *Scholz*, DVBl. 1982, 605, 609; *Lotz*, BayVBl. 1987, 738 f.; *Papier*, Die Stellung der Verwaltungsgerichtsbarkeit im demokratischen Rechtsstaat, S. 9; konkret zur Verfahrenslänge: *Schmieszek*, NVwZ 1991, 522, 523; zur Geschäftslage beim *BVerwG* Präsident des *BVerwG Franßen* im Pressegespräch, DVBl. 1995, 313; *ders.* DVBl. 1999, 501, 502, wobei beim *BVerwG* mittlerweile eine Kehrtwende eingetreten zu sein scheint.

am Gesetzgeber, der durch konzeptionslosen Aktionismus und Hektik die Situation mehr verschärfe, als daß er zu einer Problemlösung beitrage[75].

## 1. Instanzenzug und Spruchkörperbesetzung

Gemäß der §§ 5, 9 und 10 VwGO ist der Instanzenzug der Verwaltungsgerichtsbarkeit dreigliedrig. Grundsätzlich sind die *Verwaltungsgerichte* erstinstanzlich zuständig, § 45 VwGO. Die *Oberverwaltungsgerichte* entscheiden als Berufungs- und Beschwerdeinstanz über Urteile und andere Entscheidungen der *VG*, § 46 VwGO. Das schon von Art. 95 Abs. 1 GG vorausgesetzte *Bundesverwaltungsgericht* wird gemäß § 49 VwGO als Revisionsinstanz tätig. Teilweise sind aber auch die *OVG* und das *BVerwG* erstinstanzlich zuständig, so nach den §§ 48 und 50 VwGO, aber ebenfalls nach anderen Gesetzen, das *BVerwG* derzeit besonders nach § 5 Abs. 1 VerkPBG[76].

Die Kammern der *VG* entscheiden in Besetzung mit einem Vorsitzenden Richter und zwei weiteren Berufsrichtern sowie zwei ehrenamtlichen Richtern, soweit nicht ein Einzelrichter entscheidet, §§ 5 Abs. 3 und 6 VwGO. Die ehrenamtlichen Richter wirken außerdem nicht an Beschlüssen außerhalb der mündlichen Verhandlung sowie an Gerichtsbescheiden mit, § 5 Abs. 3 S. 2 VwGO.

Die Senate der *OVG* entscheiden prinzipiell in einer Besetzung von einem Vorsitzenden Richter und zwei weiteren Berufsrichtern, wobei es aufgrund landesrechtlicher Regelung möglich ist, mit fünf Berufsrichtern oder auch drei Berufsrichtern – ein Vorsitzender Richter jeweils eingeschlossen – und zwei ehrenamtlichen Richtern zu entscheiden, § 9 Abs. 3 VwGO. Auch eine Besetzung mit fünf Berufsrichtern und zwei ehrenamtlichen Richtern ist gemäß § 9 Abs. 3 S. 2 VwGO möglich. Die Länder können darüber hinaus entscheiden, ob die richterliche Tätigkeit der ehrenamtlichen Richter auf Handlungen über die mündliche Verhandlung hinaus ausgedehnt wird[77].

Das *BVerwG* entscheidet in der Besetzung von einem Vorsitzenden Richter und vier weiteren Berufsrichtern, bei Beschlüssen und außerhalb der mündlichen Verhandlung in der Besetzung von einem Vorsitzenden Richter und zwei weiteren Berufsrichtern, § 10 Abs. 3 VwGO.

Einzig zwingende Voraussetzung für die Ernennung zum ehrenamtlichen Richter ist die Eigenschaft, Deutscher im Sinne des GG zu sein, § 20 VwGO. Allerdings sollen die ehrenamtlichen Richter das dreißigste Lebensjahr vollendet haben und es dürfen keine Ausschluß- oder Hinderungsgründe gemäß der §§ 21 und 22 VwGO gegeben sein.

## 2. Vorverfahren

Einer verwaltungsgerichtlichen Auseinandersetzung ist, von den Ausnahmen des § 68 S. 2 VwGO abgesehen, gemäß § 68 VwGO ein Vorverfahren vorgeschaltet, das Sachur-

75 *Pagenkopf*, DVBl. 1991, 284, 285; *Stelkens*, NVwZ 2000, 155, 156; *ders.*, in: Festschrift für *Redeker*, S. 313, 314; *ders.*, NVwZ 1991, 209 f.; *Millgramm*, SächsVBl. 1997, 107, 111; *Broß*, RiA 1985, 241, 243; *Wittmann*, BayVBl. 1996, 586, 589; *Kuhla/Hüttenbrink*, DVBl. 1996, 717.

76 Präsident des *BVerwG Franßen* im Pressegespräch, DVBl. 1999, 501, 504.

77 *Geiger*, in: *Eyermann*, VwGO, § 9, Rn. 5 f.

teilsvoraussetzung ist[78]. Dieses wird durch den Widerspruch des Beschwerten eingeleitet, der innerhalb eines Monats bei der Behörde, die den Ausgangsbescheid erlassen hat, zu erheben ist. Der Widerspruch hat zwar gemäß § 80 Abs. 1 VwGO grundsätzlich aufschiebende Wirkung, doch enthält § 80 Abs. 2 VwGO einen weiten Katalog von Tatbeständen, die die aufschiebende Wirkung entfallen lassen.

### 3. Widerspruchs- und Klagebefugnis

Wendet der Kläger sich gegen einen Verwaltungsakt oder begehrt er einen solchen, muß er gemäß § 42 Abs. 2 VwGO, der Widerspruchsführer gemäß § 42 Abs. 2 VwGO analog[79], die Verletzung eines eigenen Rechts geltend machen können, um klage- oder widerspruchsbefugt zu sein.

### 4. Rechtsmittel

Gegen Entscheidungen der Verwaltungsgerichte muß die Zulassung der Berufung oder Beschwerde beim *OVG* beantragt werden. Zulassungsgründe sind nach § 124 Abs. 2 VwGO ernstliche Zweifel an der Richtigkeit des Urteils, besondere tatsächliche oder rechtliche Schwierigkeiten, grundsätzliche Bedeutung der Rechtssache, die Divergenz bezüglich einer Entscheidung des *OVG*, des *BVerwG* oder des *GmSOGB* und schließlich vom *OVG* zu beurteilende Verfahrensmängel, auf denen das Urteil des *VG* beruht. Die Gründe für die Zulassung einer Beschwerde im Verfahren des vorläufigen Rechtsschutzes sind mit den Berufungszulassungsgründen identisch, § 146 Abs. 4 VwGO. Des weiteren ist bei Vorliegen der Voraussetzungen gemäß § 134 Abs. 1 VwGO die Sprungrevision zum *BVerwG* zulässig.

Schließlich ist gegen die Urteile der *OVG* die Revision zulässig, wenn absolute Revisionsgründe nach § 138 VwGO vorliegen oder sie zugelassen wird. Letzteres ist gemäß § 132 Abs. 2 VwGO der Fall, wenn die Rechtssache grundsätzliche Bedeutung hat, eine Divergenz bezüglich einer Entscheidung des *BVerwG*, des *GmSOGB* oder des *BVerfG* vorliegt oder ein Verfahrensmangel gerügt wird und vorliegt, auf dem das Urteil beruht.

### 5. Vorläufiger Rechtsschutz

Der vorläufige Rechtsschutz nach der VwGO gliedert sich in zwei Gruppen. Ist das Klagebegehren der Hauptsache mittels einer Anfechtungsklage zu verfolgen, ist vorläufiger Rechtsschutz nach den §§ 80 und 80a VwGO zu suchen. Hierbei haben Anträge Aussicht auf Erfolg, wenn nach summarischer Prüfung das Interesse der Wiederherstellung der aufschiebenden Wirkung oder der Aussetzung der sofortigen Vollziehbarkeit das Interesse an eben dieser überwiegt[80].

Ist das Klagebegehren der Hauptsache durch Feststellungs- oder eine der Leistungsklagen zu verfolgen, ist Rechtsschutz nach § 123 VwGO zu suchen. Ein Antrag nach § 123 VwGO hat dagegen erst Aussicht auf Erfolg, wenn der Antragsteller ebenfalls

---

78 *BVerfG*, Beschl. v. 09.05.1973 – 2 BvL 43 44/71 – BVerfGE 35, 65, 72; *BVerwG*, Urt. v. 17.02.1981 – 7 C 55.79 – BVerwGE 61, 360, 362; Urt. v. 09.02.1967 – I C 49.64 – BVerwGE 26, 161, 165.

79 *Rennert*, in: *Eyermann*, VwGO, § 69, Rn. 9.

80 *Schmidt*, in: *Eyermann*, VwGO, § 80, Rn. 68 f.

nach summarischer Prüfung einen Anordnungsanspruch und einen Anordnungsgrund glaubhaft machen kann. Die Entscheidung der Hauptsache darf dabei grundsätzlich nicht vorweggenommen werden.

### *II. Zustand der Finanzgerichtsbarkeit*

Auch die Finanzgerichtsbarkeit hat ihre Grundlage in Art. 95 Abs. 1 GG, da sie ebenfalls explizit als eine der fünf konkret und abschließend aufgeführten Gerichtsbarkeiten genannt wird. Ebenso wie bei der allgemeinen Verwaltungsgerichtsbarkeit war es bei der Finanzgerichtsbarkeit erforderlich, den durch Art. 95 Abs. 1 GG verfassungsrechtlich vorgezeichneten Rahmen auszufüllen, was durch die Finanzgerichtsordnung geschehen ist.

Diese wurde am 06.10.1965 verabschiedet und trat zum 01.01.1966 in Kraft. Seitdem sind zahlreiche Änderungen über sie hinweggegangen, die jedoch die Kritik am Zustand des Steuerrechts, die sich zwar primär auf das materielle Recht bezieht, gleichzeitig aber auch bezüglich der FGO und ihren Entlastungsgesetzen[81] ihren Niederschlag findet, nicht verstummen lassen konnten. Änderungsanfälligkeit[82], Kompliziertheit[83] und Rechtsunsicherheit[84] sind daher nur wenige Begriffe, mit denen die derzeitige Situation gekennzeichnet wird. Des weiteren würden Grundsätze von Ausnahmen, diese wiederum von Gegenausnahmen durchbrochen werden[85]. Hinsichtlich des Prozeßrechts wird sogar von einer »Prozeßunordnung« gesprochen[86]. Die hinzukommende seit Jahren lange Verfahrensdauer bei den *Finanzgerichten* sowie beim *Bundesfinanzhof*[87], die ebenfalls vielfach bemängelt wird[88], ist bezüglich der FGO also nicht der einzige Kritikpunkt.

#### 1. Instanzenzug und Spruchkörperbesetzung

Der Instanzenzug der Finanzgerichtsbarkeit ist gemäß § 2 FGO zweigliedrig. Die *FG* fungieren dabei als Landesobergerichte, der vom Grundgesetz, genauso wie das *BVerwG*, vorausgesetzte *BFH* als oberstes Bundesgericht. Die *FG* sind für alle Streitigkeiten im ersten Rechtszug zuständig, § 35 FGO, der *BFH* ist die Revisions- und Beschwerdeinstanz für Urteile und alle anderen Entscheidungen der *FG*, § 36 FGO.

---

81 *Kretzschmar*, BB 1993, 545, 554; *Sunder-Plassman*, in: *Hübschmann/Hepp/Spitaler*, FGO, Einf., Rn. 155; *Seeger*, DStR 2000, 10, 13; *Lange*, NJW 2001, 1098, 1101.

82 *Kirchhof*, in: *Birk*, Die Situation der Finanzgerichtsbarkeit, S. 9, 17.

83 *Meßmer*, BB 1986, 741, 743.

84 *von Groll*, in: *Gräber*, FGO, Vor § 1, Rn. 1.

85 *Seeger*, DStR 2000, 10.

86 *Tipke*, StuW 1993, 213, 220.

87 Nach der Begründung der *Bundesregierung* für das FGOÄndG, BT-Drs. 12/1061 v. 14.08.1991, S. 11, betrug die durchschnittliche Verfahrensdauer der durch Sachentscheidung erledigten Klagen 32 Monate, der durch Sachentscheidung erledigten Revisionen 38 Monate. Für das Jahr 1997 betrug die durchschnittliche Dauer einer durch Sachentscheidung erledigten Revision 21 Monate, so *Offerhaus*, Stbg 1998, 437, 442.

88 *Offerhaus*, DStR 1986, 99; *Tipke/Kruse*, FGO, Einf., Rn. 62; *Kävenheim*, NJW 1993, 1372, 1373; zu den Gründen ausführlich *Klein*, in: *Birk*, Die Situation der Finanzgerichtsbarkeit, S. 35 ff.

Die Senate der *FG* entscheiden gemäß § 5 Abs. 3 S. 1 FGO in der Besetzung von drei Berufsrichtern, einen Vorsitzenden Richter eingeschlossen, und zwei ehrenamtlichen Richtern, es sei denn, es ist eine Zuständigkeit des Einzelrichters begründet, § 6 FGO. Ehrenamtliche Richter wirken an Entscheidungen außerhalb der mündlichen Verhandlung und bei Gerichtsbescheiden nicht mit, § 5 Abs. 3 S. 2 FGO. Genauso wie nach § 20 VwGO müssen ehrenamtliche Richter in der Finanzgerichtsbarkeit lediglich eine zwingende Voraussetzung mitbringen, nämlich Deutsche im Sinne des GG sein, § 17 S. 1 FGO. Der Regelung der VwGO entsprechend dürfen Ausschluß und Unvereinbarkeitsgründe nicht gegeben sein, §§ 18 und 19 FGO.

Die Senate des *BFH* entscheiden in der Besetzung von fünf Berufsrichtern, ein Vorsitzender Richter eingeschlossen, bei Beschlüssen außerhalb der mündlichen Verhandlung in der Besetzung von drei Berufsrichtern, ein Vorsitzender Richter eingeschlossen, § 10 Abs. 3 FGO.

### 2. Vorverfahren

Auch das finanzgerichtliche Verfahren setzt ein Vorverfahren voraus. Soweit ein außergerichtlicher Rechtsbehelf statthaft ist, ist eine Klage nur zulässig, wenn von diesem erfolglos Gebrauch gemacht wurde, § 44 FGO. Allerdings enthält § 45 FGO einen Ausnahmekatalog, nach dem unter den dort genannten Voraussetzungen abgesehen werden kann. Die Einleitung des Vorverfahrens hat keine aufschiebende Wirkung, § 69 Abs. 1 FGO.

### 3. Widerspruchs- und Klagebefugnis

Bei Anfechtungs- und Verpflichtungsklagen muß der Kläger gemäß § 40 Abs. 2 FGO, soweit nichts anderes gesetzlich bestimmt ist, die Verletzung eigener Rechte geltend machen.

### 4. Rechtsmittel

Im Hauptsacheverfahren ist infolge der fehlenden Berufungsinstanz und den daher ebenfalls fehlenden Berufungsvorschriften allein die Revision zum *BFH* das zulässige Rechtsmittel. Diese ist gemäß § 115 Abs. 2 FGO zulässig, wenn sie vom *FG*, alternativ gemäß § 116 Abs. 1 FGO auf Beschwerde auch vom *BFH*, zugelassen wurde.

Gemäß § 128 Abs. 1 FGO steht den Beteiligten gegen Entscheidungen des *FG* oder seiner Berufsrichter, die nicht Urteile oder Gerichtsbescheide sind, die Beschwerde zum *BFH* zu, wenn sich aus der FGO nicht anderes ergibt. Im Verfahren des vorläufigen Rechtsschutzes bedarf die Beschwerde der Zulassung durch das *FG*. Grundsätzliche Bedeutung der Rechtssache oder aber eine Divergenz zu Entscheidungen des *BVerfG* oder des *BFH*, auf der die streitige Entscheidung beruht, sind gemäß § 128 Abs. 3 S. 2, § 115 Abs. 2 Nr. 1 und 2 FGO die möglichen Zulassungsgründe.

### 5. Vorläufiger Rechtsschutz

Im Abgabenrecht haben Rechtsbehelfe grundsätzlich keine aufschiebende Wirkung, § 69 Abs. 1 FGO und § 361 Abs. 1 AO. Doch muß im Bereich des Abgabenrechts, wie in den anderen Rechtsbereichen auch, die sofortige Vollziehbarkeit von Verwaltungsakten, dem Rechtsschutzauftrag des Art. 19 Abs. 4 GG entsprechend, beseitigt werden können[89]. Demgemäß kann das Gericht der Hauptsache nach § 69 Abs. 3 FGO die Vollziehung des streitigen Verwaltungsaktes (partiell) aussetzen.

Wird der Erlaß eines Verwaltungaktes, eine Feststellung oder eine andere Leistung begehrt, ist Rechtsschutz gemäß § 114 FGO zu suchen. Abgegrenzt von der Anordnung der aufschiebenden Wirkung nach § 69 FGO wird die einstweilige Anordnung grundsätzlich gemäß § 114 Abs. 5 FGO. Allerdings soll nach der Rechtsprechung des *GrS* des *BFH* verschiedentlich § 69 FGO auch bei Verpflichtungsbegehren anwendbar sein[90]. In der Literatur wird diese Konstruktion allerdings abgelehnt, da sie dem System des zweigleisigen vorläufigen Rechtsschutzes widersprechen würde[91].

### *III. Zustand der Sozialgerichtsbarkeit*

Wie schon die allgemeine Verwaltungsgerichtsbarkeit und die Finanzgerichtsbarkeit, ist auch die Sozialgerichtsbarkeit in Art. 95 Abs. 1 GG begründet und benötigt ebenso ein den verfassungsrechtlichen Rahmen des Gundgesetzes ausfüllendes Gesetz, das die näheren Einzelheiten der Sozialgerichtsbarkeit regelt. Das Sozialgerichtsgesetz ist das älteste der den jeweiligen verfassungsrechtlichen Rahmen der drei großen Verwaltungsgerichtsbarkeiten ausfüllenden Verfahrensordnungen und datiert vom 03.09.1953. Wenn es insbesondere in den vergangenen Jahren, insbesondere seit 1993, auch oftmals geändert worden ist, sind die Änderungen doch nicht so gravierend, wie die der VwGO. So hält sich auch die Kritik am Ist-Zustand in engeren Grenzen. Gleichwohl scheint wieder eine neue Änderung ins Haus zu stehen, die vor allem die allseits als wenig zufriedenstellend beklagte Situation des vorläufigen Rechtsschutzes, der nämlich den Anforderungen des Art. 19 Abs. 4 GG nicht ausreichend Rechnung trage[92], neu regeln soll[93]. Zwar sei durch die Entscheidung des *BVerfG* zur Anwendbarkeit von § 123 VwGO[94] der Weg für eine verfassungskonforme Auslegung geebnet worden und auch von der Anordnung der aufschiebenden Wirkung in analoger Anwendung der §§ 80 ff. VwGO werde Gebrauch gemacht. Gleichwohl sei die derzeitige Rechtslage des vorläufigen Rechtsschutzes unübersichtlich und für Nichteingeweihte kaum verständlich. Insofern sei es zu bedauern, daß klarstellende Regelungen bislang gescheitert seien[95].

#### 1. Instanzenzug und Spruchkörperbesetzung

Gemäß der §§ 7, 28 und 38 SGG ist der Instanzenzug der Sozialgerichtsbarkeit dreigliedrig. Das *Sozialgericht* ist dabei grundsätzlich erstinstanzlich zuständig, das *Landessozialgericht* ist die Berufungs- und Beschwerdeinstanz für Urteile und andere Entscheidungen der SG, § 29 SGG. Die Spruchkörper des *Bundessozialgerichts* schließlich

---

89 *BVerfG*, Beschl. v. 13.06.1979 – 1 BvR 699/77 – BVerfGE 51, 268, 285; Beschl. v. 25.10.1988 – 2 BvR 745/88 – NJW 1989, 827.

90 *BFH*, Beschl. v. 14.04.1987 – GrS 2/85 – BFHE 149, 493, 500.

91 *Koch*, in: *Gräber*, FGO, § 69, Rn. 42, mit weiteren Nachweisen.

92 *Siegfried*, SGb 1989, 555, 556/568; *Becker*, SGb 1998, 101; *Meyer-Ladewig*, SGG, § 97, Rn. 1; *Timme*, NZS 1992, 91 f.

93 *Becker*, SGb 1998, 101.

94 *BVerfG*, Beschl. v. 19.10.1977 – 2 BvR 42/76 – BVerfGE 46, 166, 179.

95 *Meyer-Ladewig*, SGG, § 97, Rn. 2.

sind primär als Revisionsinstanz, § 39 Abs. 1 SGG, tätig. Teilweise wird aber auch durch Spezialgesetze, insbesondere durch § 39 Abs. 2 SGG, eine erstinstanzliche Zuständigkeit des *BSG* begründet.

Die Kammern der *SG* entscheiden grundsätzlich in der Besetzung von einem Berufsrichter als Vorsitzenden und zwei ehrenamtlichen Richtern, § 12 Abs. 1 SGG. Der Vorsitzende muß jedoch nicht ein statusrechtlicher Vorsitzender Richter sein, § 9 Abs. 1 SGG. Die planmäßig besetzten Senate der *LSG* und des *BSG* bestehen aus einem Vorsitzenden Richter und zwei weiteren Berufsrichtern sowie zwei ehrenamtlichen Richtern, § 33 SGG und § 40 SGG. Bei gerichtlichen Tätigkeiten außerhalb der mündlichen Verhandlung wirken ehrenamtliche Richter aber gemäß der §§ 12 Abs. 1 S. 2, 33 und 40 SGG, wie auch in der allgemeinen Verwaltungsgerichtsbarkeit, nicht mit.

Die ehrenamtlichen Richter in der Sozialgerichtsbarkeit unterscheiden sich von ihren Kollegen in der allgemeinen Verwaltungs- und der Finanzgerichtsbarkeit dadurch, daß die erstinstanzlich tätigen ehrenamtlichen Richter gemäß § 16 Abs. 1 SGG nur das fünfundzwanzigste Lebensjahr vollendet haben und Deutsche im Sinne des GG sein müssen. Nach § 12 Abs. 2 und § 16 Abs. 1 SGG sind für ehrenamtliche Richter verschiedener Kammern aber weitere zwingende Eigenschaften normiert, deren Nichtbeachtung zur Unwirksamkeit ihrer Berufung zum Richter[96] und zur vorschriftswidrigen Besetzung des Gerichts führt. Letztere kann, im Gegensatz zur allgemeinen Verwaltungs- und zur Finanzgerichtsbarkeit[97], von den Beteiligten mit Rechtsmitteln oder Wiederaufnahmeantrag gerügt werden[98]. So müssen die ehrenamtlichen Richter bestimmten Personengruppen angehören, wenn über deren Angelegenheiten diese Spezialkammern entscheiden. Bei der Auswahl der Richter ist gemäß der §§ 13 und 14 SGG dafür Sorge zu tragen, daß nur Personen ehrenamtliche Richter werden, bei denen die notwendige Sachkenntnis aufgrund der Zugehörigkeit zu mit den jeweiligen Sachgebieten vertrauten Personengruppen gewährleistet ist[99].

## 2. Vorverfahren

Das Vorverfahren des SGG, geregelt in den §§ 77 ff. SGG, entspricht im wesentlichen dem Widerspruchsverfahren der VwGO[100]. Vor Erhebung der Anfechtungs- oder Verpflichtungsklage ist gemäß § 78 SGG regelmäßig ein Vorverfahren durchzuführen, es sei denn, es ist ein Ausnahmetatbestand des § 78 Abs. 1 S. 2 SGG gegeben. Das Vorverfahren wird gemäß § 84 SGG durch den Widerspruch eröffnet. Dieser ist innerhalb eines Monats bei der Stelle, die den angegriffenen Verwaltungsakt erlassen hat, einzulegen. Der Widerspruch hat nur in den in § 86 Abs. 2 SGG gesondert genannten Fällen aufschiebende Wirkung.

96 *BSG*, Beschl. v. 26.09.1985 – 1 S 12/85 – BSGE 59, 4, 10.

97 *BVerwG*, Urt. v. 09.02.1988 – 9 C 256/86 – NVwZ 1988, 724, bestätigt durch *BVerfG*, Beschl. v. 23.06.1988 – 2 BvR 260/88 – NVwZ 1989, 141; *BFH*, Beschl. v. 10.11.1992 – Abs. 7 R 51/91 – BFH/NV 1994, 27, 29; Beschl. v. 05.07.1996 – VAbs. 3 R 1/96 – BFH/NV 1997, 122, 123; Urt. v. 21.08.1996 X R 78/93 – BFH/NV 1997, 226, 227.

98 *Meyer-Ladewig*, SGG, § 16, Rn. 2.

99 *BVerfG*, Beschl. v. 22.10.1959 – 1BvR 154/55 – BVerfGE 9, 124, 135; *BSG*, Urt. v. 28.05.1965 – 6 RKa 2/65 – BSGE 23, 105, 110; Beschl. v. 16.12.1959 – 1 S 7/59 – BSGE 11, 181, 183.

100 *Meyer-Ladewig*, SGG, § 78, Rn.1.

### 3. Widerspruchs- und Klagebefugnis

Das SGG enthält keine Norm, die der Regelung des § 42 Abs. 2 VwGO entspricht. Gleichwohl wird für die Zulässigkeit von Anfechtungs- oder Verpflichtungsklage das Geltendmachen einer eigenen Beschwer, also eine Verletzung eigener Rechte, vorausgesetzt. Allerdings fallen Klagebefugnis und Sachlegitimation bei Anfechtungs- und Verpflichtungsklage in der Regel zusammen, da der durch einen Verwaltungsakt beschwerte regelmäßig auch prozeßführungsbefugt und aktiv legitimiert ist[101].

### 4. Rechtsmittel

Die Rechtsmittel der Sozialgerichtsbarkeit, §§ 143 ff. SGG, entsprechen, mit Ausnahme der Regelungen über die Zulassung der Berufung, den Rechtsmitteln der allgemeinen Verwaltungsgerichtsbarkeit. In der Sozialgerichtsbarkeit hat nämlich das *SG* über die Zulassung der Berufung zu entscheiden, wenn ein Streitwert von 1.000,– DM oder 10.000,– DM, je nach Art der Streitigkeit, nicht überschritten wird, § 144 Abs. 1 SGG. Hierbei sind die Berufungszulassungsgründe mit denen der allgemeinen Verwaltungsgerichtsbarkeit weitgehend identisch. Die Beschwerde bedarf keiner speziellen Zulassung, § 172 Abs. 1 SGG.

### 5. Vorläufiger Rechtsschutz

Das SGG selbst beinhaltet keine Regelungen, die den §§ 80 ff. und 123 ff. VwGO entsprechen. In § 97 SGG, der dem für das Widerspruchsverfahren geltenden § 86 SGG weitgehend entspricht, sind lediglich die Fälle benannt, in denen die Klage aufschiebende Wirkung, die grundsätzlich nicht besteht, hat. Doch infolge der Rechtsprechung des *BVerfG* ist § 123 VwGO für das sozialgerichtliche Verfahren entsprechend heranzuziehen[102]. Demgemäß wird nun auch in Fällen der Anfechtung eines Verwaltungsaktes vorläufiger Rechtsschutz über die Fälle des § 97 SGG hinaus gewährt, wenn auch die konkrete Ausgestaltung – entweder nach den §§ 80 ff. VwGO analog oder gemäß § 123 VwGO analog – umstritten ist[103].

## B. Gemeinsamkeiten und Unterschiede der Verwaltungsgerichtsbarkeiten

Im einzelnen stellt sich die Situation der Verwaltungsgerichtsbarkeit folgendermaßen dar.

### *I. Instanzenzug und Spruchkörperbesetzung*

Bei der Besetzung der Spruchkörper sowie der Auswahl und Bedeutung der ehrenamtlichen Richter bestehen nachhaltige Unterschiede. Die Struktur des Instanzenzuges sowie

101 *BSG*, Urt. v. 16.08.1961 – 11/8 RV 73/57 – DVBl. 1962, 338, 339; *von Oertzen*, in: *Redeker/von Oertzen*, VwGO, § 42, Rn. 26.

102 *BVerfG*, Beschl. v. 19.10.1977 – 2 BvR 42/76 – BVerfGE 46, 166, 179; *LSG Essen*, Beschl. v. 14.11.1995 – L 5 SKr 19/95 – NZS 1996, 540; *Timme*, NZS 1992, 91 f.

103 Einerseits *LSG Bremen*, Beschl. v. 20.08.1982 – L 1 BR 10/82 – SozSich 1983, 395; offengelassen von *LSG Hamburg*, Beschl. v. 31.10.1985 – V ARBs 64/85 – SGb 1986, 22; andererseits *LSG Essen*, Beschl. v. 14.11.1995 – L 5 SKr 19/95 – NZS 1996, 540; *Timme*, NZS 1992, 91, 92 f.

der Zuschnitt insbesondere der Kammern sind sehr verschieden. Des weiteren gehen, wie oben ausgeführt, VwGO und FGO von ehrenamtlichen Richtern als Laienrichtern aus, während das SGG mit der Sachmaterie prinzipiell vertraute Beisitzer voraussetzt. Würde eine Vereinheitlichung konkret angestrebt werden, wäre diese Diskrepanz nur schwierig zu überwinden, weil die Entscheidung für ein System mit ehrenamtlichen Richtern getroffen worden ist. Müßten nur unterschiedliche Besetzungen mit Berufsrichtern miteinander vereinbart werden, wären die Schwierigkeiten weit geringer. »Laienrichter« und »sachkundige ehrenamtliche Richter« sind dagegen zwei Möglichkeiten der Ausgestaltung des Systems der Auswahl von ehrenamtlichen Richtern, die sich konträr gegenüberstehen[104].

Demnach könnten die Problematiken von Instanzenzug, Spruchkörperbesetzung und ehrenamtlichen Richtern zu entscheidenden Aspekten bei der Diskussion um die Vereinheitlichung der Verfahrensordnungen avancieren.

### *II. Vorverfahren*

In allen drei Gerichtsbarkeiten hat das Vorverfahren die Funktionen des zusätzlichen Rechtsschutzes, der Selbstkontrolle der Verwaltung und vor allem der Filterwirkung[105], die teilweise als unentbehrlich angesehen wird[106]. Auch wird das Vorverfahren als wichtigste Gemeinsamkeit überhaupt bezeichnet, da sie die Grundlage der Rerchtsmittelähnlichkeit der Verwaltungsgerichtsbarkeit bilde[107]. In der Funktion des Vorverfahrens besteht also zwischen den drei Gerichtsbarkeiten Übereinstimmung. Als problematisch könnte sich aber eine Vereinheitlichung in Bezug auf die aufschiebende Wirkung des Widerspruchs/Einspruchs erweisen, denn die nach der VwGO grundsätzlich gegebene aufschiebende Wirkung fehlt in der FGO und im SGG.

### *III. Widerspruchs- und Klagebefugnis*

Bei Widerspruchs- und Klagebefugnis sind – wie auch bei der Funktion des Vorverfahrens an sich – ebenfalls keine wesentlichen Unterschiede auszumachen. Allenfalls beruhen solche auf einzelne materiell-rechtliche Besonderheiten. Grundsätzlich gilt in allen drei Verfahrensordnungen, je direkter und deutlicher dabei die Linie von der Beeinträchtigung zur behaupteten Rechtsposition verläuft, desto geringere Anforderungen sind an die Darlegung der Klagebefugnis zu stellen[108].

### *IV. Rechtsmittel*

Hinsichtlich der Rechtsmittel besteht in Bezug auf die Revision große Übereinstimmung. Das Revisonsrecht der allgemeinen Verwaltungsgerichtsbarkeit stimmt mit dem Revisionsrecht im wesentlichen überein. Die Bestimmungen über die Sprungrevision

---

104 I. E. auch *Barbey*, in: *Isensee/Kirchhof*, HStR, III, § 74, Rn. 45 f.

105 *Rennert*, in: *Eyermann*, VwGO, § 68, Rn. 2; *von Groll*, in: *Gräber*, FGO, § 44, Rn. 7; *Meyer-Ladewig*, SGG, Vor § 77, Rn. 1.

106 *Tipke/Kruse*, FGO, Einf., Rn. 23.

107 *Ule*, NJW 1968, 967, 969; *ders.* DVBl. 1958, 691, 696.

108 *Happ*, in: *Eyermann*: VwGO, § 42, Rn. 88 f.; *von Groll*, in: *Gräber*, FGO, § 40, Rn.112; *Meyer-Ladewig*, SGG, § 54, Rn. 10 f.

sind hier nahezu identisch, ebenso werden in der allgemeinen Verwaltungsgerichtsbarkeit und in der Sozialgerichtsbarkeit die gleichen Anforderungen an eine Nichtzulassungsbeschwerde gegen die Nichtzulassung der Revision gestellt[109]. So könnten auch die bestehenden Differenzen bei einer Vereinheitlichung wohl ohne Mühe gelöst werden. Da es in der Finanzgerichtsbarkeit aber keine Berufungsinstanz gibt, fehlt es in der FGO sachlogisch auch an einer Berufungsmöglichkeit, was des weiteren zur Folge hat, daß die Beschwerde gegen Entscheidungen des *FG* direkt zum *BFH*, nicht wie ansonsten von der ersten Instanz zum Obergericht, zu erfolgen hat. Hier stellt sich eines der später noch zu klärenden Grundsatzprobleme einer Neustrukturierung, nämlich die Frage, inwieweit Verfahrensordnungen, die auf unterschiedliche Instanzenzüge ausgerichtet sind, in einem Gesetz miteinander vereinbart werden können.

So verbleibt es bei einem Vergleich der Berufung nach der VwGO und dem SGG. Am wesentlichsten ist hierbei, daß nach dem SGG teilweise die Zulassung durch den iudex a quo, bei der VwGO derzeit noch immer die Zulassung durch den iudex ad quem erforderlich ist. Bei der Beschwerde, die nach der VwGO und der FGO ebenfalls der Zulassung bedarf, nach dem SGG aber zulassungsfrei ist, ist dies wiederum anders geregelt. Hier müßten also auch Diskrepanzen bewältigt werden, wenn eine inhaltliche Angleichung ernsthaft verfolgt werden würde.

### V. *Vorläufiger Rechtsschutz*

Der vorläufige Rechtsschutz in der allgemeinen Verwaltungs-, der Finanz- und der Sozialgerichtsbarkeit ist konzeptionell weitgehend identisch. Er ist grundsätzlich zweigleisig ausgestaltet, wobei zwischen Anfechtungsbegehren einerseits und Verpflichtungs- oder Feststellungsbegehren andererseits unterschieden wird. Auch daß der vorläufige Rechtsschutz des SGG im Gegensatz zur VwGO und der FGO primär auf Richterrecht beruht, stellt infolge der prinzipiell gefestigten Rechtsprechung kein Problem mehr dar. Unterschiede zwischen den Verfahrensordnungen resultieren hier überwiegend aus dem materiellen Recht.

### VI. *Bewertung der Gesamtsituation*

Die grundsätzliche Ähnlichkeit der drei Verfahrensordnungen ist auch eine Konsequenz dessen, daß der Gesetzgeber bei Erlaß der FGO sich prinzipiell an der VwGO orientierte, die wiederum an das SGG[110] und die Verwaltungsgerichtsgesetze der Länder[111] angelehnt war. So sind besonders die Zulässigkeitsvoraussetzungen bei Anfechtungs- und Verpflichtungsklagen nach allen drei Verfahrensordnungen im wesentlichen identisch, so daß hierzu auch die Rechtsprechung dieser drei Gerichtsbarkeiten herangezogen werden kann[112]. Eine weitere Gemeinsamkeit ist in der Übereinstimmung der Verfahrensgrundsätze zu sehen, bestimmen doch die Amtsermittlung, Mündlichkeit, Unmittel-

---

109 *BVerfG* (*1. Kammer des 1. Senats*), Beschl. v. 24.10.2000 – 1 BvR 1412/99 – NVwZ 2001, 425.

110 *Tipke/Kruse*, FGO, Einf., Rn. 16.

111 *Redeker*, DVBl. 1982, 805.

112 *Papier*, Anmerkung zu *BSG*, Urt. v. 27.10.1987 – 6 RKA 57/86 – SGb 1989, 120 ff., SGb 1989, 123; *Meyer-Ladewig*, SGG, § 54, Rn. 9.

barkeit sowie die Öffentlichkeit des Verfahrens das Geschehen[113]. Andererseits sind auch deutliche Diskrepanzen festzustellen, die zwischen den einzelnen Verfahrensordnungen weitgehend bereinigt werden müßten, da das angestrebte Ziel der Vereinheitlichung ansonsten gar nicht zu erreichen wäre.

## C. Konkrete Ansätze zu einer Neustrukturierung

Der Vergleich der drei großen Verwaltungsgerichtsbarkeiten führt zwar zu dem Ergebnis, daß sie sich in ihrer Struktur und in ihrer Verfahrensorganisation grundsätzlich recht ähnlich sind und ihre praktischen Unterschiede nicht überschätzt werden dürfen[114]. Gleichwohl stellt sich das Problem, daß drei sich ähnelnde aber doch verschiedene Gerichtsbarkeiten nach grundgesetzlicher Vorgabe in drei verschiedenen Gesetzen geregelt wurden, was durchaus als unbefriedigend empfunden werden kann.

So wurde insbesondere bis zur ersten Hälfte der achtziger Jahre des vorigen Jahrhunderts über die Einführung einer der aufgeworfenen Frage entsprechenden Verwaltungsprozeßordnung unter Beibehaltung der verschiedenen Gerichtsbarkeiten intensiv diskutiert[115]. Des weiteren sprach sich, wie oben ausgeführt, nicht nur der Sachverständigenrat »Schlanker Staat«, der am 18.07.1995 von der Bundesregierung der 13. Legislaturperiode eingesetzt worden war, unter Bezugnahme auf den Entwurf zur VwPO in seinem Abschlußbericht für eine einheitliche Prozeßordnung der öffentlich-rechtlichen Gerichtsbarkeiten aus[116], sondern auch die Regierungskoalition der 14. Legislaturperiode hat sich auf eine grundlegende Justizreform, nach der die Eingangsgerichte gestärkt und die Mittelinstanz auf die Korrektur von Fehlern konzentriert werden sollen, geeinigt[117], wobei mittelfristig die Umgestaltung des Gerichtsaufbaus folgen soll[118]. Letzteres wiederum findet sein Pendant in der in den fünfziger Jahren des vorigen Jahrhunderts, auch vor dem Hintergrund des Art. 96 GG a. F., der neben fünf oberen Bundesgerichten ein weiteres oberstes Bundesgericht vorsah, allerdings unter anderen Vorzeichen intensiv geführten Debatte über die Zusammenfassung der verschiedenen Zweige der Rechtsprechung zu einer einzigen Gerichtsbarkeit[119].

Im Hinblick auf die die Untersuchung bestimmende Fragestellung kommen hier vor allem die Zusammenführung der gesamten Verwaltungsgerichtsbarkeit mit dem Ziel einer die allgemeine Verwaltungsgerichtsbarkeit, die Finanz- und die Sozialgerichtsbarkeit ersetzendem einzigen Verwaltungsgerichtsbarkeit sowie eine Vereinheitlichung der Verfahrensordnungen dieser drei Gerichtsbarkeiten in Betracht.

Bevor diese beiden Vorhaben der Neustrukturierung aber inhaltlich untersucht werden können, ist es auch hier zunächst erforderlich, die Begrifflichkeiten zu klären.

113 *Ule*, NJW 1968, 967, 969; *ders.* DVBl. 1958, 691, 696 f.

114 *Sommermann*, Die Deutsche Verwaltungsgerichtsbarkeit, S. 30.

115 Statt vieler *Meyer-Ladewig*, in: Festschrift für *Menger*, S. 833 ff.; *Klein*, DStR 1984, 17 ff.; *Krause*, SGb 1983, 525 ff.

116 Abschlußbericht des Sachverständigenrates »Schlanker Staat«, S. 128.

117 Koalitionsvereinbarung zwischen der SPD und Bündnis 90/Die Grünen vom 20.10.1998, ZRP 1998, 485, 499.

118 *Däubler-Gmelin*, ZRP 1999, 81, 82.

119 Statt vieler *Hamann*, DVBl. 1955, 205 ff; *Kern*, DRiZ 1956, 214 ff. sowie *Arndt*, DRiZ 1957, 198 ff. und *Bettermann*, ZZP 70 (1957), 161 ff., letztere mit jeweils umfangreichen weiteren Nachweisen.

## *I. Eine einheitliche Prozeßordnung*

Hierbei ist zunächst davon auszugehen, daß »einheitlich« kein Rechtsbegriff ist. Eine Begriffsbestimmung muß sich daher primär am allgemeinen Wortsinn orientieren. Unabhängig davon wird der Begriff in der Rechtsprechung so verwendet, daß unter »einheitlich« ein bei typisierter, objektivierter und abstrakter Betrachtungsweise vergleichbarer Zustand zu verstehen ist[120], der sachlich nicht sehr unterschiedlich ist[121]. Einheitlichkeit setzt demgemäß ein Mindestmaß an Gleichheit voraus[122].

In der Diskussion um die VwPO wurden verschiedene Vereinheitlichungsansätze vertreten. So wurde teilweise geäußert, um eine Vereinheitlichung handele es sich auch dann, wenn eine inhaltliche Angleichung in den jeweiligen Gesetzen erfolgen würde[123], während andere nur eine materielle Verschmelzung der bestehenden Prozeßordnungen zu einem Gesetz als Vereinheitlichung anerkannten[124]. Diese Ansätze werden daher, wie auch die anderen in der Diskussion um eine VwPO geäußerten Argumente, in die weitere Untersuchung einbezogen.

### 1. Ansatz der inhaltlichen Angleichung der gegebenen Prozeßordnungen

Mit den Argumenten, zum einen werde Rechtsklarheit geschaffen und zum anderen dem einzelnen Anwender eine klare, geschlossene Regelung an die Hand gegeben[125], wird gerechtfertigt, daß eine inhaltliche Angleichung der drei Prozeßordnungen bei ihrem gleichzeitigen Fortbestehen ausreiche[126]. Diesem Gedanken einer separaten Harmonisierung, der an sich schon als logischer Widerspruch anmutet, steht aber entgegen, daß »einheitlich« eben ein Mindestmaß an Gleichheit auch in einem Gesetzeswerk voraussetzt. Ansonsten wäre ein baldiges rechtstatsächliches Auseinanderlaufen der verschiedenen einzeln kodifizierten Verfahrensordnungen zu befürchten, unter anderem weil der Gesetzgeber und die Fachgerichtsbarkeiten dazu neigen könnten, hergebrachte aber inzwischen abgelöste Rechtssätze durch neue Gesetzgebung oder Gesetzesinterpretation wieder herzustellen. Zumindest bestände die Gefahr, daß sich die dabei angeglichenen Gesetze wieder auseinanderentwickelten[127]. Des weiteren wäre es sinnlos, überwiegend einheitlich gefaßte Vorschriften dreimal im gleichen Wortlaut zu erlassen[128]. Insofern kann bei der dargestellten Variante nicht von einer einheitlichen Verfahrensordnung gesprochen werden.

---

120 *BVerfG*, Beschl. v. 26.04.1988 – 2 BvL 13, 14/86 – NJW 1988, 2723, 2725.

121 *BVerfG*, Beschl. v. 01.07.1981 – 1 BvR 874/77, 1 BvR 322/78, BvR 324/78, 1 BvR 472/78, 1 BvR 543/78, 1 BvR 694/78, 1 BvR 752/78, 1 BvR 753/78, 1 BvR 754/78, 1 BvL 33/80, 1 BvL 10/81, 1 BvL 11/81 – NJW 1982, 155, 159; Beschl. v. 23.03.1982 – 2 BvL 13/79 – NJW 1982, 2859, 2860.

122 *BVerfG*, Beschl. v. 20.02.1995 – 2 BvR 1406/94 – NJW 1995, 2914.

123 *Rößler*, BB 1982, 1621, 1623.

124 *Meyer-Ladewig*, in: Festschrift für *Menger*, S. 833, 834.

125 *Klein*, DStR 1984, 17, 19; *Lotz*, BayVBl. 1987, 738, 740 f.

126 *Krause*, SGb. 1983, 525, 527.

127 *Bickel*, ZRP 1984, 57, 58; *Sendler*, DVBl. 1982, 812, 813; *Meyer-Ladewig*, in: Festschrift für *Menger*, S. 833, 840.

128 *Meyer-Ladewig*, in: Festschrift für *Menger*, S. 833, 841.

### 2. Ansatz der Zusammenfassung in einem Gesetz

Die Zielsetzung der inhaltsgleichen Zusammenfassung kann demgemäß nur in einem einzigen Gesetz verwirklicht werden. Dieser Ansatz entspricht auch der Auslegung des Art. 77 Abs. 3 GG, nach der sich die Formulierung »gegen ein vom Bundestag beschlossenes Gesetz« auf den Gesetzesbeschluß als Ganzes zu beziehen hat[129]. Dies bedeutet zum einen, daß nicht gegen einzelne Vorschriften Einspruch eingelegt werden kann[130], zum anderen aber auch, daß der Gesetzesbegriff überhaupt eng auszulegen ist. Überträgt man dieses Ergebnis nun auf einfaches Gesetzesrecht, folgt daraus, daß unter einheitlich nur ein Gesetzesbeschluß des Bundestags zu einem im einzelnen zusammengefaßten Gesetz verstanden werden kann[131]. Demgemäß müßte es sich auch um nur ein einziges Gesetzesvorhaben handeln, um das Ziel der Vereinheitlichung der Verfahrensordnungen zu erreichen.

### 3. Problematik der Differenzierung innerhalb der vereinheitlichten Verfahrensordnung

In der Diskussion um eine einheitliche Verwaltungsprozeßordnung wurde aber vertreten, von einer Vereinheitlichung könne dann nicht mehr gesprochen werden, wenn zum Zwecke der Beibehaltung verschiedener Spezifika der einzelnen Rechtsgebiete zahlreiche Sondervorschriften in die vereinheitlichte Fassung aufgenommen werden würden. Hinzu komme, daß die VwPO auf das Beweisrecht der ZPO verweise, so daß allein hierdurch schon wieder zumindest zwei Gesetze anzuwenden seien. Darüber hinaus würde das Gesetzeswerk insgesamt unübersichtlich werden und schwierig zu handhaben sein[132], der Blick für eine Systematik würde durch zuviele notwendige Sonderregelungen verstellt werden[133]. Des weiteren gelte in zu vielen vor den Verwaltungsgerichten zu führenden Verfahren andere Verfahrensordnungen, wie etwa das AsylVfG, die StPO sowie auch das ArbGG[134]. Schließlich sei die Zielrichtung von SGG einerseits und VwGO und FGO jeweils eine andere. Während letztere nämlich den Bürger vor staatlichen Eingriffen schützen sollten, gewährleiste das SGG Rechtsschutz gegen Verwaltungsakte der Eingriffsverwaltung[135]. Von einer Vereinheitlichung der Verfahrensordnungen könne folglich nicht mehr gesprochen werden[136].

Dem wurde aber entgegengehalten, es verstehe sich von selbst, daß nicht auf Sondervorschriften verzichtet werden könne. Auch im GVG und in der ZPO seien Vorschriften enthalten, die im spezifischen Fall nur einen Teil der Normadressaten betreffen würden. Dennoch würden diese mit den Gesetzen umgehen können, beispielsweise indem sie die sie nicht betreffenden Normen überschlugen. Des weiteren würden sich Übersichtlichkeit und Handhabbarkeit durch eine geschickte Redaktion herbeiführen

129 *Lücke*, in: *Sachs*, GG, Art. 77, Rn. 36.
130 *Bryde*, in: *von Münch/Kunig*, GG, III, Art. 77, Rn. 24.
131 *BVerfG*, Urt. v. 10.12.1980 – 2 BvF 3/77 – NJW 1981, 329, 336.
132 *Kraft*, in: Festgabe für *Grüner*, S. 311, 313; *Broß*, RiA 1985, 241, 243.
133 *Jung*, SGb. 2000, 149, 151.
134 *Bertrams*, NWVBl. 1999, 245, 252.
135 *Jung*, SGb. 2000, 149, 151; *Offerhaus*, DStR 1986, 99.
136 *Kraft*, in: Festgabe für *Grüner*, S. 311, 313; *Broß*, RiA 1985, 241, 243; *Bertrams*, NWVBl. 1999, 245, 252.

lassen[137]. Solange die notwendigen Abweichungen geringfügig wären müsse man diese auch dann tolerieren, wenn es dadurch zu keiner vollständigen Übereinstimmung der Verfahrensordnungen käme[138].

Wenn es an einem ausreichenden Bestand an gemeinsamer Substanz verbleibt, kann diesen Ausführungen beigepflichtet werden. Wird die Anzahl von Sonderregelungen aber zu groß, kann auch nicht mehr von einem einheitlichen Gesetz gesprochen werden[139]. Andererseits ist zu berücksichtigen, daß in den meisten Verfahrensgesetzen Bestimmungen enthalten sind, die im konkreten Fall nur partiell zur Anwendung kommen. So gesehen würde es sich bei diesen Bestimmungen zwar ebenfalls um Sondervorschriften handeln, gleichwohl käme man nicht auf die Idee, die Einheitlichkeit des Gesetzes zu bestreiten. Es mag sein, daß die Rechtsfolgen bei den unterschiedlichen Bestimmungen anders sein können, an der Einheitlichkeit durch das sie umfassende Gesetz ändert dies solange nichts, wie ein Grundbestand an gemeinsamen Normen gewahrt wird[140].

### 4. Problematik der eigenständigen Norminterpretation

Des weiteren wurde gegen eine Vereinheitlichung der Verfahrensordnungen unter Beibehaltung der verschiedenen Gerichtsbarkeiten zu einem Gesetz vorgebracht, daß dies eine für jede Gerichtsbarkeit eigenständige Norminterpretation zur Folge hätte[141]. Dann wäre weniger das Gesetz, sondern vielmehr ein anhand der Rechtsprechung der jeweiligen Gerichtsbarkeit entwickelter spezifischer Kommentar zu diesem vereinheitlichten Gesetz in der Praxis maßgeblich, so daß auch keine Vereinheitlichung vorläge[142].

Zwar besteht diese Gefahr tatsächlich, doch ändert sie nichts daran, daß »einheitlich« ein allein formales Kriterium ist, das durch rechtstatsächliche Entwicklungen an seiner Begrifflichkeit nichts einbüßt. Demgemäß ist auch unter diesem Gesichtspunkt davon auszugehen, daß einheitlich nur »in einem Gesetz« heißen kann.

### *II. Der Begriff einer einzigen Verwaltungsgerichtsbarkeit*

Wie oben dargestellt, ist unter Gerichtsbarkeit zum einen die Machtbefugnis des Staates, Rechtspflege auszuüben, zum anderen aber auch die zusammengefaßte Rechtspflegeorganisation als Subjekt, dem die Rechtspflege übertragen wurde, zu verstehen[143]. Geht es um hier eine einzige Verwaltungsgerichtsbarkeit, heißt dies, daß der zweite Schwerpunkt der Frage, ob sich eine Neustrukturierung der Verwaltungsgerichtsbarkeit empfiehlt, den obigen Ausführungen entsprechend auf das Problem zu konzentrieren ist, inwieweit die funktional getrennten Gerichtsbarkeiten allgemeine Verwaltungsgerichtsbarkeit sowie Finanz- und Sozialgerichtsbarkeit[144] zu einer einzigen Verwaltungsgerichtsbarkeit zusammengefaßt werden können.

---

137 *Meyer-Ladewig*, in: Festschrift für *Menger*, S. 833, 841.
138 *Ule*, DVBl. 1958, 691, 692.
139 *Kopp*, ZRP 1988, 113, 115.
140 *Sendler*, DVBl. 1982, 812, 813; *Kern*, DRiZ 1956, 214, 223.
141 *Rößler*, BB 1982, 1621.
142 *Kraft*, in: Festgabe für *Grüner*, S. 311, 315.
143 *Wolf*, Gerichtsverfassungsrecht, S. 44.
144 *Bettermann*, ZZP 70 (1957), 161, 164.

Im Gegensatz zu der Frage, wann von einer einheitlichen Verfahrensordnung gesprochen werden kann, ist an dieser Stelle kein Raum für weitere Abgrenzungen. Geht man nämlich von einer Zusammenführung der drei großen Verwaltungsgerichtsbarkeiten zu einer Verwaltungsgerichtsbarkeit aus, ist eine Angleichung der Verwaltungsgerichtsbarkeiten bei gleichzeitiger Beibehaltung der bestehenden drei großen Verwaltungsgerichtsbarkeiten schon vom Ausgangspunkt her gesehen ausgeschlossen, denn dies würde sich nicht mit Art. 95 Abs. 1 GG vereinbaren lassen, der die Grundlage des Begriffs der Gerichtsbarkeit bildet. Da eine Gerichtsbarkeit eine allein organisatorische Zusammenführung der Rechtsprechung, die zusammengefaßte Rechtspflegeorganisation als Subjekt, dem die Rechtspflege übertragen wurde ist[145], ist auch für die soeben beschriebenen Problematiken der Differenzierung innerhalb der Gerichtsbarkeiten eigenständigen Norminterpretation wie sie sich bei einer Zusammenführung der Verfahrensordnungen stellen, kein Raum. Entweder ein Spruchkörper ist der jeweiligen Gerichtsbarkeit zuzuordnen oder eben nicht. Grauzonen gibt es in dieser Hinsicht nicht.

145 *Wolf*, Gerichtsverfassungsrecht, S. 44; *Cartellieri*, BB 1953, 1021.

# 4. Kapitel – Praktische Konsequenzen des gesetzlichen und politischen Rahmens einer Neustrukturierung der Verwaltungsgerichtsbarkeit

Einer Neuorganisation der gesamten Verwaltungsgerichtsbarkeit sind aber auch Grenzen gezogen, so daß sie nur innerhalb eines gewissen Rahmens verfolgt werden kann. Dieser Rahmen ergibt sich aus den Vor- und Nachteilen einer Neustrukturierung der drei Gerichtsbarkeiten sowie deren Verfahrensordnungen. Zum Zwecke ihrer Bewertung müssen diese Vor- und Nachteile gegeneinander abgewogen werden, so daß sie zur Beantwortung der Frage führen, inwieweit eine Neustrukturierung empfehlsam ist[146]. Dabei ist jedoch in Rechnung zu stellen, daß bei einer solchen Relation die grundsätzlichen Linien eine gewichtigere Rolle spielen als Einzelfragen[147]. So wird zuerst der verfassungsrechtliche Rahmen für eine Neustrukturierung abgesteckt (A.). Danach werden die Beschränkungen durch das materielle Recht (B.) als einfachgesetzliche Grenzen einer Neustrukturierung erörtert. Schließlich darf nicht der gesetzgeberische und politische Handlungsspielraum unberücksichtigt bleiben (C.).

## A. Verfassungsrechtlicher Rahmen der Neustrukturierung der Verwaltungsgerichtsbarkeit

Verfassungsrechtliche Grenzen für eine Neustrukturierung könnten sich insbesondere aus den Art. 19 Abs. 4 GG, Art. 95 Abs. 1 GG und Art. 97 GG ergeben.

### *I. Beschränkungen durch Art. 19 Abs. 4 GG*

Wie bereits dargestellt, verlangt Art. 19 Abs. 4 GG, daß es effektive Möglichkeiten des Rechtsschutzes geben muß. Sowohl der Rechtsweg, als auch die Rechtsmittel müssen hinreichend bestimmt[148] und ein wirksamer Rechtsschutz in angemessener Frist erreichbar sein[149]. Zwar beinhaltet Art. 19 Abs. 4 GG damit auch die institutionelle Garantie einer Gerichtsbarkeit, wie dieser in erster Linie materielle Ansatz aber erreicht wird, bleibt der Ausgestaltung des Gesetzgebers überlassen, solange der Schutzumfang des

---

146 *Kopp*, in: Verhandlungen des 54. DJT, Band I, B, S. 1, 31; *Becker*, RiA 1983, 83.

147 *Bettermann*, in: *Merten*, Die Vereinheitlichung der Verwaltungsgerichtsgesetze zu einer VwPO, S. 91, 92.

148 *Schmidt-Aßmann*, in: *Schmidt-Aßmann/Schoch/Pietzner*, VwGO, Einl., Rn. 161.

149 *BVerfG* (*1. Kammer des 2. Senats*), Beschl. v. 27.05.1998 – 2 BvR 378/98 – NVwZ-RR 1999, 219; *BVerfG*, Beschl. v. 20.01.1982 – 2 BvL 26/81 – BVerfGE 60, 253, 269; Beschl. v. 16.12.1980 – 2 BvR 419/80 – BVerfGE 55, 349, 369; Beschl. v. 28.10.1975 – 2 BvR 883/73 u. a. – BVerfGE 40, 237, 256; *BFH*, Urt. v. 21.02.1991 – V R 105/84 – BFHE 163, 313, 319; *Krüger*, in: *Sachs*, GG, Art. 19, Rn. 146.

Art. 19 Abs. 4 nicht als solcher beeinträchtigt wird[150]. Insofern wird eine Neustrukturierung der Verwaltungsgerichtsbarkeit durch Art. 19 Abs. 4 GG nicht beschränkt[151].

### *II. Beschränkungen durch Art. 95 Abs. 1 GG*

Des weiteren könnte sich eine Beschränkung für die Vereinheitlichung der Verwaltungsgerichtsbarkeit aus Art. 95 Abs. 1 GG ergeben. Wie ausgeführt, ist Art. 95 Abs. 1 GG die Ausgangsnorm für den Bestand der von den Prozeßordnungen rechtlich zu trennenden einzelnen Fachgerichtsbarkeiten. Insofern fehlt es Art. 95 Abs. 1 GG zwar an einer unmittelbaren verfassungsrechtlichen Regelungsgewalt für die Verfahrensordnungen von allgemeiner Verwaltungsgerichtsbarkeit sowie Finanz- und Sozialgerichtsbarkeit, doch kann jede Gerichtsbarkeit verlangen, daß bei der Ausgestaltung ihres Verfahrens auch ihren Besonderheiten, beispielsweise durch die Schaffung von Sondernormen, Rechnung getragen wird[152]. Wie ausgeführt, könnten und müßten auch im Falle einer Vereinheitlichung von VwGO, FGO und SGG im maßvollen Umfang verschiedene Sonderregelungen bestehen bleiben, um einerseits dem jeweiligen Verfahren gerecht zu werden, ohne daß andererseits dadurch der Ansatz der Vereinheitlichung aufgehoben werden würde[153]. Zwar ist es eines der größten Probleme der Vereinheitlichung der Verfahrensordnungen, diesen Ausgleich durch eine einfachgesetzliche Regelung zu bewältigen[154], doch fällt die Idee der Vereinheitlichung und so auch das ganze Vorhaben der Neustrukturierung nicht sogleich wegen der Existenz dieses Problems dem Verdikt des Verstoßes gegen Art. 95 Abs. 1 GG zum Opfer[155].

Allerdings ist Art. 95 Abs. 1 GG vor allem für den verfassungsrechtlichen Bestandsschutz der einzelnen Gerichtsbarkeiten von entscheidender Bedeutung. Umstritten ist dabei, ob sich dieser verfassungsrechtlich verbürgte Bestandsschutz auf die zu den jeweiligen Gerichtsbarkeiten gehörenden obersten Bundesgerichte beschränkt oder ob auch die Instanzgerichte von der Gewährleistung des Art. 95 Abs. 1 GG mitumfaßt werden[156].

#### 1. Gründe für einen allein auf die obersten Bundesgerichte bezogenen Bestandsschutz

Für einen allein für die obersten Bundesgerichte bestehenden verfassungsrechtlichen Bestandsschutz wird geltend gemacht, der Wortlaut von Art. 95 Abs. 1 GG spreche von obersten Fachgerichten, was zwar zumindest bei den obersten Bundesgerichten eine Aufteilung der einzelnen Gerichtszweige bedinge, gleichzeitig aber für die Instanzgerichte bedeute, daß eine Zusammenlegung der einzelnen Gerichtszweige problemlos möglich sei[157]. Des weiteren ergebe sich diese Interpretation von Art. 95 Abs. 1 GG

150 *Krüger*, in: *Sachs*, GG, Art. 19, Rn. 109.
151 *Stüer/Hermanns*, DÖV 2001, 505, 506.
152 *Bettermann*, ZZP 70 (1957), 161, 165; *Stüer/Hermanns*, DÖV 2001, 505, 507.
153 *Ule*, NJW 1968, 967, 969; *ders.* DVBl. 1958, 691, 692.
154 *Bettermann*, ZZP 70 (1957), 161, 165.
155 *Ule*, DVBl. 1958, 691, 695; zum ganzen auch *Stüer/Hermanns*, DÖV 2001, 505, 507.
156 *Stüer/Hermanns*, DÖV 2001, 505, 507.
157 *Pitschas*, SGb 1999, 385, 392; *Meyer-Teschendorf/Hofmann*, ZRP 1998, 132, 134; *Franke*, ZRP 1997, 333, 336.

nicht nur aus dessen Wortlaut, vielmehr führe eine teleologische Auslegung zu dem gleichen Ergebnis[158]. Auch der Einwand, Art. 108 Abs. 6 GG bedinge in Verbindung mit Art. 95 Abs. 1 GG einen verfassungsrechtlich geschützten mehrstufigen Aufbau zumindest der Finanzgerichtsbarkeit[159], greife nicht durch, schließe Art. 108 Abs. 6 GG doch nur eine landesrechtliche Regelung der Finanzgerichtsbarkeit aus, so daß er folglich die Zusammenlegung der öffentlich-rechtlichen Instanzgerichte durch Bundesgesetz nicht verbiete[160]. Schließlich verhalte sich Art. 95 Abs. 1 GG so indifferent zur Frage des Aufbaus und der Aufgabenverteilung im Bereich der Mittelinstanzen, daß ihm auch kein Regelungsgehalt für die Mittelinstanzen zukomme[161].

### 2. Argumente für einen verfassungsrechtlichen Bestandsschutz der Instanzgerichte

Für einen durch Art. 95 Abs. 1 GG verfassungsrechtlich gewährten Bestandsschutz auch der Instanzgerichte wird hingegen angeführt, die Systematik des Art. 95 Abs. 1 GG selbst fordere zumindest eine weitere Instanz, die unterhalb der jeweiligen fünf Fachgerichtsbarkeiten anzusiedeln sei. Gehe Art. 95 Abs. 1 GG nämlich von einem obersten Bundesgericht aus, bedinge dies grundsätzlich die nachinstanzliche Gliederung der jeweiligen Fachgerichtsbarkeiten[162], zumindest müsse mit Rücksicht auf die in Art. 95 Abs. 1 GG vorgenommene Differenzierung zwischen den einzelnen obersten Gerichtshöfen des Bundes davon ausgegangen werden, daß auch durch die Länder eine allgemeine Verwaltungsgerichtsbarkeit einzurichten sei, die ein Mindestmaß an Eigenständigkeit aufweise[163]. Des weiteren entspreche die Annahme eines verfassungsrechtlichen Bestandsschutzes für die Instanzgerichte die Gesetzgebungskompetenz des Bundes nach Art. 74 Nr. 1 GG, denn wenn der Bundesgesetzgeber Aufbau und Organisation der Gerichtsorganisation regeln könne, müsse man auch die diesbezüglichen materiellen Verfassungsaussagen hierauf beziehen. Schließlich sei infolge der Neuregelung der Art. 95 und 96 GG durch das 16. ÄndG zum GG vom 18.06.1968 ein Schlußpunkt unter die Diskussion um eine Vereinheitlichung der Gerichtsbarkeit gesetzt worden, so daß infolge des Wegfalls des unerfüllten Verfassungsauftrags ein oberstes Bundesgericht zu schaffen gleichzeitig die Entscheidung für entsprechende Fachgerichtsbarkeiten getroffen worden sei[164].

### 3. Ergebnis

Zwar ist zuzugestehen, daß Art. 95 Abs. 1 GG relativ indifferent ist und sich aus ihm allein keine klare Aussage zu der Frage, ob Art. 95 Abs. 1 GG auch den Instanzgerichten der Fachgerichtsbarkeiten einen verfassungsrechtlichen Bestandsschutz vermittelt, ableiten läßt. Allerdings darf bei einer Auslegung von Art. 95 Abs. 1 GG nicht nur der Wortlaut, mithin nicht die Bestimmung isoliert betrachtet werden. Es ist vielmehr erforderlich, die Bezüge zu anderen Bestimmungen des Grundgesetzes mitzuberücksichti-

---

158 *Meyer-Teschendorf/Hofmann*, ZRP 1998, 132, 134.
159 *Fischer-Menshausen*, in: *von Münch*, GG, III, Art. 108, Rn. 19.
160 *Pitschas*, SGb 1999, 385, 392; *Franke*, ZRP 1997, 333, 336.
161 *Meyer-Teschendorf/Hofmann*, ZRP 1998, 132, 134.
162 *Detterbeck*, in: *Sachs*, GG, Art. 95, Rn. 9.
163 *Funke-Kaiser*, in *Bader/Funke-Kaiser/Kuntze/von Albedyll*, VwGO, § 2, Rn. 2.
164 *Degenhart*, in: *Isensee/Kirchhof*, HStR, III, § 75, Rn. 6; *Lässig*, NVwZ 1991, 1140, 1141 f.

gen, also eine systematische Einordnung und Auslegung von Art. 95 Abs. 1 GG vorzunehmen[165].

Doch auch bei einer Auslegung nach dem Wortlaut von Art. 95 Abs. 1 GG kommt man nicht zwingend zu dem Ergebnis, daß Art. 95 Abs. 1 GG sich nur auf die obersten Gerichtshöfe des Bundes beziehe. Wird nämlich von obersten Gerichtshöfen des Bundes gesprochen, bedingt dies sprachlich, daß es jeweils zumindest ein weiteres Gericht gibt, das unter dem jeweiligen obersten Gerichtshof des Bundes anzusiedeln ist[166]. Da die obersten Bundesgerichte als Revisionsgerichte primär die Aufgabe haben, die Einheit der Rechtsprechung zu gewährleisten und das Recht fortzubilden, folgt aus Art. 95 Abs. 1 GG und der Gesetzgebungskompetenz des Art. 74 Abs. 1 Nr. 1 GG für die Verfahrensordnungen, daß den obersten Bundesgerichten fachspezifische Instanzgerichte zuzuordnen sind[167].

Diese Auslegung wird systematisch durch Art. 108 Abs. 6 GG gestützt. Es trifft sicherlich zu, daß Art. 108 Abs. 6 GG, der allein von der Finanzgerichtsbarkeit spricht, primär landesrechtliche Regelungen hinsichtlich der Finanzgerichtsbarkeit ausschließt. Dadurch zeigt sich aber auch, daß Art. 108 Abs. 6 GG von einer mehrstufigen Finanzgerichtsbarkeit ausgeht. Anderenfalls, wenn also von einer einstufigen Finanzgerichtsbarkeit ausgegangen werden würde, wäre nämlich schon Art. 95 Abs. 1 GG ausreichend gewesen, der den Bundesfinanzhof, wie oben dargestellt, zu den obersten Gerichtshöfen des Bundes rechnet. Dies würde dann gleichzeitig die Gegenstandslosigkeit von Art. 108 Abs. 6 GG bedeuten, denn würde es nur den durch Art. 95 Abs. 1 GG geschützten Bundesfinanzhof geben, bestände kein Anlaß für die weitere Absicherung desselben durch Art. 108 Abs. 6 GG[168].

Dem kann auch nicht entgegenhalten werden, Art. 108 Abs. 6 GG biete zwar keinen verfassungsrechtlichen Schutz für die gesamte Finanzgerichtsbarkeit als solche, sondern schütze nur die Gesetzgebungskompetenz des Bundes, beinhalte jedoch gleichwohl einen Gesetzgebungsauftrag für denselben[169]. In dieser Argumentation wird bereits anerkannt, daß Art. 108 Abs. 6 GG von einer mehrstufigen Finanzgerichtsbarkeit ausgeht, denn anderenfalls gäbe es infolge der Regelung des Art. 95 Abs. 1 GG nichts weiter zu schützen. Geht nun Art. 108 Abs. 6 GG von einer Mehrstufigkeit der Finanzgerichtsbarkeit aus, stellt sich das Problem, daß sowohl Art. 108 Abs. 6 GG als auch Art. 95 Abs. 1 GG einmütig von der Finanzgerichtsbarkeit sprechen, in Art. 108 Abs. 6 GG aber von einer mehrstufigen Finanzgerichtsbarkeit ausgegangen wird, während Art. 95 Abs. 1 GG bei gleicher Begrifflichkeit von einer allein auf den Bundesfinanzhof bezogenen Finanzgerichtsbarkeit ausgeht. Dieser interpretatorische Spagat der gegensätzlichen Auslegung des gleichen Rechtsbegriffes in unmittelbar aufeinanderfolgenden Abschnitten des Grundgesetzes wäre jedoch nicht nachvollziehbar. So ist auch unter Berücksichtigung von Art. 108 Abs. 6 GG davon auszugehen, daß Art. 95 Abs. 1 GG einen von ihm mitumfaßten Instanzenzug voraussetzt[170].

165 *Stüer/Hermanns*, DÖV 2001, 505, 508.

166 *Blümel*, in: *Isensee/Kirchhof*, HStR, Abs. 4, § 102, Rn. 14; *Kronisch*, in: *Sodan/Ziekow*, VwGO, § 1, Rn. 26.

167 *Degenhart*, in: *Isensee/Kirchhof*, HStR, III, § 75, Rn. 5 f.; *Ule*, DVBl. 1982, 821, 827.

168 *Stüer/Hermanns*, DÖV 2001, 505, 508.

169 *Siekmann*, in: *Sachs*, GG, Art. 108, Rn. 44.

170 *Fischer-Menshausen*, in: *von Münch*, GG, III, Art. 108, Rn. 19.

Soweit dieser Auslegung von Art. 95 Abs. 1 GG im Normgefüge der weiteren Verfassungsbestimmungen entgegengehalten wird, gemäß Art. 8 Einigungsvertrag i. V. m. Anl. I Kap. III A.III. Nr. 1 a Abs. 3 seien in den neuen Bundesländern die Bezirksgerichte als Einheitsgerichte tätig gewesen[171], ist dies zwar sachlich zutreffend, doch sagt dies nichts über die verfassungsrechtliche Zulässigkeit dieser Regelung aus, wobei des weiteren zu berücksichtigen ist, daß die Regelung des Einigungsvertrags nur für eine Übergangszeit gelten sollte und galt, nämlich solange, bis eine selbständige Verwaltungsgerichtsbarkeit im Beitrittsgebiet erstmalig eingerichtet war. Insofern läßt sich hieraus wenig für oder gegen eine Aussage herleiten, inwieweit Art. 95 Abs. 1 GG zumindest einer zweiten Instanz in den verschiedenen Fachgerichtsbarkeiten einen verfassungsrechtlichen Bestandsschutz vermittelt.

Letztlich ist es ebenfalls nicht möglich, einen allein auf die obersten Bundesgerichte bezogenen verfassungsrechtlichen Bestandsschutz von Art. 95 Abs. 1 GG mit der Rechtsprechung des *BVerfG* zu begründen. Zwar entschied das *BVerfG* mehrfach, daß Art. 95 Abs. 1 GG keinen Instanzenzug gewährleiste[172], doch sind die Beschlüsse des *BVerfG* im Kontext des Gegenstandes der jeweiligen Entscheidung zu sehen[173].

Gegenstand der Ausgangsverfahren waren jeweils Verfassungsbeschwerden. In dem einen Fall wurde sie unmittelbar durch den zuständigen *Senat* entschieden, in dem anderen Fall legte der zur Entscheidung berufene *Senat* die zu entscheidende Rechtsfrage dem *Plenum* vor. Problematisch war jeweils, inwieweit über Revisionen zum *BGH* ohne mündliche Verhandlung entschieden werden könnte. In den vom *BVerfG* zu entscheidenden Fällen ging es also darum, ob der Gesetzgeber infolge von Art. 95 Abs. 1 GG gehalten sei, dem einzelnen einen Rechtsweg über mehrere Instanzen zu garantieren. Der individuelle Rechtsschutz wird jedoch, wie ausgeführt, durch Art. 19 Abs. 4 GG verbürgt. Art. 95 Abs. 1 GG dagegen ist eine Norm aufgrund der Kompetenzen zugewiesen werden[174] und auch systematisch in dem das Staatsorganisationsrecht regelnden Teil des GG angesiedelt. Da Art. 95 Abs. 1 GG demgemäß keine subjektiv-rechtliche Bedeutung zukommt und er damit auch keinen klagbaren Anspruch auf ein zumindest zweiinstanziges Verfahren vermittelt[175], konnten die Beschwerdeführer ihn auch nicht für sich nutzbar machen. Dies bedeutet aber gleichzeitig, daß die Frage der verfassungsrechtlichen Garantie einer institutionell mehrinstanzlichen Gerichtsorganisation mangels rechtlicher Relevanz für die Ausgangsverfahren gar nicht umstritten war und dementsprechend nicht vom *BVerfG* behandelt wurde. Da die Richter des *BVerfG* also andere Verfahrensgegenstände zu entscheiden hatten, können die Beschlüsse des *BVerfG* in die Diskussion, ob vom verfassungsrechtlichen Bestandsschutz des Art. 95 Abs. 1 GG auch die Instanzgerichte umfaßt werden, nicht eingebracht werden[176].

Für die Gerichtsbarkeiten selbst bedeutet dies somit, daß Art. 95 Abs. 1 GG einen sich sowohl auf die obersten Bundesgerichte als auch auf die Instanzgerichte erstrek-

171 *Kronisch*, in: *Sodan/Ziekow*, VwGO, § 1, Rn. 28.

172 *BVerfG*, Beschl. v. 11.06.1980 – 1 PBvU 1/79 – BVerfGE 54, 277, 291; Beschl. v. 30.06.1976 – 2 BvR 164/76 – BVerfGE 42, 243, 248.

173 *Stüer/Hermanns*, DÖV 2001, 505, 508.

174 *Jarass/Pieroth*, GG, Art. 95, Rn. 1.

175 *Detterbeck*, in: *Sachs*, GG, Art. 95, Rn. 9.

176 Ebenso zum ganzen auch *Stüer/Hermanns*, DÖV 2001, 505, 508.

kenden verfassungsrechtlichen Bestandsschutz verbürgt[177]. Neben den obersten Gerichtshöfen des Bundes setzt das Grundgesetz demgemäß je Fachgerichtsbarkeit zumindest ein weiteres Instanzgericht voraus[178]. Dieser Bestandsschutz wäre nur durch eine Änderung des Grundgesetzes zu beseitigen[179], wobei einer solchen jedoch über die Notwendigkeit einer Zweidrittelmehrheit gemäß Art. 79 Abs. 2 GG hinaus keine weiteren verfassungsrechtlichen Hürden entgegenständen[180].

Hinsichtlich der Organisation der einzelnen Gerichtsbarkeiten und der Ausgestaltung der Verfahrensordnungen dagegen kann der Gesetzgeber einen weiten Gestaltungsspielraum für sich in Anspruch nehmen[181], da der Regelungsgegenstand des Art. 95 Abs. 1 GG sich auf die institutionelle Unantastbarkeit der dort aufgeführten Gerichtsbarkeiten beschränkt. Solange also der Gesetzgeber der einzelnen Gerichtsbarkeit einen Kernbestand an entsprechender Sachkompetenz beläßt, kann sich daher aus Art. 95 Abs. 1 GG keine Grenze für eine Vereinheitlichung der Verfahrensordnungen der Verwaltungsgerichtsbarkeit ergeben[182].

### *II. Beschränkungen durch Art. 97 GG*

Denkbar ist es allerdings, daß sich Beschränkungen für eine Neustrukturierung aus Art. 97 GG ergeben.

#### 1. Regelungsgehalt des Art. 97 GG

Gemäß Art. 97 Abs. 1 GG sind die Richter unabhängig und nur dem Gesetz unterworfen. Dies bedeutet zunächst, daß jeder Richter allein an durch Gesetz bestimmte Entscheidungsmaßstäbe gebunden ist[183], wobei es der Legislative verwehrt ist, in diese Entscheidungsmaßstäbe anders als durch Gesetz einzugreifen[184]. Ferner muß sich auch die Exekutive sämtlicher vermeidbarer Einflußnahmen auf die rechtsprechende Tätigkeit enthalten[185]. Zu den Aufgaben der Rechtsprechung gehören neben der konkreten Spruchtätigkeit alle diejenigen Tätigkeiten, die mit der Rechtsfindung in unmittelbaren Zusammenhang stehen[186].

Neben die durch Art. 97 Abs. 1 GG garantierte sachliche Unabhängigkeit tritt gemäß Art. 97 Abs. 2 GG die persönliche Unabhängigkeit. Die den hauptamtlich und planmä-

---

177 *Degenhart*, in: *Isensee/Kirchhof*, HStR, III, § 75, Rn. 6; *Detterbeck*, in: *Sachs*, GG, Art. 95, Rn. 9.

178 *Stüer/Hermanns*, DÖV 2001, 505, 509.

179 *Meyer*, in: *von Münch/Kunig*, GG, III, Art. 95, Rn. 4; *Detterbeck*, in: *Sachs*, GG, Art. 95, Rn. 4; *Degenhart*, in: *Isensee/Kirchhof*, HStR, III, § 75, Rn. 6.

180 *Franke*, ZRP 1997, 333, 336; *Stüer/Hermanns*, DÖV 2001, 505, 509.

181 *Meyer*, in: *von Münch/Kunig*, GG, III, Art. 95, Rn. 4; *Detterbeck*, in: *Sachs*, GG, Art. 95, Rn. 7.

182 *Degenhart*, in: *Isensee/Kirchhof*, HStR, III, § 75, Rn. 11 f.; *Detterbeck*, in: *Sachs*, GG, Art. 95, Rn. 5 f.; *Meyer*, in: *von Münch/Kunig*, GG, III, Art. 95, Rn. 7.

183 *Barbey*, in: *Isensee/Kirchhof*, HStR, III, § 74, Rn. 30.

184 *BVerfG*, Beschl. v. 27.06.1974 – 2 BvR 429, 641, 700, 813/72 u. a. – BVerfGE 38, 1, 21; Beschl. v. 17.01.1961 – 2 BvL 25/60 – BVerfGE 12, 67, 71.

185 *BVerfG*, Beschl. v. 07.01.1981 – 2 BvR 401 u. 606/76 – BVerfGE 55, 372, 389; Beschl. v. 04.06.1969 – 2 BvR 33, 387/66 – BVerfGE 26, 79, 92 ff.

186 *Papier*, NJW 2001, 1089, 1090.

ßig endgültig angestellten Richtern zukommende persönliche Unabhängigkeit garantiert diesen zumindest, daß sie vor Ablauf ihrer Amtszeit nur unter den gesetzlichen Voraussetzungen und gegen ihren Willen ausschließlich aufgrund einer richterlichen Entscheidung abberufen, also ihres Amtes enthoben werden dürfen[187]. Dieser Grundsatz der Inamovibilität[188] wird nur durch die in Art. 97 Abs. 2 S. 3 GG genannte Möglichkeit der Veränderung der Einrichtungen der Gerichte oder ihrer Bezirke durchbrochen.

Schließlich darf auch Art. 97 GG nicht isoliert betrachtet werden, vielmehr ist wiederum eine Einordnung im Gesamtgefüge des Grundgesetzes notwendig. So wird die Unabhängigkeit der Gerichte vom *BVerfG* nicht nur in Art. 97 GG verortet, sondern vielmehr als Ausdruck des Gewaltenteilungs- und Rechtsstaates verstanden. Daher sind über Art. 97 GG hinaus auch die Art. 20 Abs. 2 GG und 20 Abs. 3 GG sowie Art. 92 GG bei der Interpretation von Art. 97 GG zu berücksichtigen[189], was wiederum dazu führt, daß Art. 79 Abs. 3 GG Änderungen von Art. 97 GG entgegensteht[190]. Zwar handelt es sich bei den in Art. 97 GG Garantien nicht um subjektive öffentliche Rechte[191], doch ist der gesamte Gewährleistungsumfang des Art. 97 GG zu den hergebrachten Grundsätzen des Berufsbeamtentums im Sinne von Art. 33 Abs. 5 GG zu zählen[192], mit der Folge, daß eine Verletzung von Art. 97 GG für den betroffenen Richter mit der Verfassungsbeschwerde über die Brücke des Art. 33 Abs. 5 GG rügefähig ist[193].

### 2. Konsequenzen für eine Neustrukturierung der Verwaltungsgerichtsbarkeit

Fraglich ist nun, welche Konsequenzen Art. 97 GG für eine Neustrukturierung der Verwaltungsgerichtsbarkeit hat. Wie oben ausgeführt, könnte eine Neustrukturierung der Verwaltungsgerichtsbarkeit eine Änderung ihrer bisherigen Organisation zur Folge haben, wobei einerseits das Verfahrensrecht, andererseits aber auch die Gliederung als solche betroffen sein können[194].

Beschränken sich die Veränderungen auf das Verfahrensrecht, sind keinerlei Konflikte mit Art. 97 Abs. 1 GG zu erwarten, wenn man davon ausgeht, daß die Veränderungen, wenn auch der heutigen Sach- und Rechtslage angepaßt, nicht plötzlich wesentlich über den Entwurf zu einer VwPO, bei dem es keinerlei Anzeichen für Eingriffe in Art. 97 GG gab, hinausgehen.

Anders würde sich die Situation allerdings darstellen, wenn es im Zuge der Neustrukturierung der Verwaltungsgerichtsbarkeit zu einer Zusammenfassung von Gerichtsbarkeiten kommen würde. Im Zuge eines solchen Vorhabens müßten zahlreiche

---

187 *Meyer*, in: *von Münch/Kunig*, GG, III, Art. 97, Rn. 29.

188 *Detterbeck*, in: *Sachs*, GG, Art. 97, Rn. 22.

189 *BVerfG*, Beschl. v. 20.04.1982 – 2 BvL 26/81 – BVerfGE 60, 253, 296.

190 *Meyer*, in: *von Münch/Kunig*, GG, III, Art. 97, Rn. 6; *Detterbeck*, in: *Sachs*, GG, Art. 97, Rn. 6.

191 *BVerfG*, Beschl. v. 11.11.1969 – 1 BvR 253/68 – BVerfGE 27, 211, 217; *Meyer*, in: *von Münch/Kunig*, GG, III, Art. 97, Rn. 26; *Detterbeck*, in: *Sachs*, GG, Art. 97, Rn. 7.

192 *BVerfG (3. Kammer des 2. Senats)*, Beschl. v. 29.02.1996 – 2 BvR 136/96 – NJW 1996, 2149, 2150; *BVerfG*, Beschl. v. 07.01.1981 – 2 BvR 401 u. 606/76 – BVerfGE 55, 372, 391 f.; *Detterbeck*, in: *Sachs*, GG, Art. 97, Rn. 7.

193 *Detterbeck*, in: *Sachs*, GG, Art. 97, Rn. 7; ebenso zum vorgenannten auch *Stüer/Hermanns*, DÖV 2001, 505, 509.

194 *Stüer/Hermanns*, DÖV 2001, 505, 509 f.

Richter zwangsläufig zumindest versetzt werden. Auch ist es denkbar, daß Richter ihre Ämter ganz aufgeben müssen. Wenn aber ganze Gerichtsbarkeiten zusammengelegt werden sind das solche tiefgreifenden Einschnitte in die Gerichtsorganisation, daß Veränderungen der Einrichtungen der Gerichte im Sinne von Art. 97 Abs. 2 S. 3 GG anzunehmen sind. Infolge der Öffnungsklausel des Art. 97 Abs. 2 S. 3 GG wären solche Maßnahmen daher zulässig, sofern eine gesetzliche Grundlage für sie besteht und den betroffenen Richtern das volle Gehalt belassen wird[195].

Eine andere Frage ist es, inwieweit Art. 97 GG dadurch beeinträchtigt werden könnte, daß nach einer im Zuge einer Neustrukturierung der Verwaltungsgerichtsbarkeiten erfolgten Zusammenfassung von allgemeiner Verwaltungsgerichtsbarkeit sowie Finanz- und Sozialgerichtsbarkeit aufgrund der gestiegenen Größe der jeweiligen Gerichte umfangreichere Möglichkeiten bestehen würden, die Geschäftsabläufe zu optimieren und das Tätigkeitsfeld des einzelnen Richters zu bestimmen.

Verbesserungen der Geschäftsabläufe sind mit Art. 97 GG solange vereinbar, wie sie nicht in die inhaltliche Arbeit der Richter eingreifen, denn solange ist auch keine Beeinträchtigung der richterlichen Unabhängigkeit zu erwarten. Es gibt allerdings keine Hinweise darauf, daß Verbesserungen der Geschäftsabläufe und Umstrukturierungen der Organisation der Rechtsschutzgewährung in der Verwaltungsgerichtsbarkeit sich auf die richterliche Unabhängigkeit auswirken[196].

Was die personelle Flexibilität in der Richterschaft angeht, würde eine Zusammenfassung der drei großen Verwaltungsgerichtsbarkeiten insbesondere an den Obergerichten, an denen die Möglichkeiten des Ausgleichs von richterlichen Unter- oder Überkapazitäten infolge der relativ gesehen geringeren Fluktuation in der Richterschaft – abgesehen von zur Erprobung abgeordneten Richtern, die in diese Betrachtung nicht einbezogen werden können – mitunter beschränkt sind, weitaus größere organisatorische Spielräume eröffnen. So könnte Fehlentwicklungen wie den genannten Unter- oder Überkapazitäten gegebenenfalls durch einen die Geschäftsverteilung regelnden Präsidiumsbeschluß nach § 21 e GVG in Verbindung mit § 4 VwGO, § 6 SGG und § 4 FGO oder aber mit einer diese Bestimmungen ersetzenden Regelung, begegnet werden. Daß diese größere Flexibilität bei der Geschäftsverteilung infolge der größeren Zahl der zu besetzenden Tätigkeitsfelder nicht mit Art. 97 Abs. 2 GG vereinbar ist, kann dabei solange nicht angenommen werden, wie die Zuweisung der Aufgaben nach rechtsstaatlichen Grundsätzen erfolgt, also insbesondere nicht rechtsmißbräuchlich oder gar willkürlich ist[197]. Wann eine verfassungswidrige mit Art. 97 Abs. 2 GG nicht vereinbare Geschäftsverteilung vorliegt, ist allerdings eine Frage des Einzelfalls, die nicht allgemein geklärt werden kann[198].

Vor dem Hintergrund der obigen Erwägungen würde Art. 97 GG daher keine unüberwindbare Hürde bei einer Neustrukturierung der Verwaltungsgerichtsbarkeit darstellen.

---

195 *Stüer/Hermanns*, DÖV 2001, 505, 510.
196 *Jöhnk*, SchlHA 1996, 169, 172.
197 *BVerfG*, Beschl. v. 25.02.1964 – 2 BvR 411/61 – BVerfGE 17, 252, 259.
198 *Stüer/Hermanns*, DÖV 2001, 505, 510.

## B. Beschränkungen durch einfaches materielles Recht

### *I. Die dienende Rolle des Verfahrensrechts*

Allerdings darf nicht unberücksichtigt bleiben, daß die Organisation der Gerichtsbarkeit und die Ausgestaltung der dazugehörenden Verfahrensordnungen keinen Selbstzweck haben. Aufgabe dieses Verfahrensrechts im weitesten Sinne ist es vielmehr, die möglichst schnelle und richtige prozessuale Verwirklichung materiellrechtlicher Ansprüche sicherzustellen[199]. Hieraus wird gefolgert, daß diese dienende Funktion des Verfahrensrechts eine Neustrukturierung dann verbietet, wenn die zu neuzuordnenden Sachmaterien infolge ihrer Unterschiede so weit auseinanderliegen, daß eine derartige Neustrukturierung den Rechtsschutz beeinträchtigen würde und damit nicht mehr interessengerecht wäre[200].

### *II. Erhöhter Begründungsbedarf für Rechtsänderungen*

Unter der vorstehend dargestellten Prämisse ist die Veränderung einer gegebenen Rechtslage daher nur dann vertretbar und geboten, wenn sie die Verwirklichung des materiellen Rechts gegenüber dem bisherigen Zustand erleichtert und die wirtschaftlichen Belastungen auf Seiten des Kostenträgers sich nicht erhöhen. Sofern der Ist-Zustand aber nicht zu beanstanden ist, bedarf es eines erhöhten Begründungsaufwandes, um eine Änderung gleichwohl noch rechtfertigen zu können, da eine neue Rechtslage prinzipiell korrelierend mit dem Grad ihrer Veränderung zunächst zu Schwierigkeiten mit ihrer Handhabung oder zu Verfahrensverlängerungen führt, die in dieser Form sonst nicht auftreten würden[201].

Die Verschmelzung von drei Gerichtsbarkeiten zu einer Gerichtsbarkeit und die Ablösung der drei Prozeßordnungen, an die sich im Laufe der Jahre die große Mehrzahl der Beteiligten gewöhnt hat, würden daher zunächst Zweifelsfragen nach sich ziehen, die viel richterliche Arbeitskraft binden würden[202]. Die oben dargestellte Problematik würde sich somit auch bei der Vereinheitlichung der drei Verfahrensordnungen oder aber einer Zusammenfügung von allgemeiner Verwaltungsgerichtsbarkeit sowie der Finanz- und Sozialgerichtsbarkeit stellen.

Dennoch kann der Veränderung einer Rechtslage nicht unbedingt entgegengehalten werden, eben diese führe zu erhöhten Belastungen, wenn bereits der gegebene Zustand zu bemängeln ist. Dies hieße nämlich, die bestehenden rechtlichen Mängel fortbestehen zu lassen, die gerade zu dem negativen Ist-Zustand geführt haben, weil es durch eine

---

199 *Sendler*, in: *Merten*, Die Vereinheitlichung der Verwaltungsgerichtsgesetze zu einer VwPO, S. 147, 155; *Redeker*, DVBl. 1982, 805, 806; *Heinze*, SGb 1984, 390, 392 f.; *Rößler*, BB 1982, 1621; *Funk*, in: Verhandlungen des 54. DJT, Band Abs. 2, L, S. 38, 49; *Kraft*, Festgabe für *Grüner*, S. 311, 313.

200 *Kraft*, Festgabe für *Grüner*, S. 311, 313; i. E. auch *BayVerfGH*, Entsch. v. 14.02.1995 – Vf. 6-VII-93 – NVwZ-RR 1996, 123.

201 *Bischof*, ZRP 1999, 353, 354; zur vormals geplanten Einführung der VwPO *Klein*, DStR 1984, 17, 20; *ders.*, ZG 1986, 245, 249; *Rößler*, BB 1982, 1621, 1622 f.; *Kraft*, in: Festgabe für *Grüner*, S. 311, 316 f.; *Broß*, RiA 1985, 241, 243.

202 *Kopp*, ZRP 1988, 113, 114; *Klein*, DStR 1984, 17, 19 f.; *ders.*, ZG 1986, 245, 249; *Hellwig*, DB 1983, 1511; *Offerhaus*, DStR 1986, 99; *Meßmer*, BB 1986, 741, 744; *Kraft*, ZRP 1985, 97, 98.

Veränderung der Rechtslage zu neuen Belastungen kommen würde. Somit wären solche Verbesserungen, die nicht von selbst einträten, für alle Zeiten ausgeschlossen. Würde man dieser Argumentation folgen, könnte es infolge der zunächst regelmäßig gegebenen Anlaufschwierigkeiten daher niemals zu einer gesetzlichen Änderung einer rechtlich und tatsächlich mangelhaften Situation kommen[203]. Daher kann eine Änderung der Rechtslage aus diesen Gründen auch nicht ohne weiteres ausgeschlossen werden, vielmehr bedarf es einer umfassenden Abwägung aller für und gegen die Änderung sprechender Aspekte.

### *III. Materiellrechtliche Grenzen*

Jedoch wird überwiegend geltend gemacht, ein Hauptgrund für die Schwierigkeiten bei der Justizgewährung durch die Verwaltungsgerichtsbarkeit sei das Agieren des Gesetzgebers[204]. So handele es sich um einen Trugschluß wenn man glaube, eine Vereinfachung des Verfahrensrechts mit dem Ziel der Verfahrensbeschleunigung würde ausreichen, um eine Gesamtverbesserung zu erreichen[205]. Die Vereinfachung müßte vielmehr auf materieller Ebene gesucht werden, liege doch, insbesondere im Steuerrecht, dort der Kern der Gesamtproblematik[206].

Auch daß die Unterschiede der drei Gerichtsbarkeiten aus dem Umstand resultierten, daß es sich beim Steuerrecht primär um Eingriffsrecht handele, das Sozialrecht dagegen primär Leistungsrecht und das Verwaltungsrecht im allgemeinen beides sei[207], führe in der Verwaltungs- wie auch in der Sozialgerichtsbarkeit zu keinem anderen Ergebnis. So sei der Kern der eigentlichen Schwierigkeiten im Sozialrecht mehr in der komplizierten Ausgestaltung des materiellen Rechts als im Verfahrensrecht zu finden[208], denn letzteres sei gar nicht so verbesserungsbedürftigt[209] und während der Gesetzgeber im originären Verwaltungsrecht Deregulierung verspreche, dehne er auch dort das materielle Recht immer weiter aus[210].

Allerdings wird die Ausdehnung des materiellen Rechts nicht nur als Fehlverhalten des Gesetzgebers beurteilt, sondern auch eine Konsequenz der eigenen Rechtsprechung der Verfassungs- und Verwaltungsgerichtsbarkeit sein, habe die doch beispielsweise die Rechtsfigur des besonderen Gewaltverhältnisses aufgegeben oder auch durch eine Stärkung der Wesentlichkeitstheorie dem Vorbehaltsprinzip immer weitere Gebiete eröffnet[211]. Insofern sei die durchaus wahrzunehmende Verrechtlichung der Lebensbereiche Konsequenz der selbst gestellten Anforderungen an Rechtsstaatlichkeit[212].

---

203 *Meyer-Ladewig*, in: Festschrift für *Menger*, S. 833, 842.

204 *Meßmer*, BB 1986, 741, 742 f.; *Rößler*, DStZ 1987, 246, 247; i. E. auch *Haegert*, BB 1991, 36, 39 f.

205 *Benkel*, NZS 1995, 289, 295; *Meßmer*, BB 1986, 741, 744.

206 *Birk*, StuW 1993, 296; *Meßmer*, BB 1986, 741, 745; *Jung*, SGb. 2000, 149, 152.

207 *Offerhaus*, DStR 1986, 99; *Jung*, SGb. 2000, 149, 152.

208 *Heinze*, SGb 1984, 390, 397.

209 *Benkel*, NZS 1995, 289, 295.

210 *Stelkens*, DVBl. 1995, 1105, 1107.

211 *Papier*, Die Stellung der Verwaltungsgerichtsbarkeit im demokratischen Rechtsstaat, S. 20 f.

212 *Stelkens*, NVwZ 2000, 155, 157; *Papier*, Die Stellung der Verwaltungsgerichtsbarkeit im demokratischen Rechtsstaat, S. 19.

Unabhängig davon, ob die letzteren Argumente vollumfänglich zutreffen, ändert dies nichts an der Grundproblematik. Solange die Ursachen für die Schwierigkeiten der Justiz überwiegend im materiellen Recht zu suchen sind, können auch Änderungen des Verfahrensrechts letztlich nicht zu einer dauerhaft spürbaren Lösung führen[213]. Dabei ist ebenfalls in Rechnung zu stellen, daß vor allem eine Vereinheitlichung des Prozeßrechts mit dem postulierten Ziel, Komplexität zu reduzieren, die Gefahr in sich birgt, auf Kosten der Sachgesetzlichkeit zu erfolgen[214]. Darüber hinaus leuchtet nicht ein, warum eine Veränderung des gerichtlichen Verfahrens die Komplexität des materiellen Rechts reduzieren soll, fehlt es doch schon am tatsächlichen Zusammenhang[215].

Hieraus folgt, daß einerseits die Vorteile, die sich aus einer Vereinheitlichung der Verwaltungsgerichtsbarkeiten einerseits und des Prozeßrechts anderseits ergeben würden, die aus der Veränderung der gegebenen Rechtslage resultierenden Nachteile nicht per se überwiegen. Anderseits zieht auch das materielle Recht einer derartigen Neustrukturierung nicht von vornherein solche Grenzen, daß eine Veränderung der Rechtslage ausgeschlossen ist. Daher ist es wiederum notwendig, erst nach der Feststellung der für und wider eine Vereinheitlichung sprechenden Gründe im Rahmen der Gesamtabwägung den Problembereich des materiellen Rechts zu berücksichtigen.

## C. Der gesetzgeberische und politische Handlungsspielraum bei einer Vereinheitlichung

Durch die genannten verfassungs- und einfachrechtlichen Beschränkungen wird also nur ein weiter Rahmen für Änderungen des Verfahrensrechts gezogen. Würde eine Neustrukturierung der Verwaltungsgerichtsbarkeit vorgenommen werden, müßte diese aufgrund zumindest eines Gesetzes durchgeführt werden, das die VwGO, das FGO und das SGG ändern müßte. Prüfungsmaßstab für durch Gesetz vorgenommene Organisationsakte ist neben den dargestellten weiteren gesetzlichen Bindungen der allgemeine Willkürgrundsatz[216]. Dem Gesetzgeber wird dabei ein weiter Abwägungsspielraum zugestanden, er hat eine entsprechende Einschätzungsprärogative[217]. Für einen gesetzlichen Organisationsakt ist es im Falle der gerichtlichen Kontrolle daher ausreichend, wenn der Gesetzgeber den zu regelnden Sachverhalt hinreichend aufgeklärt hat und seine Entscheidung auf vertretbaren Gründen von einigem Gewicht beruht[218]. Die Annahmen des Gesetzgebers können nur verworfen werden, wenn sie eindeutig widerlegbar oder offensichtlich fehlerhaft sind[219]. Im Rahmen dieses großen politischen Gestal-

213 *Kopp*, ZRP 1988, 113, 115 f.

214 *Schenke*, DÖV 1982, 709, 712; *Kraft*, ZRP 1985, 97, 98.

215 *Bertrams*, NWVBl. 1999, 245, 252.

216 *BayVerfGH*, Entsch. v. 14.02.1995 – Vf. 6-VII-93 – NVwZ-RR 1996, 123.

217 *BVerfG*, Beschl. v. 26.05.1976 – 2 BvL 13/75 – BVerfGE 42, 206, 208 f.; *Sachs*, GG, Art. 20, Rn. 160.

218 *BVerfG*, Beschl. v. 12.05.1992 – 2 BvR 470, 650, 707/90 – BVerfGE 86, 90, 112; (*2. Kammer des 1. Senats*) Beschl. v. 22.12.1999 – 1 BvR 1859/97 – NJW 2000, 1325, 1326; *BayVerfGH*, Entsch. v. 06.06.1975 – Vf. 16-VII-73 – BayVerfGHE 28, 88, 96 f.

219 *BayVerfGH*, Entsch. v. 14.02.1995 – Vf. 6-VII-93 – NVwZ-RR 1996, 123.

tungsspielraums bei Änderungen im Verfahrensrecht kann er sich daher überwiegend an Zweckmäßigkeitsüberlegungen orientieren[220].

Dementsprechend haben aber auch rechtspolitische Vorstellungen einen großen Einfluß auf die unmittelbare Gestaltung des einzelnen Gesetzesvorhabens. Gesetzgebung – und damit auch ein Vorhaben der Neustrukturierung der Verwaltungsgerichtsbarkeit – bewegt sich in einem komplexen und dynamischen Gefüge von verfassungsrechtlichen Grenzen und Aufgaben sowie politischen Zielsetzungen, die miteinander in Einklang zu bringen sind[221]. Es wäre also nicht richtig, von nur einem zu verfolgenden Ziel zu sprechen, vielmehr stehen verschiedene Zielsetzungen nebeneinander, die zusätzlich nicht nur an der von dem Gesetzvorhaben betroffenen Sache orientiert sein müssen, sondern auch von außertatbestandlichen Motivationen getragen werden können[222].

So gibt es bei der Abwägung der Vor- und Nachteile einer Neustrukturierung der Verwaltungsgerichtsbarkeit vielfach mehrere rechtlich vertretbare und daher nebeneinander stehende Lösungsmöglichkeiten, die letztlich politisch entschieden werden müssen. In der Konsequenz bedeutet dies, daß häufig nicht juristische Kategorien, sondern eben diese politischen Ansätze ein in unterschiedliche Richtungen lösbares Rechtsproblem entscheiden.

## D. Konsequenzen für die Untersuchung der Neustrukturierung

Dies entbindet die weitere Untersuchung hingegen nicht davon, zunächst rechtliche Kriterien zur Beantwortung der Frage der Empfehlsamkeit zu Grunde zu legen. Dabei ist bisher gleichwohl die Frage offen geblieben, welcher Überprüfungsmaßstab der Kontrolle des Empfehlsamkeitsbegriffs zugrunde gelegt wird. Der als Spiegelbild zum weiten politischen Handlungsspielraum eng begrenzte gerichtliche Überprüfungsmaßstab kann nämlich im Rahmen dieser Untersuchung nicht zur Anwendung kommen. Hier geht es darum, grundsätzlich und unter Außerachtlassung der im gerichtlichen Verfahren zu beachtenden Grundsätze der Gewaltenteilung die Vorzüge und Nachteile eine Neustrukturierung der Verwaltungsgerichtsbarkeit zu untersuchen. Dies wäre aber sachlich nicht möglich, wenn es allein bei einer sich von auf eine Kontrolle aus gerichtlicher Perspektive bliebe, da infolge dieses Blickwinkels zahlreiche Bereiche von vornherein von der Untersuchung ausgeschlossen sein würden und eine umfassende Abwägung aller für und wider einer Neustrukturierung sprechender Gründe ausgeschlossen wäre. Prüfungsmaßstab sind hier daher alle in Betracht kommenden rechtlichen Kriterien.

Allerdings schweben auch die rechtlichen Kriterien nicht im luftleeren Raum, vielmehr müssen sich die Ergebnisse der rechtlichen Erwägungen durchaus an der Realität messen lassen. So wäre eine Zusammenfassung von allgemeiner Verwaltungsgerichts-

---

220 *BVerfG*, Beschl. v. 12.07.1983 – 1 BvR 1470/82 – BVerfGE 65, 76, 91; Beschl. v. 03.06.1980 – 1 BvL 114/78 – BVerfGE 54, 159, 166; Beschl. v. 11.06.1980 – 1 PBvU 1/79 – BVerfGE 54, 277, 291; Beschl. v. 11.10.1978 – 2 BvR 1055/76 – BVerfGE 49, 329, 341; Beschl. v. 26.05.1976 – 2 BvL 13/75 – BVerfGE 42, 206, 208 f.; Beschl. v. 07.07.1960 – 2 BvR 435, 440/60 – BVerfGE 11, 263, 265; *Stüer/Hermanns*, DÖV 2001, 505, 510; *Meyer*, in: *von Münch/Kunig*, GG, III, Art. 95, Rn. 4; *Detterbeck*, in: *Sachs*, GG, Art. 95, Rn. 7; *Stelkens*, in: *Schmidt-Aßmann/Schoch/Pietzner*, VwGO, § 2, Rn. 3.

221 *Hill*, ZG 1998, 101; *Stüer/Hermanns*, DÖV 2001, 505, 510.

222 *Stüer/Hermanns*, DÖV 2001, 505, 510.

barkeit sowie Finanz- und Sozialgerichtsbarkeit dann widersinnig, wenn eine Vereinheitlichung von VwGO, FGO und SGG ausgeschlossen wäre, denn eine Gerichtsbarkeit ist auf eine grundsätzlich einheitliche Verfahrensordnung angewiesen[223], während andersherum eine Angleichung der Verfahrensordnungen die Beibehaltung der derzeitigen funktionalen Trennung innerhalb der Verwaltungsgerichtsbarkeit, also der Fortbestand der drei großen Verwaltungsgerichtsbarkeiten, nicht ausgeschlossen ist[224].

Demgemäß wird im folgenden als erstes untersucht, ob sich eine Vereinheitlichung von VwGO, FGO und SGG empfiehlt. Anschließend wird auf die Möglichkeit einer Neustrukturierung der Verwaltungsgerichtsbarkeit im Sinne einer Zusammenfassung der drei bestehenden Verfahrensordnungen untersucht.

223 *Bettermann*, ZZP 70 (1957), 161, 165.
224 *Bettermann*, ZZP 70 (1957), 161, 162.

# 5. Kapitel – Ziele und Problemfelder einer Vereinheitlichung von VwGO, FGO und SGG

Daher gilt es nun zu prüfen, ob eine Vereinheitlichung von VwGO, FGO und SGG rechtstatsächlich überhaupt zu verwirklichen wäre. Dazu muß geklärt sein, ob die vorgebrachten Gründe für eine Vereinheitlichung tatsächlich zu einer Entlastung, Vereinfachung oder Beschleunigung der gerichtlichen Verfahren führen oder größere Transparenz führen würden. Zwar besteht grundsätzliche Einigkeit darüber, daß die beschriebenen Effekte prinzipiell positiv zu bewerten sind[225], es stellt sich jedoch die Frage, inwieweit der Aktionismus des Gesetzgebers beschränkt, bzw. der Normenflut Einhalt geboten werden könnte und ob dies den Verfahrensordnungen entweder zum Vorteil, oder ihnen gar zum Nachteil gereichen würde. Diese Fragen sind – wie oben ausgeführt – anhand der Relation zwischen den für eine Vereinheitlichung geltend gemachten Gründen und den Zielen der öffentlich-rechtlichen Verfahrensordnungen zu ermitteln. So wird als erstes die Möglichkeit der rechtstatsächlichen Auseinanderentwicklung der vereinheitlichten Verfahrensordnungen behandelt (A.). Sodann werden die allgemeinen Ziele einer Vereinheitlichung von VwGO, FGO und SGG dargestellt (B.). Anschließend werden die gerichtsverfassungsrechtlichen (C.) und schließlich die verfahrensrechtlichen (D.) Aspekte untersucht, um im einzelnen die Vor- und Nachteile einer einheitlichen Prozeßordnung festzustellen und abzuwägen.

## A. Gefahr der rechtstatsächlichen Auseinanderentwicklung einer einheitlichen öffentlich-rechtlichen Verfahrensordnung

Während es begrifflich unproblematisch ist, bei einer Zusammenfassung der Verfahrensordnungen der allgemeinen Verwaltungs-, der Finanz- und der Sozialgerichtsbarkeit von einer Vereinheitlichung der öffentlich-rechtlichen Verfahrensordnungen zu sprechen, stellt sich bei gleichzeitiger Beibehaltung der entsprechenden Gerichtsbarkeiten die Frage, ob es nicht rechtstatsächlich zu einer Auseinanderentwicklung der vereinheitlichten Verfahrensordnung käme, weil die Rechtsprechung in jeder Gerichtsbarkeit eine eigenständige Interpretation dieser vereinheitlichten Verfahrensordnung vornehmen könnte[226].

Dem könnte aber schon § 2 Abs. 1 RsprEinhG entgegenstehen, nach dem ein oberster Gerichtshof des Bundes dann den gemeinsamen Senat der Gerichtshöfe des Bundes anrufen muß. Demgemäß stellt sich dieses Problem auf der Ebene der obersten Bundesgerichte nicht.

Allerdings könnte sich das Problem der andersartigen Interpretation der gleichen Norm auf der Ebene der Obergerichte stellen. Gegen deren Entscheidungen ist jedoch schon jetzt gemäß § 132 Abs. 2 Nr. 2 VwGO, § 115 Abs. 2 Nr. 2 FGO und § 160 Abs. 2 Nr. 2 SGG die Divergenzrevision dann zulässig – und wenn die Revision nicht bereits

225 *Meyer-Ladewig*, SGb 1982, 461.

226 *Kraft*, in: Festgabe für *Grüner*, S. 311, 315.

aus anderen Gründen zulässig ist –, wenn sie von einer Entscheidung des obersten Bundesgerichts ihrer Gerichtsbarkeit oder aber des *GmSOGB* abweichen. So stellt sich nur noch die Frage, wie Fälle zu behandeln wären, in denen ein Obergericht von einer Entscheidung eines obersten Bundesgerichts einer anderen öffentlich-rechtlichen Gerichtsbarkeit abweichen wollte.

Abgesehen davon, daß derartige Fälle sich faktisch so lösen würden, daß früher oder später ohnehin das oberste Bundesgericht der jeweiligen Gerichtsbarkeit bemüht werden würde und dieses dann entweder die Vorinstanz aufheben oder aber die Angelegenheit dem *GmSOGB* vorlegen müßte, würde es ausreichen, in der vereinheitlichten Prozeßordnung die Pflicht zur Zulassung der Divergenzrevision schon bei Abweichung von einer Entscheidung eines obersten Bundesgerichts zu konstatieren. Auf diesem Wege wäre ein Divergieren der Rechtsprechung in den einzelnen Gerichtsbarkeiten zur vereinheitlichten Prozeßordnung unterbunden.

Bei der Diskussion um die Schaffung einer Verwaltungsprozeßordnung wurde vom Koordinierungsausschuß des *Bundesjustizministeriums* und diesem folgend auch im Gesetzentwurf der *Bundesregierung* die Divergenzrevision auf Divergenzen zum *GmSOGB* und dem Revisionsgericht allerdings beschränkt, § 165 Abs. 2 Nr. 2 VwPO. Ansonsten würde sich nämlich, so wurde befürchtet, das Problem stellen, daß das Revisionsgericht zu überprüfen hätte, ob die Divergenz zu dem Gericht, dessen Rechtsprechung in Bezug genommen wurde, aus tragenden oder nichttragenden Gründen resultiere oder ob überhaupt noch an dieser Rechtsprechung festgehalten werde. Des weiteren sei bei einer Divergenz zu einem anderen Obergericht oder einem obersten Bundesgericht prinzipiell von der grundsätzlichen Bedeutung der Rechtssache auszugehen[227].

Nach beiden Varianten würde es über kurz oder lang zu einer vereinheitlichten Rechtsprechung kommen. Es kann somit an dieser Stelle dahinstehen, welcher Weg nun besser geeignet ist, das Ziel der einheitlichen Rechtsprechung zu einer vereinheitlichten Prozeßordnung zu erreichen. Insofern ist die dargestellte Problematik nur von untergeordneter Bedeutung, da sie ohne weiteres gelöst werden kann.

## B. Ziele einer Vereinheitlichung der Verfahrensordnungen

Wie bereits ausgeführt, kommt der zu Beginn der achtziger Jahre des vorigen Jahrhunderts in Rede stehende Entwurf für die Einführung einer Verwaltungsprozeßordnung für die Verwaltungs- Finanz- und Sozialgerichtsbarkeit den obigen Begriffsbestimmungen zur aufgeworfenen Frage hinsichtlich der Vereinheitlichung recht nahe. Dabei wurde gegen eine Vereinheitlichung angeführt, sie könne die Gefahr der rechtstatsächlichen Auseinanderentwicklung einer einheitlichen öffentlich-rechtlichen Verfahrensordnung nicht lösen.

Andererseits wurde vor allem geltend gemacht, eine VwPO würde zu größerer Transparenz und einer Vereinheitlichung, Entlastung, Vereinfachung und Beschleunigung der gerichtlichen Verfahren führen. Des weiteren würde der Aktionismus des Gesetzgebers beschränkt sowie der Normenflut Einhalt geboten werden und schließlich könnten

227 Gesetzentwurf der *Bundesregierung* zur Schaffung einer VwPO vom 31.05.1985, BT-Drs. 10/3437, S. 152 f.; *Bundesminister der Justiz*, Entwurf einer Verwaltungsprozeßordnung, S. 361 f.

bei dieser Gelegenheit alle denkbaren Entlastungsmaßnahmen überprüft werden[228]. Überdies sei eine einheitliche Prozeßordnung für die wissenschaftliche Durchdringung besser geeignet[229].

### *I. Reduzierung des gesetzgeberischen Aktionismus und Begrenzung der Normenflut*

Zweifelhaft ist es zunächst, ob die aus einer Vereinheitlichung der Verfahrensordnungen resultierende Reduzierung des gesetzgeberischen Aktionismus und die Begrenzung der Normenflut als Vorteile einer Vereinheitlichung bezeichnet werden können. Hierfür könnte zunächst sprechen, daß mittels der Vereinheitlichung zumindest zwei Gesetze (VwGO, FGO, SGG, für alle aber dann neu VwPO) wegfallen würden. Jedoch würde man die Begriffe »Normenflut« und »gesetzgeberischer Aktionismus« verkürzen, wenn man sich auf das Zählen von Paragraphen beschränken würde. Vielmehr soll durch die Begriffe die Neigung des Gesetzgebers zum Ausdruck gebracht werden, regelmäßig durch Gesetzesänderungen auf jedwede tatsächliche oder vermeintliche Problematik reagieren zu müssen.

Wenn aber der Gesetzgeber es sich selbst auferlegen würde, VwGO, FGO und SGG nicht immer wieder neuen Änderungen zu unterwerfen, wäre dies sicherlich zu begrüßen[230] und es bliebe ihm auch unbenommen. Für eine Änderung der Handlungsmuster des Gesetzgebers, nur weil es sich nach einer Vereinheitlichung um eines statt um drei Gesetze handeln würde, sind aber weder Gründe benannt, noch solche ersichtlich.

Vielmehr könnte aus den gleichen Gründen auch der Gegenschluß gezogen werden, daß ein einziges Gesetz ein noch leichterer Spielball der gesetzgeberischen Aktivitäten wäre. Sollte es tatsächlich zu einer Reduzierung der Aktivitäten des Gesetzgebers auf dem Gebiet des öffentlichen Prozeßrechts kommen, würde dies an der autonomen Entscheidung des Gesetzgebers liegen. Folglich ist kein spezifischer durch eine Vereinheitlichung der Verfahrensordnungen begründeter Vorteil festzustellen.

### *II. Allgemeine Verbesserung des Prozeßrechts und des Rechtsschutzes gelegentlich der Vereinheitlichung*

Es steht außer Frage, daß bei einer Vereinheitlichung zahlreiche Einzelregelungen getroffen werden könnten, die die Verfahren verbessern würden[231]. So könnte es sicherlich ein Vorteil sein, wenn bei Gelegenheit der Verabschiedung der vereinheitlichten Verfahrensordnung eine Überprüfung des gesamten Normbestands vorgenommen und das Gesetzeswerk optimiert werden würde. In Rechnung zu stellen ist dabei allerdings auch die Gefahr, daß das Gesetzesvorhaben der Vereinheitlichung der Verfahrensordnungen mit neuen Regelungen überfrachtet wird, die noch nicht wissenschaftlich durchdrungen,

---

228 *Meyer-Ladewig*, in: Festschrift für *Menger*, S. 833, 836/840; *Becker*, RiA 1983, 83; *Lange*, NJW 2001, 1098, 1101.

229 Gesetzentwurf der Bundesregierung zur Schaffung einer VwPO vom 31.05.1985, BT-Drs. 10/3437, S. 61; *Sendler*, DVBl. 1982, 812, 813 f.; *Wittmann*, BayVBl. 1996, 586, 589; *Engelhard*, ZRP 1983, 233, 237; *Trzaskalik*, NJW 1982, 1553; *Becker*, RiA 1983, 83; *Ule*, DVBl. 1967, 345, 346; *Scholz*, DVBl. 1982, 605, 608.

230 *Lange*, NJW 2001, 1098, 1101.

231 *Meyer-Ladewig*, in: Festschrift für *Menger*, S. 833, 836/840; *Becker*, RiA 1983, 83.

zumindest aber längst noch nicht ausdiskutiert sind. Dies könnte die Umsetzung des Vereinheitlichungsvorhabens schwer belasten[232].

Doch selbst unterstellt, eine Überprüfung des gesamten Normbestands und die Optimierung des Gesetzeswerks würden Vorteile nach sich ziehen, dürften diese dennoch nicht argumentativ mehrfach, also einmal als gute Gelegenheit zur Überprüfung der Normen und nochmals bei jeder einzelnen im Rahmen der Vereinheitlichung verbesserten Norm verwertet werden. Denn der dann allein verbleibende Vorteil der günstigen Gelegenheit zur Überprüfung der einzelnen Normen relativiert sich dadurch, daß diese Möglichkeit der Verbesserung von Einzelbestimmungen dem Gesetzgeber letztlich jederzeit offensteht. Infolge der festgestellten Ähnlichkeit der Verfahrensordnungen dürfte sich dabei auch der Ausarbeitungs- und Beratungsaufwand in Grenzen halten, zumal die Veränderungen auch durch ein Artikelgesetz beschlossen werden könnten. So wären die beschriebenen Verbesserungen nicht spezifische Elemente einer Vereinheitlichung der Verfahrensordnungen, sondern könnten jederzeit in die einzelnen existierenden Prozeßordnungen integriert werden. Hier ist aber nach der Empfehlsamkeit einer Neustrukturierung der Verwaltungsgerichtsbarkeit, in diesem Abschnitt nach den Vor- und Nachteilen einer Vereinheitlichung der Verfahrensordnungen der drei großen Verwaltungsgerichtsbarkeiten, gefragt. Bei einer Abwägung der Vor- und Nachteile festzustellende sekundäre Synergieeffekte können dementsprechend außer Acht gelassen und nicht als explizite Vorteile einer Vereinheitlichung gewertet werden. Die Möglichkeit der Verbesserung der Verfahrensordnungen bei Gelegenheit ihrer Vereinheitlichung ist daher kein spezifischer Vorteil einer einheitlichen Prozeßordnung.

Auch das Argument, eine Vereinheitlichung der Verfahrensordnungen würde den Rechtsschutz verbessern, bleibt nicht unwidersprochen. Diesem wird nämlich entgegengehalten, der Rechtsschutz sei in den drei Gerichtszweigen mittlerweile so gut ausgebaut, daß auch eine Vereinheitlichung zu keiner Verbesserung mehr führen könne[233]. Zwar ist es zweifelhaft, ob diese These so richtig ist, doch gilt hier das gleiche, wie es schon oben ausgeführt wurde. Es können an dieser Stelle nur Verbesserungen des Rechtsschutzes als Vorteile gewertet werden, wenn sie unmittelbar aus der Vereinheitlichung resultieren.

### *III. Beschleunigung der Verfahren*

Auch ist es fraglich, ob durch eine einheitliche Verwaltungsprozeßordnung die Verfahren beschleunigt werden könnten.

Als bis Mitte der achtziger Jahre des vorigen Jahrhunderts vor allem über den Entwurf einer VwPO diskutiert wurde, war die mittlerweile nicht selten festzustellende erstinstanzliche Zuständigkeit der *OVG*, § 48 Abs. 1 VwGO, und des *BVerwG*, z. B. § 5 Abs. 1 VerkPBG, noch nicht gesetzlich festgelegt. Zur Verfahrensbeschleunigung wurde daher oftmals vorgeschlagen, eben diese Zuständigkeit bei den *OVG* für spezielle Verfahren zu begründen[234]. Auch die in § 141 Abs. 2 EVwPO vorgeschlagene Zulassungsberufung ist mittlerweile, wenn auch in abgewandelter Form, Gesetz, § 124 Abs. 2

232 *Becker*, RiA 1983, 83, 87; *Ule*, NJW 1968, 967, 968.

233 *Hellwig*, DB 1983, 1511; *Rößler*, BB 1982, 1621.

234 *Sendler*, DVBl. 1982, 812, 820; *Schenke*, DÖV 1982, 709, 714 f.; *Scholz*, DVBl. 1982, 605, 610; *Kopp*, in: Verhandlungen des 54. DJT, Band I, B, S. 38, 47 f.

VwGO und § 144 Abs. 1 SGG. Und schließlich ist die Streitwertrevision des § 115 Abs. 1 FGO a. F. inzwischen aufgrund der Neufassung des Revisionsrechts der FGO durch Gesetz vom 19.12.2000 zum 01.01.2001 abgeschafft worden. Nun hat, entsprechend der Regelungen in der allgemeinen Verwaltungs- und der Sozialgerichtsbarkeit, das *FG* oder aber auf Beschwerde der *BFH*, die Revision zuzulassen. So sind die meisten der damals erwogenen unmittelbaren gesetzlichen Beschleunigungsmittel inzwischen schon Gesetz geworden und finden sich nun in den einzelnen Verfahrensordnungen wieder[235].

Eine darüber hinausgehende Beschleunigung könnte daher allenfalls aus allgemeinen Effekten, nicht aber aus vereinheitlichungsspezifischen Normen resultieren. So wird eine Vereinheitlichung des Prozeßrechts in der allgemeinen Verwaltungs- sowie der Finanz- und Sozialgerichtsbarkeit auch als Rationalisierungsreserve gesehen[236]. Andererseits wird vertreten, grundsätzlich könne eine Beschleunigungswirkung besser und schneller durch eine isolierte Straffung der jeweiligen Verfahrensordnungen erreicht werden[237].

Die These eine Vereinheitlichung der Verfahrensordnungen sei eine Rationalisierungsreserve impliziert, daß diese Vereinheitlichung nahezu zwangsläufig eine bessere Bewirtschaftung der wirtschaftlichen und personellen Ressourcen nach sich ziehen würde. Warum aber schon eine Vereinheitlichung des Verfahrensrechts spezifische, auf der Vereinheitlichung beruhende Rationalisierungseffekte beinhalten und es keine Möglichkeiten geben soll, diese Rationalisierungseffekte auch bei Fortbestand der einzelnen Verfahrensordnungen zu bewirken, bleibt offen.

Unabhängig also davon, ob man dem Argument folgt, eine Beschleunigungswirkung könne besser und schneller durch eine isolierte Straffung der jeweiligen Verfahrensordnungen erreicht werden, wären unter den verbleibenden Gesichtspunkten bei einer Vereinheitlichung der Verfahrensordnungen keine als Vorteil feststellbare, unmittelbar und spezifisch aus der Vereinheitlichung der Verfahrensordnungen resultierende Beschleunigungseffekte zu erwarten.

### *IV. Gewährleistung einer besseren wissenschaftlichen Durchdringung sowie größerer Transparenz*

#### 1. Gründe und Gegengründe allgemeiner Art

Die Möglichkeiten der besseren wissenschaftlichen Durchdringung werden damit begründet, daß schon die Ablösung der Verwaltungsgerichtsgesetze der Länder durch die VwGO eine Bündelung der wissenschaftlichen Konzentration auf letztere bewirkt habe. Hierdurch könne auch der vielfach beklagten Spezialisierung[238], zumindest auf dem Gebiet des Verfahrensrechts[239], begegnet werden. Dieses Mehr an Transparenz würde

235 *Schuwerack*, ZfSH/SGB 1993, 633; *Hofe/Müller*, BayVBl. 1995, 225, 227.

236 *Pitschas*, Die Reform der Verwaltungsgerichtsbarkeit, S. 64.

237 *Sunder-Plassman*, in: *Hübschmann/Hepp/Spitaler*, FGO, Einf., Rn. 187.

238 *Warncke, in:* Verhandlungen des 38. DJT, Band I, D, S. 59, 60; *Apelt*, in: Verhandlungen des 38. DJT, Band I, D, S. 61.

239 *Ule*, DVBl. 1967, 345, 346.

auch den Rechtsschutzsuchenden und den Prozeßvertretern zu Gute kommen und nicht zuletzt dem verfassungsrechtlichen Gebot des effektiven Rechtsschutzes entsprechen[240].

Dem wird entgegengehalten, daß sich die Wissenschaft seit jeher am Gegenstand und nicht der Gegenstand an der Wissenschaft zu orientieren habe. Dann könne eine bessere wissenschaftliche Durchdringung aber auch nicht als Vorteil geltend gemacht werden[241]. Dies trifft zwar insoweit zu, doch schließt diese Argumentation nicht den faktischen Vorteil für die wissenschaftliche Durchdringung aus. Demgemäß bliebe es bei einem Vorteil für die Wissenschaft und damit auch für die Praxis wenn es zu einer Vereinheitlichung kommen würde, unabhängig davon, ob diese Vorteile als Motiv für eine Gesetzesänderung anerkannt werden.

### 2. Vorteilhaftigkeit für die Rechtsschutzsuchenden und rechtsberatenden Berufe

Ob die Vereinheitlichung den Rechtsschutzsuchenden und den rechtsberatenden Berufen Vorteile bringen würde, ist hingegen zweifelhaft. Die Argumente, eine Einheitlichkeit von VwGO, SGG und FGO entspreche dem Interesse der Rechtsschutzsuchenden und der Rechtsanwender[242] und es sei besonders den Bürgern nicht zuzumuten, sich in drei verschiedene Verfahrensordnungen hineinzudenken[243], setzt voraus, daß Bürger das Bedürfnis haben, sich in die verschiedenen Verfahrensordnungen hineinzudenken. Dies könnte – wenn überhaupt – lediglich bei solchen Bürgern der Fall sein, die ohne prozessuale Vertretung oder Beratung in zumindest zwei Verwaltungsstreitverfahren in verschiedenen Gerichtsbarkeiten verstrickt werden. Jedoch sind die von Verfahren nach der VwGO, der FGO oder dem SGG betroffenen Personen zumeist nicht identisch[244]. Ihre Zahl wird sich daher in engen Grenzen halten, wobei die Grenzen noch enger werden, wenn man diejenigen abzieht, die dann in zumindest einem Verfahren einen Prozeßvertreter haben. Des weiteren ist zu berücksichtigen, daß das Institut der Prozeßkostenhilfe ein Instrument ist, das es jedem Rechtsschutzsuchenden ermöglicht, qualifizierte Hilfe bei gerichtlichen Auseinandersetzungen zu bekommen. Haben Bürger dennoch keinen rechtskundigen Beistand hinsichtlich des gerichtlichen Verfahrens, genügt es für sie zu wissen, wo die Klage zu erheben ist. Im übrigen bedürfen sie dann ohnehin der verstärkten richterlichen Fürsoge[245].

Bei den rechtsberatenden Berufen schließlich ist im Laufe der Jahre eine derartige Spezialisierung eingetreten, daß nur noch wenige Prozeßvertreter in mehr als einer Gerichtsbarkeit, geschweige denn in allen Dreien, tätig werden. Zwar ist eine qualifizierte Rechtsberatung, gegebenenfalls auch durch Fachanwälte, ein Gemeinwohlbelang[246], der auch bei der Neustrukturierung der Verwaltungsgerichtsbarkeit und der Verfahrensordnungen hinreichend in Rechnung zu stellen ist. Der Grad der Spezialisierung der Anwaltschaft hat, begünstigt durch die Zunahme von Fachanwaltswesen und

240 *Scholz*, DVBl. 1982, 605, 608; *Redeker*, DVBl. 1982, 805; *Bickel*, ZRP 1984, 57, 58; *Ule*, NJW 1968, 967, 968; *ders.* DVBl. 1958, 691, 696.

241 *Broß*, RiA 1985, 241, 242.

242 *Lange*, NJW 2001, 1098, 1101.

243 *Redeker*, DVBl. 1982, 805.

244 *Hellwig*, DB 1983, 1511.

245 *Lindemann*, ZRP 1999, 200, 204; *Geiger*, in: *Eyermann*, VwGO, § 86, Rn. 47; *von Groll*, in: *Gräber*, FGO, § 76, Rn. 40; *Meyer-Ladewig*, SGG, § 106, Rn. 4.

246 *BVerfG*, Urt. v. 13.12.2000 – 1 BvR 335/97 – NJW 2001, 353, 356.

Schwerpunktnennung sowie durch die Bildung großer, überörtlicher und teilweiser auch internationaler Sozietäten, jedoch soweit zugenommen, daß der einzelne Anwalt teilweise nur noch in einzelnen (Teil-)Rechtsgebieten tätig ist[247]. In ihren Tätigkeitsbereichen sind sie dann rechtlich so bewandert, zumindest aber an ihre Prozeßordnungen gewöhnt[248], daß eine Vereinheitlichung ihnen weniger nützen, als vielmehr ebenfalls Zeitaufwand abverlangen würde[249]. Zwar ist auch zu berücksichtigen, daß die Spezialisierung der rechtsberatenden Berufe wiederum eine Folge der Kompliziertheit des Rechts ist. Zum einen hat diese Kompliziertheit, wie ausgeführt, vor allem materiellrechtliche Ursachen, zum anderen muß man sich an dieser Stelle, da durch die Gestaltung des Prozeßrechts nicht beeinflußbar, am status quo, hier also dem verbreiteten und zunehmenden Spezialisierungsgrad der Anwaltschaft, orientieren.

Zwar wäre es daher denkbar, daß Mitarbeiter von mehreren Prozeßvertretern gleichzeitig verschiedenen Prozeßvertretern zuarbeiten und diese auch vor Gerichten unterschiedlicher Gerichtsbarkeiten auftreten. Diese könnten dann davon profitieren, wenn in einer einheitlichen Prozeßordnung die Fristen angeglichen werden würden. Aber abgesehen davon, daß eine Angleichung der Fristen ohnehin positiv zu bewerten wäre[250], kann die möglicherweise eintretende Entlastung einzelner Mitarbeiter von Prozeßvertretern, also nur mittelbar am Verfahren Beteiligter bei denen zusätzlich noch eine besondere Konstellation gegeben sein muß, nicht als Vorteil bezeichnet werden.

### 3. Bürgernähe als Argument einer Vereinheitlichung

Zu bemerken ist in diesem Zusammenhang schließlich, daß auch der Entwurf einer VwPO, der eigentlich das Vereinheitlichungsziel der stärkeren Bürgernähe erreichen sollte, wegen mangelhafter Transparenz[251] kritisiert wurde.

Dabei ist zunächst das Verständnis von Bürgernähe zu hinterfragen. So kann Bürgernähe sowohl räumlich als auch inhaltlich verstanden werden. Allein eine Vereinheitlichung des Verfahrensrechts führt aber gerade nicht zu einer verstärkten räumlichen Nähe zwischen Bürgern und Gerichten. Diese räumliche Nähe kann nämlich nur durch kleinere Gerichtssprengel oder aber durch die Bildung von auswärtigen Spruchkörpern erreicht werden. Dies wird aber durch eine Vereinheitlichung gerade nicht erreicht und wäre, selbst wenn Bürgernähe im Zuge einer Vereinheitlichung angestrebt werden würde, wiederum kein spezifisch auf der Vereinheilichung der Verfahrensordnungen beruhender Gewinn. Vor dem Hintergrund, daß das Ziel von mehr Bürgernähe kein Selbstzweck ist und sich in die übrigen Verfahrensziele einzugliedern hat[252], ist es auch sehr zweifelhaft, ob durch eine verstärkte Bürgernähe nicht zahlreiche gerichtsorganisatorische Schwierigkeiten auftreten, die im weiteren noch näher behandelt werden.

---

247 *BVerfG*, Urt. v. 13.12.2000 – 1 BvR 335/97 – NJW 2001, 353, 355; Zuck, NJW 2001, 2055, 2056; im Hinblick auf eine Selbstbeschränkung der anwaltlichen Tätigkeitsbereiche so auch schon *Cartellieri*, BB 1953, 1021, 1022 f.

248 *Trzaskalik*, NJW 1982, 1553, 1554.

249 *Broß*, RiA 1985, 241, 242; *Hellwig*, DB 1983, 1511.

250 *Offerhaus*, DStR 1986, 99, 100; *ders.* BB 1988, 2074, 2076.

251 *Hellwig*, DB 1983, 1511, 1512; *Klein*, DStR 1984, 17, 20; *Offerhaus*, DStR 1986, 99, 100.

252 *VGH München*, Beschl. v. 21.04.1995 – 20 N 94/2808 – NVwZ-RR 1996, 300, 303.

Darüber hinaus ist mangelhafte Transparenz auch nicht ein Problem, das sich nur bei den Verfahrensordnungen wiederfindet, vielmehr wird diese in zahlreichen Rechtsbereichen beklagt. Dies wiederum liegt auch daran, daß unsere Rechtsverhältnisse mit unseren Lebensverhältnissen korrelieren. Komplizierte Sachverhalte lassen sich eben nur begrenzt als einfach darstellen[253]. Möchte man im formal durchgebildeten Rechtsstaat die Zugänglichkeit der einzelnen Rechtsmaterien für die Rechtsbetroffenen insoweit steigern, daß jeder das Recht versteht, muß man auch bereit sein, das Recht, das ist zuvörderst das materielle Recht, entsprechend zu ändern[254].

## C. Gerichtsverfassungsrechtliche Aspekte

Nachdem nun die für eine Vereinheitlichung der drei Verfahrensordnungen geltend gemachten Vorteile allgemeiner Art abgewogen wurden, sollen im folgenden die primär in den einzelnen Verfahrensordnungen begründeten organisatorischen Aspekte einer Vereinheitlichung untersucht werden. Hierzu gehört zunächst die Frage, inwieweit eine Vereinheitlichung der unterschiedlichen Instanzenzüge möglich ist (I.). Die Problematik der Gliederung der Instanzenzüge ist aber eng mit der Frage der Besetzung der Spruchkörper verbunden, so daß letztere unmittelbar anschließend problematisiert wird (II.), um anschließend eine Gesamtabwägung bezüglich dieser beiden gerichtsverfassungsrechtlichen Aspekte treffen zu können (II.).

### *I. Instanzenzug*

#### 1. Problem des unterschiedlichen Instanzenzugs

Der Instanzenzug der drei Verfahrensordnungen ergibt sich aus den §§ 5, 9 und 10 VwGO, § 2 FGO sowie §§ 7, 28 und 38 SGG. Als Problem bei ihrer Vereinheitlichung würde sich insbesondere das Zusammenbringen des zweistufigen Instanzenzugs der Finanzgerichtsbarkeit mit der Gerichtsorganisation der VwGO und des SGG darstellen, da er sich mit deren Dreigliedrigkeit nicht deckt.

Teilweise wird jedoch ausgeführt, ein einheitliches Verfahrensrecht für verschiedene Gerichtsbarkeiten sei nur vertretbar, wenn auch der Instanzenzug, sowie Zahl und Art der Rechtsmittel grundsätzlich identisch seien[255]. So wurden die für die Lösung zahlreicher prozessualer Einzelfragen weichenstellende Gerichtsverfassung und das Rechtsmittelrecht bei der Diskussion um die VwPO als Herzstück einer einheitlichen öffentlich-rechtlichen Verfahrensordnung bezeichnet[256]. Gegen eine Vereinheitlichung der gerichtsverfassungsrechtlichen Abschnitte der Verfahrensordnungen wurde zwar grundsätzlich eingewandt, man könne nicht auf einmal die in den einzelnen Gerichtsbarkeiten sicher nicht optimal gestaltete Gerichtsverfassung und darüber hinaus auch noch das materielle Verfahrensrecht in einem Zuge vereinheitlichen, denn dies würde das eigentliche Ziel der Vereinheitlichung gefährden[257].

---

253 *Steiner*, BayVBl. 1997, Beiheft 1, II, III.

254 *Windel*, ZZP 112 (1999), 293, 301.

255 *Offerhaus*, DStR 1986, 99, 100 f.; *ders.*, Stbg 1998, 437; *Kopp*, ZRP 1988, 113, 115.

256 *Krause*, SGb 1983, 525, 526; *Meyer-Ladewig*, SGb 1982, 461, 462.

257 *Sendler*, DVBl. 1982, 812, 813.

Im Sinne der obigen Darstellung wird hier aber eine materielle Vereinheitlichung geprüft, so daß letztere Argumentation zumindest im Rahmen dieser Untersuchung nicht durchgreifen kann. So muß entweder die Finanzgerichtsbarkeit eine Instanz zu den *FG* und dem *BFH* hinzubekommen, oder aber muß bei der Verwaltungs- und Sozialgerichtsbarkeit jeweils eine Instanz gestrichen und somit ein institutionell zweigliedriger Verwaltungsrechtsweg eingeführt werden[258]. Dabei wird davon ausgegangen, daß eine ebenfalls dem Wortsinn der Vereinheitlichung entsprechende Erweiterung des Instanzenzuges aller Gerichtsbarkeiten auf vier oder noch mehr Ebenen völlig fernliegt, daher im Grundes ausgeschlossen ist und hier auch nicht weiter behandelt wird.

### 2. Verfassungsrechtliche Determinante

Einschränkungen im Hinblick auf die Ausgestaltung des Instanzenzuges könnten sich aber aus dem Verfassungsrecht ergeben.

So ist zunächst davon auszugehen, daß die Rechtsweggarantie des Art. 19 Abs. 4 GG den Weg zum Richter eröffnet. Dieser wird durch Unabhängigkeit und Rechtsbindung in seiner Arbeitsweise geprägt. Aus diesem Grund wird eine Überprüfung des Richters nicht unbedingt verlangt[259]. Demgemäß gewährt Art. 19 Abs. 4 GG Schutz durch den Richter, nicht aber gegen den Richter, mit der Konsequenz, daß Akte der Rechtsprechung nicht zur öffentlichen Gewalt im Sinne von Art. 19 Abs. 4 GG gezählt werden und Art. 19 Abs. 4 GG auch keinen mehrstufigen Instanzenzug gebietet[260].

Andererseits muß der Gesetzgeber dafür Sorge tragen, daß der Zugang zu einer von ihm eingerichteten zweiten Instanz nach gleichmäßigen, willkürfreien Kriterien erfolgt. So wird es als rechtsstaatliches Problem gesehen, wenn trotz des Bestehens einer zweiten Instanz der Zugang zu dieser für mehr als die Hälfte der streitigen Verfahren ausgeschlossen ist[261]. Dieses Problem war in den öffentlich-rechtlichen Gerichtsbarkeiten insbesondere bei der Streitwertrevision zum *BFH*[262] und ist immer noch bei der Zulassungsberufung und Zulassungsbeschwerde im Verwaltungsprozeß auszumachen.

Folglich darf der Gesetzgeber den Verfahrensgang sowie den Zugang zum Rechtsmittelgericht nach seinen Zweckmäßigkeitsüberlegungen einrichten, die nur durch den Gleichheitsgrundsatz, die Rechtssicherheit, die Rechtswegeklarheit sowie den Schutz der Gerichte vor Überlastung beschränkt werden[263], soweit die einzelnen Gerichtsbarkeiten unangetastet bleiben oder aber durch verfassungsänderndes Gesetz umstrukturiert

258 *Bettermann*, in: *Merten*, Die Vereinheitlichung der Verwaltungsgerichtsgesetze zu einer VwPO, S. 91, 101; für die letztere Variante *Rößler*, BB 1982, 1621, 1623; *Hofe*, VM 1998, 4, 8.

259 *Kichhof*, in: *Birk*, Die Situation der Finanzgerichtsbarkeit, S. 9, 25.

260 *BVerfG*, Beschl. v. 12.07.1983 – 1 BvR 1470/82 – BVerfGE 65, 76, 90; Beschl. v. 11.10.1978 – 2 BvR 1055/76 – BVerfGE 49, 329, 340; *Schmidt-Aßmann*, in: *Maunz/Dürig*, GG, Art. 19 Abs. 4, Rn. 96; *ders.* VBlBW 2000, 45, 52.

261 *Däubler-Gmelin*, ZRP 2000, 457, 458.

262 *Spindler*, DB 2001, 61; *Klein*, DB 1993, 1387, 1390.

263 *BVerfG*, Beschl. v. 12.07.1983 – 1 BvR 1470/82 – BVerfGE 65, 76, 91; Beschl. v. 11.06.1980 – 1 PBvU 1/79 – BVerfGE 54, 277, 291; Beschl. v. 11.10.1978 – 2 BvR 1055/76 – BVerfGE 49, 329, 341; Beschl. v. 07.07.1960 – 2 BvR 435, 440/60 – BVerfGE 11, 263, 265; *Meyer*, in: *von Münch/Kunig*, GG, III, Art. 95, Rn. 4; *Detterbeck*, in: *Sachs*, GG, Art. 95, Rn. 7.

werden. Daher war und ist der Gesetzgeber auch nicht gezwungen, in der Finanzgerichtsbarkeit eine dritte Instanz einzuführen, jedoch muß er ein oberstes Bundesgericht und folglich zumindest auch eine untere Instanz vorhalten.

### 3. Andere rechtliche Determinanten

Eine mittelbare Beschränkung für die Gliederung und damit auch für eine Neuordnung der Instanzen könnte sich aber aus der, im Umkehrschluß aus § 137 Abs. 1 VwGO folgenden[264], letztinstanzlichen Zuständigkeit der Obergerichte der allgemeinen Verwaltungsgerichtsbarkeit für die Auslegung des Landesrechts ergeben. Hinzu kommt, daß der Gesetzesvollzug vielfach landesrechtlich geprägt ist[265] und die *OVG* den rechtlichen Rahmen für weite Teile der staatlichen und kommunalen Verwaltung in den Ländern ziehen[266]. Da die Finanz- und die Sozialgerichtsbarkeit nur Bundesrecht anzuwenden haben, tritt bei diesen Gerichtsbarkeiten das Problem nicht auf[267].

Bei einem institutionell zweigliedrigen Rechtsweg für die allgemeine Verwaltungsgerichtsbarkeit könnte daher entweder die Zuständigkeit nur des entsprechenden Obergerichts, oder aber die der örtlich begrenzt wirkenden Verwaltungsgerichte bestehen bleiben. Im letzteren Fall würde es dann an einer Instanz fehlen, die die einheitliche Auslegung des Landesrechts sicherstellt oder aber zu einer Zersplitterung der Entwicklung des Landesrechts nach der örtlichen Zuständigkeit der *VG* kommen. Eine solche Rechtszersplitterung ist seit dem Inkrafttreten des 6. VwGO-ÄndG vor allem infolge der restriktiven Zulassungspraxis der *OVG* verstärkt festzustellen[268]. Da folglich Obergerichte aufgrund ihrer Funktion, das Landesrecht abschließend auszulegen und die zumindest landesweit einheitliche Anwendung des Bundesrechts sicherzustellen nicht nur erforderlich, sondern unabdingbar sind[269] – was bislang auch in § 3 Abs. 1 Nr. 5 VwGO seinen Niederschlag findet – und ein Landesobergericht ebenfalls Ausdruck der föderalen Struktur der Bundesrepublik ist[270], müssen sie erhalten bleiben. Dem steht nicht entgegen, daß der verfahrensrechtliche Zugang zu diesem Gericht wiederum der Ausgestaltung des Gesetzgebers unterliegt[271]. Insofern scheidet die Variante der Abschaffung eines landesweit zuständigen Obergerichts aus.

Denkbar wäre es zwar noch, die *VG* abzuschaffen und die gesamte verwaltungsgerichtliche Rechtsprechung dem jeweiligen *OVG* zu übertragen. Dann wäre die Situation der *OVG* mit der der *FG* vergleichbar. Dem steht jedoch entgegen, daß die Belastung der allgemeinen Verwaltungsgerichtsbarkeit um ein vielfaches höher ist als die der Finanzgerichtsbarkeit. Zwar könnte auch die Anzahl der Senate an den *OVG* erhöht werden, trotzdem würde es aber zu einer enormen Belastung des Gerichts und zusätzlich zu einer Zersplitterung der Rechtsprechung bezüglich des irreversiblen Landes-

264 *Schmidt*, in: *Eyermann*, VwGO, § 137, Rn. 9.
265 *Voß*, BB 1987, 376.
266 *Schmidt*, in: *Merten*, Die Vereinheitlichung der Verwaltungsgerichtsgesetze zu einer VwPO, S. 169, 171.
267 *Stelkens*, DVBl. 1995, 1105, 1113.
268 *Bertrams*, NWVBl. 1999, 245, 247; *Schmidt*, VBlBW 2000, 53, 54.
269 *Stelkens*, in: Festschrift für *Redeker*, S. 314, 337; *ders.*, in: *Schmidt-Aßmann/Schoch/Pietzner*, VwGO, § 2, Rn. 7.
270 *Bickel*, ZRP 1984, 57, 59.
271 *Ule*, DVBl. 1982, 821, 827; *Bickel*, ZRP 1984, 57, 59.

rechts kommen. Denn die bisher bei den *VG*, sowie beim *OVG* erstinstanzlich zu eröffnenden Verfahren müßten dann vom *OVG* allein bewältigt werden. An der dann insgesamt zu hohen Geschäftsbelastung vermag auch die Möglichkeit der Bildung auswärtiger, dezentraler Senate, die die Wege des Rechtssuchenden verkürzen könnten[272], nichts zu ändern, zumal hinzu kommt, daß bei auswärtigen Spruchkörpern immer die Gefahr besteht, daß diese ein Eigenleben entwickeln[273]. Die gewonnene Funktionalität im Verhältnis zum Bürger würde durch die von mit einer solchen Lösung verbundenen Nachteile, wie insbesondere Auseinanderlaufen einer landeseinheitlichen Rechtsprechung, Erschwernisse der Gerichtsverwaltung sowie fehlende Kommunikationsmöglichkeiten des richterlichen Personals[274], aufgezehrt werden. Des weiteren müssen auch die Probleme bei der Wahrnehmung der Dienstaufsicht und die Notwendigkeit der doppelten Vorhaltung der gerichtlichen Infrastruktur in Rechnung gestellt werden[275].

Dies waren in den Jahren 1996 bis 1998 beispielsweise beim *Niedersächsischen Oberverwaltungsgericht* jeweils rund 28.500 Verfahren[276]. Des weiteren sind schon heute regelmäßig mehrere Teilrechtsgebiete auf verschiedene Senate aufgeteilt[277]. Dies gilt insbesondere für das Asylrecht, daß zum einen zahlenmäßig, zum anderen aber auch aus psychologischen Gründen nicht einem Senat allein übertragen werden kann, da sich ansonsten nur schwierig Richter finden würden, die in den betreffenden Senat freiwillig eintreten würden. Selbst wenn dem im günstigsten Fall durch eine Anrufung des Großen Senats beim dem betreffenden *OVG* entsprechend den derzeit geltenden §§ 12 Abs. 1 und 11 Abs. 2 VwGO begegnet werden könnte, wären die *OVG* dann immer noch sehr große Gerichte mit allen Nachteilen, die eine derartige Gerichtsorganisation nach sich ziehen würde. Daran würde auch die Bildung von Außenstellen der *OVG* an den bisherigen Sitzen der *VG* nichts ändern, würde dies doch Divergenzen unter den Senaten geradezu provozieren. Bei alledem sind weitere Fragen, beispielsweise nach der Eingruppierung der Richter und den unter Umständen längeren Wegen der Rechtsschutzsuchendenn noch gar nicht berücksichtigt.

Aus alledem folgt daher, daß ein dreigliedriger Instanzenzug in der allgemeinen Verwaltungsgerichtsbarkeit notwendig ist. Die Frage nach einem institutionell zweigliedrigen Sozialrechtsweg kann schon deshalb auf sich beruhen.

---

272 *BayVerfGH*, Entsch. v. 14.02.1995 – Vf. 6-VII-93 – NVwZ-RR 1996, 123; *Däubler-Gmelin*, ZRP 2000, 457, 462.

273 *BayVerfGH*, Entsch. v. 14.02.1995 – Vf. 6-VII-93 – NVwZ-RR 1996, 123, 124; *VGH München*, Beschl v. 26.09.1994 – 20 NE 94.2811 – NJW 1995, 979; Beschl. v. 21.04.1995 – 20 N 94/2808 – NVwZ-RR 1996, 300, 301.

274 *VGH München*, Beschl v. 26.09.1994 – 20 NE 94.2811 – NJW 1995, 979; Beschl. v. 21.04.1995 – 20 N 94/2808 – NVwZ-RR 1996, 300, 301; *BayVerfGH*, Entsch. v. 14.02.1995 – Vf. 6-VII-93 – NVwZ-RR 1996, 123.

275 *VGH München*, Beschl. v. 21.04.1995 – 20 N 94/2808 – NVwZ-RR 1996, 300, 301.

276 Übersicht über den Geschäftsanfall bei den Gerichten und Staatsanwaltschaften des Landes Niedersachen im Geschäftsjahr 1998, Bekanntmachung des Ministeriums der Justiz vom 26.03.1999 (1440 – 104. 3), Nds. Rpfl. 1999, 103, 109.

277 Hierzu beispielsweise Geschäftsverteilungsplan des *Niedersächsischen Oberverwaltungsgerichts* für das Geschäftsjahr 1999, Beschluß des Präsidiums vom 09.11.1998, S. 2 ff.; Geschäftsverteilungsplan des *Verwaltungsgerichtshofs Baden-Württemberg* für das Geschäftsjahr 2000, Beschluß des Präsidiums vom 16.12.1999, VBlBW 2000, Heft 2, S. II ff.

Will man nun an dem Ziel der materiellen Vereinheitlichung der Verfahrensordnungen festhalten, stellt sich somit nicht mehr die Frage nach dem Wegfall einer Instanz in der allgemeinen Verwaltungs- und der Sozialgerichtsbarkeit. Vielmehr ist die Lösung des Problems im Bereich der Finanzgerichtsbarkeit – und zwar entweder durch eine Angleichung des Gerichtsaufbaus oder aber in der Festschreibung einer Sonderregelung[278] – zu suchen[279], so daß sich die Frage nach den Vor- und Nachteilen eines dreigliedrigen Instanzenzuges in der Finanzgerichtsbarkeit stellt.

### 4. Vor- und Nachteile eines dreigliedrigen Finanzrechtswegs

#### a. Gründe für eine dreigliedrige Finanzgerichtsbarkeit

Ganz grundsätzlich, unabhängig von der spezifischen Situation in der Finanzgerichtsbarkeit, wird für eine zweite Tatsacheninstanz das Argument ins Feld geführt, anhand der Entscheidung der ersten Tatsacheninstanz könnten die Beteiligten den auf das wesentliche konzentrierten Streitstand erkennen, die Dinge neu sehen und gegebenenfalls neue Gesichtspunkte in der zweiten Instanz vorbringen[280]. Als Argumente für eine dritte Instanz, also eine zusätzliche Mittelinstanz, in der Finanzgerichtsbarkeit wird vorgebracht, eine Erhöhung des Instanzenzuges würde die Richtigkeitsgewähr der Entscheidungen fördern[281]. Des weiteren würde der *BFH* durch eine Mittelinstanz, der dann eine Filterwirkung zukommen würde, nachhaltig entlastet werden. Dann könnte sich der *BFH* auch auf seine Tätigkeit als Revisionsgericht beschränken und müßte nicht mehr Aufgaben miterledigen, die üblicherweise der Mittelinstanz zugeordnet seien[282]. Insofern würde es auch nicht zu einer Verlängerung der Finanzprozesse kommen, da bisher die Revision oft dazu benutzt werde, im Wege der Zurückverweisung eine nochmalige Sachverhaltsaufklärung zu erreichen, was dann eine wiederholte Befassung des *FG* nach sich ziehen und die Revision zu einem Mischrechtsmittel degradieren würde[283]. Im Gegenteil sei von einer Verkürzung der gesamten Verfahrensdauer auszugehen, da es in der Regel bei einem Rechtsschutz durch zwei Instanzen verbleibe, sich die Geschäftsbelastung der Gerichte aber infolge der Filterwirkung der ersten und zweiten Instanz auf dann drei Instanzen verteilen würde[284].

Die Notwendigkeit einer Berufungsinstanz sei ebenfalls aus Statistiken abzulesen. So würde in der allgemeinen Verwaltungsgerichtsbarkeit in ca. 23,5 % aller Berufungsverhandlungen vor den *OVG* eine Beweisaufnahme durchgeführt werden. Dem stehe auch nicht entgegen, daß infolge des qualifizierten Rechtsbehelfsverfahrens der Finanzämter in der Finanzgerichtsbarkeit primär um Rechts- und weniger um Tatsachenfragen gestritten werde[285].

Darüber hinaus würde es auch zu keiner Kostensteigerung, im Gegenteil vielleicht sogar zu einer Reduzierung der Ausgaben kommen, wenn die erste Instanz allein mit

278 *Ule*, NJW 1968, 967, 972.
279 *Voß*, BB 1987, 376; *Bickel*, ZRP 1984, 57, 59.
280 *Sening*, BayVBl. 1983, 686.
281 *Bickel*, ZRP 1984, 57, 60; *Wannagat*, ZRP 1980, 119, 123.
282 *Offerhaus*, DStR 1986, 99, 102; *Wannagat*, ZRP 1980, 119, 123.
283 *Bickel*, ZRP 1984, 57, 59; *Jessen*, NVwZ 1982, 410, 411 f.
284 *Ule*, NJW 1968, 967, 972.
285 *Kopp*, in: Verhandlungen des 54. DJT, Band I, B, S. 1, 44 f.

Einzelrichtern besetzt werden würde[286]. Hinzu komme, daß ein institutionell zweigliedriger Instanzenzug eine erhöhte Belastung und auch eine dementsprechende Größe des Revisionsgerichts nach sich ziehen würde, die es diesem erschweren würden, seine Leitungsaufgabe sachgerecht wahrzunehmen. Schon jetzt nämlich koste die Abstimmung zwischen den einzelnen *Senaten* viel Zeit und Kraft[287] und eine weitere Erhöhung der *Senate* beim *BFH* würde die Gefahr von Innendivergenzen noch mehr steigern[288]. Schließlich könne etwas, was in anderen Gerichtsbarkeiten für angemessen erachtet werde, in der Finanzgerichtsbarkeit nicht sinnlos sein, zumal keine spezifische Besonderheiten bei dieser zu erkennen seien[289].

### b. Analyse der Gegengründe

Gegen letztere These wird angeführt, wer einen dreigliedrigen Verwaltungsrechtsschutz postuliere, übersteigere die rechtsstaatlichen Prinzipien und stelle Aspekte der Wirtschaftlichkeit und der zeitlichen Angemessenheit von Rechtsschutz, also Verfahrenseffizienz, nicht ausreichend in Rechnung[290]. Insbesondere vor dem Hintergrund der stetig steigenden Zahl mehrpoliger Verwaltungsrechtsverhältnisse müsse berücksichtigt werden, daß es vielfach nicht um eine Optimierung des Grundrechtsschutzes eines Grundrechtsträgers gehe. Es müßten vielmehr die Positionen der verschiedenen Grundrechtsträger zum Ausgleich gebracht werden[291]. Auch würden in Berufungsverfahren wertvolle Ressourcen durch Wiederholungen schon einmal vorgenommener Handlungen verschwendet werden[292].

Dem ist wiederum entgegenzuhalten, daß diese Konstellation zwar bei Verfahren der allgemeinen Verwaltungsgerichtsbarkeit oftmals wiederzufinden, bei abgabenrechtlichen Streitigkeiten dies aber grundsätzlich nicht der Fall ist. Hier könnte eine weitere Instanz dem Steuerpflichtigen durchaus ein Mehr an Rechtsschutz bieten, wenn von der Prämisse ausgegangen wird, daß mit der Anzahl der Instanzen auch die Richtigkeit der Entscheidungen steigt.

Die unbedingte Richtigkeit dieser These ist aber nicht unumstritten. Sicherlich werde bei einer zweimaligen Untersuchung eines Sachverhalts grundsätzlich mehr als bei einer einmaligen Überprüfung zutage gefördert. Dennoch sei der Bürger bei einem dreigliedrigen Instanzenzug in substantieller Hinsicht nicht besser gestellt[293]. Insbesondere bei einer Einzelrichterlösung in der ersten Instanz würde es vielfach zu Entscheidungen kommen, die nicht akzeptabel seien. Kombiniert mit der Beschränkung der Berufungsmöglichkeiten und dem Vertretungszwang in der zweiten Instanz würde sich die Situation des Bürgers tatsächlich nicht gegenüber einem institutionell zweigliedrigen

286 *Offerhaus*, DStR 1986, 99, 102 f.; *Krause*, SGb 1983, 525, 526.

287 *Jessen*, NVwZ 1982, 410, 412.

288 *Meyer-Ladewig*, NJW 1985, 1985, 1990 f.

289 *Bickel*, ZRP 1984, 57, 59; *Offerhaus*, DStR 1986, 99, 101; *Wannagat*, ZRP 1980, 119, 123.

290 *Schenke*, DÖV 1982, 709, 714.

291 *Rieß*, Zur Reform der öffentlich-rechtlichen Gerichtsbarkeit, S. 15 f.; *Schenke*, DÖV 1982, 709, 714.

292 *Zuleeg*, ZRP 2000, 483, 486.

293 *Rudloff*, DStR 1986, 503.

Rechtsweg verbessern[294]. Dabei dürfe des weiteren auch die zeitliche Komponente nicht unberücksichtigt bleiben. Ehe es nämlich bei einem dreigliedrigen Rechtszug zu einer nochmaligen Überprüfung der Sach- und Rechtslage durch die zweite Instanz komme, liege der streitige Sachverhalt schon einige Jahre zurück. Es sei aber bekannt, daß mit fortschreitendem Zeitablauf die Aufklärungsmöglichkeiten schwinden würden[295]. So gesehen müsse eine verkürzter Instanzenzug keineswegs mit einer Schmälerung des Rechtsschutzes verbunden sein, wie insbesondere am finanzgerichtlichen Verfahren abzulesen sei[296].

Aber selbst wenn dem nicht so sein sollte stelle sich die Frage, ob dem Kläger nicht mit einem schnelleren, gegebenenfalls auch weniger materielle Sicherheit bietenden, Rechtsschutz mehr gedient sei. So ständen Kläger und bestrittenes materielles Recht nach einem jahrelangem Verfahren oftmals nicht besser als vorher da[297], weil einer spät kommenden Entscheidung vielfach allein durch den Zeitablauf der Wert genommen werde[298]. Ohne eine Erhöhung der Richterplanstellen werde es aber nicht zu einer nachhaltigen Beschleunigung kommen können[299].

Insofern wird auch die Richtigkeit des Arguments bezweifelt, trotz Einrichtung einer neuen Instanz würden die Aufwendungen für die Finanzgerichtsbarkeit sinken. Neue Gerichte benötigten nämlich nicht nur neue Richter – wobei sich die Gewinnung von neuen Finanzrichtern schon als schwierig erweisen soll[300] –, sondern auch neue Verwaltungsapparate, so daß das Gegenteil der Fall sei[301]. Des weiteren würden ca. 75 % der Eingänge, nämlich nahezu alle Fälle, die zwischen den Parteien nicht streitig entschieden werden müßten, bei den *Senaten* durch Einzelrichter erledigt werden. Einsparungseffekte durch Einzelrichter in der ersten Instanz seien daher kaum zu erwarten[302]. Darüber hinaus sei es nicht möglich, mittels Statistiken die Notwendigkeit einer zweiten Tatsacheninstanz zu rechtfertigen. Die statistischen Erhebungen über die Häufigkeit von zweitinstanzlichen Beweisaufnahmen würden nämlich keine Aussagen darüber treffen, ob das Beweisthema nicht schon in der ersten Instanz hätte erforscht werden können. Dies allein sei jedoch bei der Frage der prozentualen Häufigkeit von Beweisaufnahmen in der Berufungsinstanz das maßgebliche Kriterium, das aber gar nicht geklärt sei[303]. Darüber hinaus werden auch ganz grundsätzlich Bedenken gegen statistische Erhebungen geltend gemacht, werde doch bei diesen vielfach allgemein Bekanntes festgestellt,

294 *Weber-Grellet*, DStZ 1987, 20, 22; *Rudloff*, DStR 1986, 503, 504; ähnlich in Bezug auf die VwGO und eine zu befürchtende schlechtere Qualität der Rechtsprechung *Kuhla/Hüttenbrink*, DVBl. 1996, 717, 721.

295 *Rudloff*, DStR 1986, 503, 504; *Zuleeg*, ZRP 2000, 483, 486.

296 *Schenke*, DÖV 1982, 709, 715.

297 *Sendler*, DVBl. 1982, 812, 814; *ders.*, DVBl. 1982, 157, 164.

298 *Meyer-Ladewig*, NJW 1985, 1985, 1986; *Sendler*, DVBl. 1982, 157, 164; *Klein*, DStR 1984, 17, 21.

299 *Rudloff*, DStR 1986, 503; *Rößler*, DStZ 1987, 246, 247; *Ule*, DVBl. 1982, 821, 822.

300 *Voß*, BB 1987, 376, 378; *Rudloff*, DStR 1986, 503, 504.

301 *Bettermann*, in: *Merten*, Die Vereinheitlichung der Verwaltungsgerichtsgesetze zu einer VwPO, S. 91, 103.

302 *Weber-Grellet*, DStZ 1987, 20, 23; *Rudloff*, DStR 1986, 503, 504.

303 *Ule*, in: *Merten*, Die Vereinheitlichung der Verwaltungsgerichtsgesetze zu einer VwPO, S. 25, 46.

den Ursachen der Befunde würde aber nicht nachgegangen werden[304]. Zu berücksichtigen sei darüber hinaus grundsätzlich, daß sich anhand von Urteilen unabhängiger Gerichte geradlinig weder etwas über die Qualität der Vorarbeit der Vorinstanz, noch der Anwaltschaft aussagen lasse[305].

Ganz allgemein wird gegen eine zweite Tatsacheninstanz angeführt, daß durch eine wiederholte Behandlung der gleichen Sache zu viele richterliche Kapazitäten gebunden werden würden, die besser zur Entlastung in der ersten Instanz eingesetzt werden könnten, mit der Folge, daß es dort zu einer qualitativen Verbesserung der Rechtsprechung kommen würde, da das gleiche Gesamtpensum auf einer größeren Zahl Schultern verteilt werden würde. Bei einer Gesamtbetrachtung seien daher auch keine Einbußen beim Rechtsschutz zu befürchten[306]. Gegen die Notwendigkeit einer zweiten Tatsacheninstanz spreche schließlich auch, daß in der Verwaltungsgerichtsbarkeit heute im Regelfall ohnehin kein Rechtsweg über drei Instanzen mehr gegeben und damit in Teilbereichen eine Reduzierung der Instanzen funktionell schon vollzogen sei[307]. Hinzu komme schließlich das Argument, daß verschiedene Rechtsgebiete nahezu ausschließlich im zweigliedrigen Verfahren des vorläufigen Rechtsschutzes wie Hauptsacheverfahren behandelt[308] und demgemäß entschieden werden würden[309].

### c. Fazit

Tatsächlich gibt es auch im Zuständigkeitsbereich der allgemeinen Verwaltungsgerichte zahlreiche Rechtsgebiete, bei denen Rechtsschutz maximal über zwei Instanzen gewährt wird. Insbesondere wurde für die zweigliedrige gerichtliche Kontrolle im Fachplanungsrecht geltend gemacht, hieraus würde sich eine deutliche Beschleunigungswirkung für die gerichtlichen Verfahren ergeben[310]. Dies ist auch plausibel, so daß für einen institutionell zweigliedrigen Instanzenzug vor allem erhöhte Verfahrenseffizienz als Vorteil angenommen werden kann. Aber selbst unter der Prämisse der Verfahrensbeschleunigung und der Annahme, dieser institutionell zweigliedrige Rechtsschutz genüge den verfassungsrechtlichen Anforderungen, sagt dies nichts über seine Gesamtqualität aus. Aus den Statistiken läßt sich nämlich weder für die eine Auffassung, noch für die andere Auffassung etwas Substanzielles herleiten[311]. Dies gilt insbesondere auch für Statistiken zu den erforderlichen Beweisaufnahmen in der zweiten Instanz. Andererseits ist anzuerkennen, daß sich eventuell vorhandene Qualitätsdefizite der ersten Instanz nicht allein mit einer Überlastung der Richterschaft erklären lassen. Alles in allem läßt sich

---

304 *Sendler*, DVBl. 2000, 1234.

305 *BVerfG*, Urt. v. 13.12.2000 – 1 BvR 335/97 – NJW 2001, 353, 355; *Reich*, SächsVBl. 2001, 49, 53.

306 *Zuleeg*, ZRP 2000, 483, 486.

307 *Stelkens*, DVBl. 1995, 1105, 1108; *Becker*, RiA 1983, 83, 85.

308 *Sendler*, DVBl. 1982, 157, 164.

309 *Finkelnburg/Jank*, Vorläufiger Rechtsschutz im Verwaltungsverfahren, Rn. 50; *Uechtritz*, VBlBW 2000, 65, 70; *Becker*, RiA 1983, 83, 87; *Funk*, SGb 1982, 467, 473.

310 *Pagenkopf*, DVBl. 1991, 285, 294; *Schmidt*, in: *Eyermann*, VwGO, § 48, Rn. 1; *Meyer-Ladewig*, NJW 1985, 1985, 1987.

311 *Stelkens*, in: *Schmidt-Aßmann/Schoch/Pietzner*, VwGO, § 2, Rn. 7; *Schmieszek*, in: *Pitschas*, Die Reform der Verwaltungsgerichtsbarkeit, S. 185, 192; *Dammert*, SächsVBl. 2001, 53, 57.

demgemäß auch keine Aussage darüber treffen, ob dieser Rechtsschutz als vorteilhafter gegenüber einem dreigliedrigen Instanzenzug bewertet werden kann.

Darüber hinaus müßte unabhängig von der Frage der Vereinheitlichung der Instanzenzüge aber auch die Besetzung der Spruchkörper zumindest überdacht werden, denn die Gliederung des Instanzenzuges im Falle einer Vereinheitlichung der Prozeßordnungen ist unmittelbar mit der Besetzung der Spruchkörper und den gegebenen Rechtsmitteln verbunden[312], wobei die Rechtsmittel wiederum primär vom Instanzenzug abhängig sind. So erscheint auf den ersten Blick ein zweigliedriger Instanzenzug eher denkbar, wenn die erste Instanz ein Kollegialgericht ist.

Daher läßt sich ohne weitere Prüfung auch keine Aussage dazu treffen, was für Spruchkörper im Falle der Vereinheitlichung in der erstinstanzlichen Finanzgerichtsbarkeit eingerichtet werden würden. Aus diesen Gründen kann der Instanzenzug nicht isoliert betrachtet werden. Die Vor- und Nachteile eines zwei- oder dreigliedrigen Instanzenzuges können somit nur abschließend abgewogen werden, wenn auch die Fragen hinsichtlich der Besetzung der Spruchkörper geklärt sind.

### *II. Zuschnitt der Spruchkörper*

Auch hinsichtlich der Besetzung der Spruchkörper ist fraglich, für welche Gerichtsbarkeit sich eine vereinheitlichte Verwaltungsprozeßordnung empfehlen würde, wenn weiterhin von einer materiellen Vereinheitlichung ausgegangen wird. Dabei ist vor allem der Zuschnitt der Spruchkörper und damit zusammenhängend die Bedeutung und Funktion der ehrenamtlichen Richter problematisch. So war dieser Themenkomplex auch bei der Diskussion um die VwPO sehr umstritten[313].

Die planmäßige Besetzung der Spruchkörper von *OVG* und *LSG* sowie den als Landesobergericht tätigen *FG* entspricht sich. Sie sind mit jeweils einem Vorsitzenden Richter und zwei weiteren Berufsrichtern sowie zwei ehrenamtlichen Richtern besetzt. Anders stellt sich die Situation aber bei den obersten Bundesgerichten und bei den erstinstanzlich zuständigen Kammern der *VG* und *SG* dar.

Bei den Bundesgerichten sind das *BVerwG* und der *BFH* planmäßig mit fünf Berufsrichtern, das *BSG* dagegen mit drei Berufsrichtern und zwei ehrenamtlichen Richtern, besetzt. Die Kammern der *VG* tagen in einer Besetzung von einem Vorsitzenden Richter und zwei weiteren Berufsrichtern sowie zwei ehrenamtlichen Richtern und bilden die sogenannte große Kammer. Dagegen sind die Kammern der *SG* planmäßig mit einem Berufsrichter und zwei ehrenamtlichen Richtern als sogenannte kleine Kammern besetzt. Im Falle einer materiellen Vereinheitlichung müßte also die Kammer der *VG* um zwei Berufsrichter verkleinert oder die Kammer der *SG* um zwei Berufsrichter erweitert werden, wenn man wiederum andere Zuschnitte als außerhalb der Diskussion stehend nicht in Erwägung zieht. Zusätzlich müßte, wenn man zunächst von einer dreigliedrigen Finanzgerichtsbarkeit ausgeht, auch bei dieser eine untere Instanz integriert werden.

Nach den obigen Ausführungen stellt sich hier nun die Frage, ob es im Falle einer materiellen Vereinheitlichung der drei Verfahrensordnungen zu zwingenden Ergebnis-

---

312 *Martens*, ZRP 1985, 278, 281; *Krasney*, in: *Merten*, Die Vereinheitlichung der Verwaltungsgerichtsgesetze zu einer VwPO, S. 113, 114 f.

313 *Meyer-Ladewig*, in: *Merten*, Die Vereinheitlichung der Verwaltungsgerichtsgesetze zu einer VwPO, S. 51, 58.

sen für die Besetzung der Spruchkörper und dem wiederum entsprechend zu zwingenden Folgerungen für den Instanzenzug käme.

### 1. Kriterium der grundsätzlichen Bedeutung der Gerichtsbarkeiten

Umstritten ist zunächst, inwieweit die Bedeutung der Verfahren identisch ist. Einerseits wird geltend gemacht, die Schwierigkeiten in sozialgerichtlichen Verfahren seien nicht geringer zu bewerten als in anderen Verfahren[314], vielmehr hat das in der Zuständigkeit der *SG* liegende Sozialrecht für den einzelnen Bürger, die Gesellschaft und die staatliche Ordnung die gleiche fundamentale Bedeutung wie die allgemeine Verwaltungsgerichtsbarkeit. So habe die Besetzung der Kammern der *SG* mehr eine traditionelle als eine sachliche Ursache[315]. Wenn sich die Situation aber für alle drei Gerichtsbarkeiten gleich darstelle, sei die große Kammer auch für alle öffentlich-rechtlichen Gerichtsbarkeiten festzuschreiben[316].

Andererseits wird dem entgegengehalten, die Gleichrangigkeit werde durch eine unterschiedliche Besetzung der Gerichte nicht tangiert. Auch müßten in der allgemeinen Verwaltungsgerichtsbarkeit häufiger über den Einzelfall hinausgehende Entscheidungen[317] als in der Sozialgerichtsbarkeit getroffen werden, so daß letztere in der ersten Instanz auch nicht auf Kollegialgerichte angewiesen sei[318]. Darüber hinaus wird auch vertreten, den Verfahren vor den allgemeinen Verwaltungsgerichten komme eine besondere Bedeutung zu. Dies wird damit begründet, daß sich nahezu ausschließlich Bürger und Staat gegenüber stehen würden. Zwar könnten sich daraus keine Wertigkeiten zwischen den Gerichten zwingend ableiten lassen, doch schon allein aufgrund dieser Konstellation könne die Spruchkörperbesetzung in der allgemeinen Verwaltungsgerichtsbarkeit nicht reduziert werden[319].

### 2. Qualität der Rechtsprechung als Organisationsmaßstab

Geht man davon aus, daß die Qualität der Rechtsprechung ein Organisationsmaßstab sein kann, hat dies zur Folge, daß sich jede organisatorische Veränderung fragen lassen muß, ob sie ihrerseits die Qualität der Rechtsprechung beeinträchtigt. Allerdings wird auch jeglicher Zusammenhang zwischen Organisation der Rechtsprechung und der Qualität der Rechtsprechung bestritten[320]. Dies geschieht allerdings pauschal und ohne jede weitere Begründung, was diesen Ansatz schon allein dadurch entwertet.

Die Zusammenhänge ergeben sich den bisherigen Ausführungen entsprechend aus dem Zusammenspiel der verschiedenen Faktoren, die bei der Rechtsfindung eine Rolle spielen und aus dem Auftrag des Art. 19 Abs. 4 GG abgeleitet werden. So müssen die

314 *Wannagat*, ZRP 1980, 119, 120.

315 *BVerfG*, Beschl. v. 04.06.1969 – 2 BvR 86, 245/66 – BVerfGE 26, 100, 110; *Ule*, NJW 1968, 967, 970.

316 *Scholz*, DVBl. 1982, 605, 611; *Wannagat*, ZRP 1980, 119, 120; *Funk*, in: Verhandlungen des 54. DJT, Band Abs. 2, L, S. 38, 43.

317 *Finkelnburg*, LKV 2001, 337, 339.

318 *Krasney*, in: *Merten*, Die Vereinheitlichung der Verwaltungsgerichtsgesetze zu einer VwPO, S. 113, 116.

319 *Schmidt*, VBlBW 2000, 53, 54.

320 *Jung*, SGb. 2000, 149, 151.

teilweise widerstreitenden Belange Rechtsschutz, Verwaltungskontrolle, Rechtsfrieden und Wirtschaftlichkeit im gerichtlichen Verfahren miteinander in Einklang gebracht werden. Hierbei hängt es entscheidend von der Art des Ausgleichs zwischen den verschiedenen Belangen ab, wie effizient im Sinne einer sowohl gerechten als auch wirtschaftlichen Entscheidungspraxis, die gleichzeitig als Spiegel der Qualität der Rechtsprechung gelten kann, die Organisation eben diese Qualität beeinflußt.

### a. Vor- und Nachteile von großer und kleiner Kammer

Als Vorteil der großen Kammer wird des weiteren ins Feld geführt, durch sie werde eine bessere Einführung der Nachwuchsrichter in die richterliche Tätigkeit gewährleistet und dadurch das Problem vermieden, daß erst kurz im richterlichen Dienst tätige und folglich über geringe praktische Erfahrung verfügende Richter Kammern vorsitzen würden und nur mit zwei ehrenamtlichen Richtern oder gar alleine Rechtsstreitigkeiten mit für die Betroffenen weitreichenden Wirkungen zu entscheiden hätten[321].

Des weiteren stelle vor allem ein Richterkollegium sicher, daß im jeweiligen Fall alle maßgebenden Gesichtspunkte erörtert[322] und abgewogene Entscheidungen getroffen werden würden[323]. Solche Entscheidungen seien in den öffentlich-rechtlichen Gerichtszweigen besonders wichtig, weil sie nicht selten für die Verwaltung Richtliniencharakter entfalten würden[324] und auch die Verwaltung ihrerseits in einem außergerichtlichen Verfahren mit spezialisierten Beamten überprüft habe[325]. Darüber hinaus gewährleiste das Spruchkörperprinzip eine interne, horizontale Selbstkontrolle noch bevor eine höhere Instanz mit der Sache befaßt werde[326]. Durch die Teamarbeit im Spruchkörper bestehe schließlich auch die Möglichkeit zum ständigen Rechtsgespräch und zum kontinuierlichen Gedankenaustausch mit rechtskundigen Kollegen, wodurch eine qualitativ hochstehende Arbeit neben einer effizienten Arbeitsweise sichergestellt werden würde[327]. So wird auch insbesondere die Kammer als tragende Stütze der Ausbildung des richterlichen Nachwuchses gesehen[328]. Dies hätte insgesamt wiederum eine Stärkung des Vertrauens der Rechtsschutzsuchenden zur Folge[329].

Hiergegen spreche aber, daß es problematisch sei, bei richterlicher Tätigkeit Qualitätsstandards zu definieren[330]. Aber selbst wenn dies möglich sei, stelle sich die anschließende Frage, ob die Aspekte der Qualität in der ersten Instanz überhaupt die dargestellte Bedeutung hätten und bei deren quantitativen Belastungen zur Geltung gebracht werden könnten. Ferner komme der Richtliniencharakter der Rechtsprechung erst

321 *Menard*, SGb 1980, 139, 140; *Wannagat*, ZRP 1980, 119, 120; *Ule*, NJW 1968, 967, 970; in diesem Sinne auch *Bertrams*, NWVBl. 1999, 245, 252.

322 *Krause*, SGb 1983, 525, 526.

323 *Stelkens*, DVBl. 1995, 1105, 1112; *Bertrams*, NWVBl. 1999, 245, 252; *Schmidt*, VBlBW 2000, 53, 54; *Wannagat*, ZRP 1980, 119, 120; *Scholz*, DVBl. 1982, 605, 611.

324 *Scholz*, DVBl. 1982, 605, 611.

325 *Schmidt*, VBlBW 2000, 53, 54; *Wannagat*, ZRP 1980, 119, 120.

326 *Hufen*, Die Verwaltung 34 (1999), 519, 526 f.

327 *Kopp*, in: Verhandlungen des 54. DJT, Band I, B, S. 1, 51 f.; *Wannagat*, ZRP 1980, 119, 120; *Ule*, DVBl. 1982, 821, 825; *Schmidt*, VBlBW 2000, 53, 54.

328 *Stelkens*, in: *Schmidt-Aßmann/Schoch/Pietzner*, VwGO, § 5, Rn. 14.

329 *Krause*, SGb 1983, 525, 526.

330 *Funk*, in: Verhandlungen des 54. DJT, Band Abs. 2, L, S. 38, 42.

durch die Ausschöpfung des Instanzenzuges zum Tragen[331]. Außerdem sei die kleine Kammer gegenüber der großen Kammer deutlich flexibler und die Verfahren würden kürzer andauern, selbst wenn sich die Pensen bei relativer Betrachtung entsprechen sollten[332].

### b. Die Frage der Einzelrichter

Dem steht jedoch entgegen, daß die Einführung einer großen Kammer nahezu zwangsläufig auch die weitgehende Beibehaltung von § 6 VwGO und § 6 FGO entsprechenden Regelungen bezüglich der Übertragbarkeit von Angelegenheiten auf den Einzelrichter bedingen würde, wurden diese doch erst 1993 vor allem zur Verfahrensbeschleunigung eingeführt[333]. Weniger schwierige Angelegenheiten könnten dann durch Öffnungsklauseln weiterhin dem Einzelrichter übertragen werden, so daß die große Kammer auch nicht statisch über jeden ihr angetragenen Rechtsstreit entscheiden müßte[334]. Hierfür spreche auch, daß in anderen Rechtsbereichen ebenso Einzelrichter tätig seien[335]. Ohnehin seien Qualitäts- und Akzeptanzunterschiede zwischen Entscheidungen von Einzelrichtern einerseits und Kollegialgerichten andererseits nicht festzustellen[336]. Dies alles hieße, daß im Falle der Vereinheitlichung der Verfahrensordnungen und der Einführung der großen Kammer auch in der Sozialgerichtsbarkeit ein Einzelrichter erstinstanzlich tätig werden könnte, wodurch wiederum eventuell eintretende Reibungsverluste aufgefangen werden könnten.

Andererseits wird geltend gemacht, es ließen sich weder zu der Art der Intensität der Vorberatung vor einer Übertragung auf den Einzelrichter, noch zur Übertragungspraxis selbst und schon gar nicht zu Effizienzgesichtspunkten allgemeingültige Aussagen treffen[337]. Vielmehr müsse davon ausgegangen werden, daß die jeweilige Praxis der Kammer für eine effiziente Verfahrenserledigung entscheidend sei. So lasse sich nicht an der Zahl der Übertragungen auf den Einzelrichter ablesen, wie effizient eine Kammer arbeite. Man müsse vielmehr davon ausgehen, daß Einzelrichter- und Kammerentscheidungen sich in der Summe an Effizienz in nichts nachständen. Bei einer gut zusammenarbeitenden Kammer würden sich vielmehr die Fälle, die gemeinsamen verhandelt, beraten und entschieden werden müßten ohne weiteres aus der großen Gesamtmenge der anhängigen Verfahren herausfiltern lassen. Der derzeitige Zustand der Einbettung einzelrichterlicher Tätigkeit in das Kammersystem biete einerseits genügend Flexibilität, gewährleiste aber andererseits mehr Effektivität und Effizienz des Rechtsschutzes, als eine originäre Zuständigkeit des Einzelrichters[338].

---

331 *Krasney*, in: *Merten*, Die Vereinheitlichung der Verwaltungsgerichtsgesetze zu einer VwPO, S. 113, 114.

332 *Krasney*, in: *Merten*, Die Vereinheitlichung der Verwaltungsgerichtsgesetze zu einer VwPO, S. 113, 116.

333 *Kävenheim*, NJW 1993, 1372, 1373; *Geiger*, in: *Eyermann*, VwGO, § 6, Rn. 1; *Koch*, in: *Gräber*, FGO, § 6, Rn. 1.

334 *Scholz*, DVBl. 1982, 605, 611.

335 *Meyer-Ladewig*, SGb 1982, 461, 462; *Däubler-Gmelin*, ZRP 2000, 457, 460; *Zuleeg*, ZRP 2000, 483, 488.

336 *Däubler-Gmelin*, ZRP 2000, 457, 460.

337 *Ortloff*, NVwZ 2001, Beilage II, 51, 52.

338 *Ortloff*, NVwZ 2001, Beilage II, 51, 53.

Gegen die Möglichkeit der Übertragung von Rechtsstreitigkeiten auf den Einzelrichter werden aber auch verschiedene Bedenken vorgebracht. Zum einen bestände bei Verfahrenshandlungen des Einzelrichters immer eine größere Gefahr, daß etwas übersehen werde[339]. Mithin würde es zu qualitativen Einbußen bei der richterlichen Arbeit kommen. Darüber hinaus wird besonders beklagt, bei der von einer Übertragung von Rechtsstreitigkeiten abhängigen Befassung des Einzelrichters stelle sich das Problem, daß dieser von Entscheidungen der eigenen Kammer abweichen könne, was vermehrt zu Innendivergenzen im Spruchkörper[340] und so zu einem gesteigerten Maß an Rechtsunsicherheit führe[341]. Des weiteren spreche gegen die Möglichkeit der Übertragung von Rechtsstreitigkeiten auf den Einzelrichter, daß in einem effizient arbeitenden Spruchkörper der Berichterstatter sämtliche Fälle bis zur Entscheidungsreife selbständig vorantreibe, sodann einen Entscheidungsentwurf erstelle und in den Umlauf gebe. Dieser werde nur dann nicht von den übrigen Mitgliedern des Spruchkörpers unterschrieben, wenn sie Bedenken hegen würden, was aber selten vorkäme[342]. Hinzu komme, daß sich der jeweilige Spruchkörper vor einer Übertragung des Verfahrens mit diesem so intensiv befassen müsse, daß er feststellen könne, die Angelegenheit bereite keine besonderen Schwierigkeiten. Dies binde Zeit und Arbeitskraft und reduziere so auch die ausgemachten Beschleunigungseffekte[343]. So sei insgesamt auch keine Beschleunigungswirkung, also weder im konkreten Fall noch hinsichtlich des gesamten Pensums der Kammer, festzustellen[344]. Kombiniert mit Zulassungsberufung und Zulassungsbeschwerde beinhalte eine Entscheidung durch den Einzelrichter eine unerträgliche Beschränkung des Rechtsschutzes[345].

Gleiches gelte für Sozialgerichtsbarkeit. So treffe es nicht zu, die Kammerentscheidung in der Sozialgerichtsbarkeit nehme mehr Zeit in Anspruch als die Entscheidung eines Einzelrichters[346]. Eine Beschleunigungswirkung durch vermehrte einzelrichterliche Tätigkeit sei daher nicht festzustellen. Jedoch seien Schwierigkeiten sowohl in Bezug auf den gesetzlichen Richter, als auch divergierender Rechtsprechung innerhalb eines Spruchkörpers zu befürchten, was speziell bei finanzgerichtlichen Verfahren im Hinblick auf die besondere Breitenwirkung der Entscheidungen untragbar sei[347].

### 3. Die Stellung der ehrenamtlichen Richter

Im Falle einer Vereinheitlichung der drei Verfahrensordnungen würden für die Stellung der ehrenamtlichen Richter zwei Bereiche virulent werden.

Zum einen würde mit der Ausweitung der einzelrichterlichen Tätigkeit infolge der großen Kammer auch für die Sozialgerichtsbarkeit, wie es bereits in der allgemeinen Verwaltungsgerichtsbarkeit geschehen ist[348], der Anteil der Mitwirkung der ehrenamtli-

---

339 *Jöhnk*, SchlHA 1996, 169, 171; *Kipp*, in: FS für *Berge*, S. 187, 195.

340 *Kipp*, in: FS für *Berge*, S. 187, 195.

341 *Hufen*, Die Verwaltung 34 (1999), 519, 527 f.

342 *Rößler*, BB 1982, 1621, 1623; i. E. auch *Koch*, in: *Gräber*, FGO, § 6, Rn. 1.

343 *Kopp*, DVBl. 1982, 613, 616 f.

344 *Jöhnk*, SchlHA 1996, 169, 170.

345 *Jöhnk*, SchlHA 1996, 169, 171.

346 *Menard*, SGb 1980, 139, 140.

347 *Rößler*, BB 1982, 1621, 1623; *Koch*, in: *Gräber*, FGO, § 6, Rn. 2.

348 *Stelkens*, DVBl. 1995, 1105, 1113; *ders.* in: Festschrift für *Redeker*, S. 313, 317.

chen Richter sinken. Des weiteren stellt sich die Frage, ob das System der Laienrichter in der allgemeinen Verwaltungs- und der Finanzgerichtsbarkeit mit dem System dem prinzipiell sachkundigen ehrenamtlichen Richter in der Sozialgerichtsbarkeit verbunden werden kann oder ob die unterschiedliche Beteiligung unüberwindbare Hürden für eine Vereinheitlichung der Spruchkörper und damit auch für eine materiell einheitliche Verfahrensordnung aufstellt.

### a. Funktion der ehrenamtlichen Richter

Dabei ist zunächst die unterschiedliche Funktion der ehrenamtlichen Richter in der allgemeinen Verwaltungs- und der Finanzgerichtsbarkeit einerseits und der Sozialgerichtsbarkeit anderseits in Rechnung zu stellen. So kann in den hier in Rede stehenden Verfahrensordnungen von zwei unterschiedlichen Grundtypen ehrenamtlicher Richter – zum einen von dem in die Richterbank integrierten Sachkenner in der Sozialgerichtsbarkeit und zum anderen den unbefangenen Bürger in den beiden übrigen Verwaltungsgerichtsbarkeiten[349] – gesprochen werden. Während aber die Beteiligung der ehrenamtlichen Richter in der Sozialgerichtsbarkeit den traditionellen Ansatz verfolgt, unbefangene Mitglieder der Träger der streitbefangenen Sozialversicherungssysteme neben einen oder mehreren Berufsrichtern zu beteiligen, folgen die ehrenamtlichen Richter der beiden anderen Gerichtsbarkeiten aus der Forderung nach einer Demokratisierung der Rechtsprechung und sind demgemäß echte Laienrichter[350].

### b. Qualifikation der ehrenamtlichen Richter

Daher soll auch in der Sozialgerichtsbarkeit durch die §§ 12, 13 und 16 SGG sichergestellt werden, daß die ehrenamtlichen Richter über ein Mindestmaß an Qualifikation verfügen. Des weiteren dürfen die ehrenamtlichen Richter der Sozialgerichtsbarkeit gemäß § 12 SGG nur aus dem Kreis der Versicherten und der Arbeitgeber berufen werden. Insgesamt sind die Voraussetzungen unter denen eine Ernennung zum ehrenamtlichen Richter möglich ist, verworren[351].

Besondere Voraussetzungen wie in der Sozialgerichtsbarkeit werden von der VwGO und der FGO nicht verlangt. Dies wäre auch nicht möglich, da es in der allgemeinen Verwaltungs- und in der Finanzgerichtsbarkeit keine Parameter gibt, anhand derer die besondere Qualifikation für Laienrichter festzustellen ist. Hieraus folgt wiederum, daß eine Angleichung bezüglich der Auswahl nur in Richtung einer Vereinheitlichung nach den Prinzipien der allgemeinen Verwaltungs- und in der Finanzgerichtsbarkeit möglich wäre, da sich die in der Sozialgerichtsbarkeit angewandten Auswahlkriterien nicht auf die beiden anderen Gerichtsbarkeiten übertragen ließen. Dabei wirkt sich die Frage der großen oder kleinen Kammer lediglich mittelbar auf die ehrenamtlichen Richter aus, da sich an ihrer Anzahl im Spruchkörper nichts verändern würde. Allerdings hätte die

---

349 *Barbey*, in: *Isensee/Kirchhof*, HStR, III, § 74, Rn. 45 f.; *Kraft*, in: Festgabe für *Grüner*, S. 311, 318; *Krasney*, in: *Merten*, Die Vereinheitlichung der Verwaltungsgerichtsgesetze zu einer VwPO, S. 113, 117 f.; *Stelkens*, in: *Schmidt-Aßmann/Schoch/Pietzner*, VwGO, § 19, Rn. 2.

350 *Bettermann*, in: *Merten*, Die Vereinheitlichung der Verwaltungsgerichtsgesetze zu einer VwPO, S. 91, 104.

351 *Krasney*, SGb. 1999, 105, 111.

große Kammer für die ehrenamtlichen Richter den Vorteil, daß sie bei der Beratung vielfach mehrere Rechtsansichten zu hören bekämen, so daß sie dadurch ein breiteres Beurteilungsspektrum hätten[352].

### c. Konkrete Konsequenzen einer Vereinheitlichung der Verfahrensordnungen für das Institut der ehrenamtlichen Richter

Im Falle einer Vereinheitlichung würde also, bei Vorliegen der allgemeinen Voraussetzungen, jeder ehrenamtlicher Richter werden können, so daß in der Sozialgerichtsbarkeit ehrenamtliche Richter tätig werden könnten, die weder Arbeitgeber noch Versicherte sind. Beim *BSG* würde sich die Frage stellen, ob es im Falle der Angleichung zu einer Orientierung an den Gegebenheiten bei *BVerwG*, § 10 Abs. 3Abs. 1 VwGO, und *BFH*, § 10 Abs. 3 FGO, also zu einem Fortfall der ehrenamtlichen Richter käme. Alternativ dazu könnten auch letztere zu einem System mit ehrenamtlichen Richtern übergehen. Dabei ist zu berücksichtigen, daß die Besetzung der Gerichte im Ermessen des Gesetzgebers steht. Er darf den Verfahrensgang sowie den Zugang zum Rechtsmittelgericht nach seinen Zweckmäßigkeitsüberlegungen einrichten, die nur durch den Gleichheitsgrundsatz, der Rechtssicherheit, der Rechtswegeklarheit sowie den Schutz der Gerichte vor Überlastung beschränkt werden[353].

Fraglich ist daher, ob beim Wegfall der besonderen Eingangsvoraussetzungen für ehrenamtliche Richter in der Sozialgerichtsbarkeit einer dieser Grundsätze verletzt wird und was mit den ehrenamtlichen Richtern am *BSG* geschieht.

Zunächst ist davon auszugehen, daß die Qualifikation der ehrenamtlichen Richter aller Gerichtsbarkeiten trotz der postulierten erhöhten Anforderungen[354] grundsätzlich als gering einzuschätzen ist[355]. Hinzu kommt, daß mittlerweile die Sozialversicherungssysteme nicht mehr nur allein von den Versicherten und den Arbeitgebern getragen werden, sondern es zahlreiche organisatorische und finanzielle Transferleistungen in beide Richtungen zwischen den staatlichen Haushalten und den Kassen der Sozialversicherungen kommt[356]. Es fehlt daher letztlich auch an einer als geschlossen zu bezeichnenden und das System tragenden Gruppe, die deshalb allein ehrenamtliche Richter für die das System betreffenden Rechtsstreitigkeiten stellen darf. Zwar käme es so zu einem Bruch in der Tradition der Sozialgerichtsbarkeit. Dementsprechend wird hier auch die fortbestehende Notwendigkeit der Beteiligung ehrenamtlicher Richter besonders betont, wenn auch gleichzeitig eingeräumt wird, daß sich die Verfahren hierdurch verzögern würden[357]. Doch da sowohl die Besetzung der Spruchkörper als auch das Auswahlverfahren der ehrenamtlichen Richter alles in allem mehr auf historischen als auf sachli-

---

352 *Wannagat*, ZRP 1980, 119, 122.

353 *BVerfG*, Beschl. v. 03.06.1980 – 1 BvL 114/78 – BVerfGE 54, 159, 166; Beschl. v. 26.05.1976 – 2 BvL 13/75 – BVerfGE 42, 206, 208 f.; *Schmidt-Aßmann*, in: *Maunz/Dürig*, GG, Art. 19 Abs. 4, Rn. 174; *Ule*, DVBl. 1982, 821, 824.

354 *BVerfG*, Beschl. v. 22.10.1959 – 1BvR 154/55 – BVerfGE 9, 124, 135; *BSG*, Urt. v. 28.05.1965 – 6 RKa 2/65 – BSGE 23, 105, 110; Beschl. v. 16.12.1959 – 1 S 7/59 – BSGE 11, 181, 183.

355 *Barbey*, in: *Isensee/Kirchhof*, HStR, III, § 74, Rn. 45; *Schmidt*, VBlBW 2000, 53, 55.

356 *Kirchhof*, in: *Isensee/Kirchhof*, HStR IV, § 93, Rn. 2/31.

357 *Jung*, SGb 2000, 149.

chen Gründen beruhen[358], die zu weiten Teilen zur Disposition des Gesetzgebers – der seinerseits der Mitwirkung der ehrenamtlichen Richter inzwischen weit weniger Bedeutung zumißt[359], was vor allem durch die nach VwGO und FGO mögliche Übertragung von Angelegenheiten auf den Einzelrichter zum Ausdruck gebracht wurde – stehen, wäre hinsichtlich der Auswahlkriterien eine Angleichung an die Voraussetzungen der allgemeinen Verwaltungs- und der Finanzgerichtsbarkeit durchaus möglich.

Schwieriger ist die Problematik der ehrenamtlichen Richter bei den obersten Bundesgerichten zu beurteilen. So wird ausgeführt, bei den Bundesgerichten als Revisionsinstanzen die ausschließlich Rechtsfragen zu klären hätten sei eine Einbeziehung der über besondere Sachkunde bezüglich tatsächlicher Fragen verfügenden ehrenamtlichen Richter nicht notwendig, da diese, mangels – wobei dies auch im übrigen gelten soll[360] – qualifizierter Kenntnisse des positiv-rechtlichen Rechtsstoffes, nichts wesentliches zum Gegenstand eines Revisionsverfahrens beitragen könnten[361].

Hier hätte eine materielle Vereinheitlichung dann entweder zur Konsequenz, daß *BVerwG* und *BFH* mit zwei Berufsrichtern weniger oder aber die Senate des *BSG* mit zwei Berufsrichtern mehr mündlich verhandeln müßten. Denkbar wären darüber hinaus noch ganz andere Besetzungen, unter anderem auch die Einbeziehung ehrenamtlicher Richter in den beiden übrigen Gerichtsbarkeiten. Doch wie auch immer die Entscheidung ausfallen würde, es müßte zumindest eine Variante der Besetzung der *Senate* oberster Bundesgerichte aufgegeben werden. Dies würde entweder eine erhöhte Kostenlast oder aber größere Reibungsverluste mit sich bringen. So wären in dieser Hinsicht unabhängig von der Art der Problemlösung überwiegend Nachteile zu erwarten. Als kleineres Übel würde allerdings – den obigen Ausführungen entsprechend – der Wegfall der Beteiligung der ehrenamtlichen Richter an den Entscheidungen des *BSG* erscheinen, da diese im Ergebnis ebenfalls primär nur mit der Tradition der Sozialgerichtsbarkeit begründet werden kann. Zwingend wäre dabei wiederum keine der Lösungen.

### d. Zwischenergebnis

Die Verletzung eines der oben angegebenen Grundsätze bei der Besetzung der Gerichte wäre durch Beteiligung von ehrenamtlichen Richtern in der Sozialgerichtsbarkeit, die nicht zu der Gruppe der Sozialversicherten oder der Arbeitgeber gehören und durch den Wegfall der ehrenamtlichen Richter beim *BSG* oder der Einführung der Beteiligung von ehrenamtlichen Richtern an der Rechtsprechung von *BVerwG* und *BFH* daher nicht zu befürchten. Vorteile würde diese Vereinheitlichung aber nicht mit sich bringen. Eher wäre im Verhältnis zum früheren Zustand eine verminderte Qualifikation, zumindest eine geringere Sachnähe der ehrenamtlichen Richter zu befürchten. Dies würde aber bei verwaltungsgerichtlichen Verfahren nicht wesentlich ins Gewicht fallen, werden diese

358 *Meyer-Ladewig*, SGG, § 12, Rn. 1; *Krasney*, in: *Merten*, Die Vereinheitlichung der Verwaltungsgerichtsgesetze zu einer VwPO, S. 113, 117; *Funk*, in: Verhandlungen des 54. DJT, Band Abs. 2, L, S. 38, 46.

359 *Schmid*, in: *Hübschmann/Hepp/Spitaler*, FGO, § 16, Rn. 10; *Stelkens*, in: *Schmidt-Aßmann/Schoch/Pietzner*, VwGO, § 19, Rn. 2.

360 *Lässig*, NVwZ 1991, 1140, 1142; *Schmidt*, VBlBW 2000, 53, 55.

361 *Funk*, in: Verhandlungen des 54. DJT, Band Abs. 2, L, S. 38, 47.

doch ohnehin primär von Rechtsfragen bestimmt und kann insgesamt wohl von einer geringen Qualifikation der ehrenamtlichen Richter ausgegangen werden[362].

### 4. Kostenstruktur der Gerichtsbarkeiten

Schließlich wird von den Kritikern der großen Kammern geltend gemacht, diese würden infolge der Vermehrung der Richterplanstellen eine deutliche Kostensteigerung für die Länder nach sich ziehen[363].

Dem wird zunächst entgegengehalten, eine Kostensteigerung würde nicht eintreten, da sich durch die Entscheidung für eine große Kammer weder die Zahl der Eingänge, noch der Bedarf an Richtern erhöhe[364]. Gegen eine Erhöhung der Kostenlast wird des weiteren vorgebracht, eine qualitativ hochwertige Arbeit der ersten Instanz könne die Aufwendungen für die zweite Instanz soweit reduzieren, daß die Kosten für die gesamte Gerichtsbarkeit sogar insgesamt sinken könnten. Dabei wurde davon ausgegangen, allein eine § 130 b VwGO oder § 153 Abs. 2 SGG entsprechende, zum damaligen Diskussionszeitpunkt noch nicht kodifizierte, Regelung, nach der auf den Tatbestand Bezug beziehungsweise von einer Darstellung der Urteilsgründe abgesehen werden könne, lasse die dargestellte Entlastung erwarten[365]. Dem steht aber entgegen, daß nach der Rechtsprechung des *BVerwG* auch schon nach der zum damaligen Zeitpunkt in Kraft befindlichen gesetzlichen Regelung des Art. 2 § 7 Abs. 1 EntlastG[366] eine Bezugnahme auf den in der Vorinstanz festgestellten Tatbestand sowie die Entscheidungsgründe zulässig war[367]. So kam der Kodifizierung auch mehr eine deklaratorische Wirkung zu[368].

Dies wiederum hat zur Folge, daß eine tatsächliche Entlastung der Obergerichte durch derartige Bestimmungen nicht einzutreten vermag, entweder weil die Gerichte keinen Gebrauch von ihnen machen oder aber weil der Entlastungseffekt nicht allzu groß ist. Unter Kostengesichtspunkten ist daher zumindest nicht von Vorteilen im Falle einer vereinheitlichten Prozeßordnung mit großer Richterbank auszugehen.

### 5. Die Besetzung der Spruchkörper im Falle einer Vereinheitlichung – Zwischenergebnis

Während die Übertragung von Rechtsstreitigkeiten von Kammer oder Senat auf den Einzelrichter aus verfassungsrechtlicher Sicht als unproblematisch angesehen werden kann, wenn die Zuständigkeiten im Einklang mit Art. 101 Abs. 1 S. 2 GG stehen[369], wäre das Auseinanderfallen von Rechtsprechung innerhalb einer Kammer oder eines Senats tatsächlich ein Problem. Dies ist aber nicht unlösbar, vielmehr kann es ohne weiteres durch Kommunikation im ursprünglich zuständigen Spruchkörper bewältigt werden.

---

362 *Lässig*, NVwZ 1991, 1140, 1142; *Schmidt*, VBlBW 2000, 53, 55.
363 *Meyer-Ladewig*, SGb 1982, 461, 462; *Funk*, SGb 1982, 467, 468.
364 *Menard*, SGb 1980, 139, 140.
365 *Krause*, SGb 1983, 525, 526.
366 Entlastungsgesetz v. 31.03.1978, BGBl. I 446.
367 *BVerwG*, Beschl. v. 20.07.1979 – 7 B 21.79 – NJW 1980, 953, 954.
368 *Meyer-Ladewig*, SGG, § 153, Rn. 6.
369 *BVerfG*, Beschl. v. 08.04.1997 – 1 P BvU 1/95 – BVerfGE 95, 322, 330 f.

Gleichwohl stellt sich weiterhin die Frage, ob eine Verbesserung der Qualität der Spruchpraxis im Falle einer einheitlich großen Kammer zu erwarten wäre. Zwar überwiegen die Argumente für eine große Kammer, insbesondere würden Vorteile bei der Qualifizierung der Richterschaft entstehen. Auch das Argument, Kollegialgerichte würden abgewogenere Entscheidungen treffen, besticht zunächst. Es relativiert sich aber dann, wenn diejenigen, die aus diesen Gründen eine große Kammer propagieren, im gleichen Atemzug auf die Beschleunigungseffekte durch aus den Kammern ausgegliederte einzelrichterliche Tätigkeiten verweisen. Denn mit dem Ansteigen der einzelrichterlichen Tätigkeit reduziert sich zwangsläufig auch der Umfang der Beratung in der Kammer, so daß selbst wenn sich die Tätigkeit als Einzelrichter auf einfach gelagerte Fälle beschränken soll, der Eindruck der Inkonsequenz verbleibt.

Gleiches gilt für die Beteiligung der ehrenamtlichen Richter. Entweder meint man es ernst mit dem vertrauenschaffenden Element der Beteiligung ehrenamtlicher Richter oder man verzichtet ganz darauf, indem man eine unmittelbar durch sich selbst legitimierte Verwaltungsgerichtsbarkeit unter gänzlichem Verzicht auf ehrenamtliche Richter schafft[370]. Divergierende Regelungen je nach Bedeutung der Rechtssache sind letztlich unbefriedigend und Außenstehenden kaum zu vermitteln.

Insgesamt lassen sich bei einer Abwägung der widerstreitenden Belange somit kaum klar feststellbare Vorteile für die große oder die kleine Kammer, jeweils mit oder ohne Einzelrichtermodell, ausmachen. Insofern kann auch keines der beiden Systeme als zwingend bezeichnet werden. Gleichwohl empfiehlt sich vor dem Hintergrund der sachlich nicht begründeten Divergenzen durchaus eine – wenn nicht eine Vereinheitlichung, so doch eine Angleichung zum Ziel habende – Neuordnung der Verfahrensordnungen, wobei die Zielrichtung selbst wiederum im politischen Ermessen des Gesetzgebers steht.

### *II. Beurteilung der gerichtsverfassungsrechtlichen Aspekte*

Werden die Vor- und Nachteile einer Vereinheitlichung des Instanzenzuges und auch der planmäßigen Besetzung der Spruchkörper jeweils saldiert, stellt sich die Schwierigkeit, daß viele der genannten Aspekte keine Rechts- und Tatsachen-, sondern allein Wertungsfragen sind. Diese Wertungen beruhen auf Annahmen für die Gegenwart und für die Zukunft. Besteht hinsichtlich der Annahmen Uneinigkeit, lassen sich auch die Wertungen nicht gegeneinander abwägen, weil bei diesen eben andere Prioritäten gesetzt wurden und werden. So ist die Entscheidung über eine zwei- oder dreigliedrige Finanzgerichtsbarkeit überwiegend eine politische Entscheidung[371], die sich, wie auch immer sie im Falle einer Neustrukturierung ausfallen würde, bewähren müßte[372]. Nur im Falle der Vereinheitlichung der Verfahrensordnungen und auch der drei großen Verwaltungsgerichtsbarkeiten würde sich dieses Problem nicht stellen, denn – wie aufgezeigt – ist der Fortbestand eines Obergerichts für Verfahren aus der dann früheren all-

370 *Bettermann*, in: *Merten*, Die Vereinheitlichung der Verwaltungsgerichtsgesetze zu einer VwPO, S. 91, 104.

371 Ebenso für die allgemeine Verwaltungsgerichtsbarkeit *Stelkens*, in: *Schmidt-Aßmann/Schoch/Pietzner*, VwGO, § 2, Rn. 3.

372 *Bettermann*, in: *Merten*, Die Vereinheitlichung der Verwaltungsgerichtsgesetze zu einer VwPO, S. 91, 101; *Ule*, DVBl. 1981, 363, 364; *ders.* DVBl. 1982, 821, 825.

gemeinen Verwaltungsgerichtsbarkeit notwendig, so daß es zu einer dreigliedrigen Verwaltungsgerichtsbarkeit dann keine Alternative mehr gäbe.

Geht man aber davon aus, daß in Zeiten des erschwerten Zugangs zu höheren Instanzen schon gar nicht von der Schaffung einer neuen Instanz[373] oder einer Vergrößerung der Spruchkörper[374] auszugehen, ja nicht einmal eine Erhöhung der Richterplanstellen zu erwarten ist[375], würde wohl bei einer Vereinheitlichung der Verfahrensordnungen eine Einigung auf den kleinsten gemeinsamen Nenner am nächsten liegen, wenn gleichzeitig die Gerichtsstruktur beibehalten werden soll. Dies wäre in Anlehnung an die FGO dann ein zweigliedriger Instanzenzug und nach dem Vorbild des SGG eine weitgehende Konzentration auf den Einzelrichter[376]. Ob der Wegfall der horizontalen Kontrolle, der Kontrolle durch die Mitglieder des eigenen Spruchkörpers, und die gleichzeitige Reduzierung der vertikalen Kontrolle durch den Wegfall einer Instanz folgenlos bleiben würde, ist allerdings mehr als zweifelhaft. Mit einer auf ganzer Breite vehement steigenden Beanspruchung des *BVerfG* wäre nach den Erfahrungen mit den Änderungen im Asylverfahrensrecht sicher zu rechnen[377]. So ist am wahrscheinlichsten, daß es selbst im Falle einer Vereinheitlichung bei den hergebrachten Strukturen in den Gerichtsbarkeiten verbleiben und nicht zu grundsätzlichen Änderungen der Gerichtsverfassung kommen würde[378], wie es auch schon in § 3 des EVwPO der *Bundesregierung*[379] vorgesehen wurde.

## D. Verfahrensrechtliche Aspekte

Schließlich stellt sich die Frage, inwieweit es bei den verfahrensrechtlichen Aspekten im Falle einer Vereinheitlichung der drei Verfahrensordnungen zu Spannungen käme. Hierbei werden die Bereiche der Rechtswegzuweisungen (I.), des Rechtmittelrechts (II.) und des vorläufigen Rechtsschutzes (IV) untersucht; anschließend wird eine Zwischenbilanz gezogen (IV).

### *I. Bestimmung des Rechtswegs*

Im Falle der Vereinheitlichung von VwGO, FGO und SGG müßten auch die Rechtswegzuweisungen der §§ 40 VwGO, 33 FGO und 51 SGG zusammengeführt werden. Aber im Gegensatz zu den übrigen Bestimmungen einer vereinheitlichten Prozeßordnung wäre es bei der Zusammenführung der Rechtswegbestimmungen von VwGO, FGO und SGG tatsächlich ohne weiteres möglich, sie in einer Norm derart zusammenzufassen, daß sie aneinandergereiht werden. Die §§ 40 VwGO, 33 FGO und 51 SGG sind nämlich schon jetzt so aufeinander abgestimmt, daß es prinzipiell keine Überschneidungen mehr geben dürfte.

---

373 *Klein*, DStR 1984, 17, 20 f.

374 *Meyer-Ladewig*, SGb 1983, 461, 462; *Schenke*, DÖV 1982, 709, 711.

375 *Meyer-Ladewig*, NVwZ 1982, 401, 406.

376 *Scholz*, DVBl. 1982, 605, 606.

377 *Stelkens*, DVBl. 1995, 1105, 1112.

378 *Kopp*, ZRP 1988, 113, 114.

379 Gesetzentwurf der *Bundesregierung* zur Schaffung einer VwPO vom 31.05.1985, BT-Drs. 10/3437.

So ist die Neuabgrenzung der Rechtswege weder spezifisches Ziel noch spezifische Notwendigkeit der Vereinheitlichung der Verfahrensordnungen und kann damit auch nicht als Vor- oder Nachteil einer Vereinheitlichung gewertet werden. Unter diesen Gesichtspunkten treten daher Streitigkeiten über Neuabgrenzungen bestehender Rechtswegzuständigkeiten in den Hintergrund. Es kann hier somit dahingestellt bleiben, ob es besser ist, die sachliche Zuständigkeit für alle sozialrechtlichen Streitigkeiten den Sozialgerichten zuzuordnen[380] oder es aber bei dem gegebenen Zustand zu belassen[381]. Demgemäß wären bei einer Vereinheitlichung der drei Verfahrensordnungen weder spezifisch aus eben dieser Vereinheitlichung resultierende Vor-, noch solche Nachteile festzustellen.

## *II. Rechtsmittel*

Bei einer Vereinheitlichung des Rechtsmittelrechts wären zwei Problemkreise, nämlich hinsichtlich des Rechts der Berufung und des Rechts der Revision auszumachen.

### 1. Vereinheitlichung des Berufungsrechts

Würde eine materielle Vereinheitlichung der drei Verfahrensordnungen angestrebt werden, müßte auch das Recht der Berufung einheitlich gestaltet werden. Die Unterschiede ergeben sich derzeit aus der Art der Zulassung der Berufung und aus dem völligen Fehlen dieses Rechtsmittels. Nach § 124 Abs. 1 VwGO bedarf die Berufung der Zulassung durch das *OVG*, nach § 144 Abs. 1 SGG in bestimmten Fällen durch das *SG* und in der FGO ist die Berufung mangels Berufungsinstanz in der Finanzgerichtsbarkeit gar nicht vorgesehen.

Es stellt sich die Frage, ob eine Vereinheitlichung in eine bestimmte Richtung erfolgen müßte und welche Vor- und Nachteile sich bei einer Vereinheitlichung ergeben würden.

#### a. Angleichung der FGO

Für den Teil der FGO hinge die Vereinheitlichung zunächst davon ab, ob es zu einer Dreigliedrigkeit im Bereich der Finanzgerichtsbarkeit käme oder ob es bei einem zweistufigen Gerichtsaufbau bliebe. Würde es bei der Zweigliedrigkeit bleiben, zöge das die Unanwendbarkeit der wie auch immer vereinheitlichten Bestimmungen über die Berufung nach sich. Als Nachteil wäre somit eine die Unübersichtlichkeit des Rechtsmittelrechts steigernde zwangsläufige Sonderregelung festzustellen.

Dem wird zwar entgegengehalten, es sei den Beteiligten von Finanzprozessen, die üblicherweise hochspezialisiert seien, durchaus zuzumuten, bei der Arbeit mit dem vereinheitlichten Gesetzeswerk einfach die Bestimmungen über die Berufung zu überschlagen[382]. Dies trifft im Regelfall zwar zu, dennoch bliebe der Systembruch, daß ein ganzes Rechtsmittel in einer einheitlichen Verfahrensordnung für einen Teil der An-

---

380 So *Krasney*, in: *Merten*, Die Vereinheitlichung der Verwaltungsgerichtsgesetze zu einer VwPO, S. 113, 119; *Funk*, in: Verhandlungen des 54. DJT, Band Abs. 2, L, S. 38, 48 f.; *Bekker*, SGb 1998, 101, 107.

381 Hierfür *Sendler*, DVBl. 1982, 812, 816; *Meyer-Ladewig*, SGb 1982, 461, 463.

382 *Meyer-Ladewig*, in: Festschrift für *Menger*, S. 833, 841.

wender wegfiele. Insofern würde an dieser Stelle letztlich nicht viel von einer Vereinheitlichung übrigbleiben.

Würde im Zuge der Vereinheitlichung der Verfahrensordnungen eine dritte Instanz in der Finanzgerichtsbarkeit eingeführt werden, könnte auf diese das aus einer Vereinheitlichung von VwGO und FGO resultierende Berufungsrecht ausgedehnt werden. Spiegelbildlich zu den Vor- und Nachteilen einer Reorganisation der Finanzgerichtsbarkeit würden diese dann auch im Berufungsrecht ihren Niederschlag finden.

### b. Vereinheitlichung des Berufungsrechts von VwGO und SGG

Bei der Vereinheitlichung der unterschiedlichen Systeme der Zulassungsberufung muß wiederum berücksichtigt werden, daß sich dieser Teil der Untersuchung – wie oben ausgeführt – nur auf die spezifischen Vor- und Nachteile einer Vereinheitlichung der Verfahrensordnungen beschränkt. Insofern können die insbesondere im Zusammenhang mit der Einführung der Zulassungsberufung für das Verfahren nach der VwGO vielfach geäußerten Bedenken[383] hier keine Berücksichtigung finden.

Berücksichtigt werden müssen jedoch die Vor- und Nachteile, die sich unmittelbar aus der Vereinheitlichung des Berufungsrechts ergeben würden. Allerdings entsprechen sich die Zulassungsgründe von § 124 Abs. 2 VwGO und § 144 Abs. 2 SGG im wesentlichen, so daß sich hier die Problematik der Vereinheitlichung auf die zwei Fragen reduziert, ob es zwingende Vor- oder Nachteile hervorrufende Gründe für eine Zulassung der Berufung durch den iudex a quo oder durch den iudex ad quem gibt und inwieweit die Regelung des § 144 Abs. 1 SGG, die Zulassung der Berufung von einem Streitwert abhängig zu machen, vor- oder nachteilhaft auf die VwGO übertragbar ist.

Gegen die Abhängigkeit der Zulassung einer Berufung vom Streitwert spricht zunächst, daß insbesondere wenn über nicht bezifferte oder konkret bezifferbare Ansprüche gestritten wird, was in der allgemeinen Verwaltungs- und der Sozialgerichtsbarkeit aber gerade regelmäßig der Fall ist, letztlich kein vernünftiges Entscheidungskriterium mehr vorliegt[384]. Über diese mißliche Lage kann auch nicht hinwegtrösten, die geringe praktische Relevanz der Berufungssumme führe diese selbst ad absurdum[385].

Zwar ist in Rechnung zu stellen, daß den Berufungsgerichten zumeist nicht die gleichen Aufgaben zufallen wie den Revisionsgerichten. Letztere haben nämlich Rechtsfragen von grundsätzlicher Bedeutung zu klären und die Rechtseinheit zu wahren[386], während die Berufungsgerichte primär die Einzelfallgerechtigkeit sicherstellen sollen. Jedoch ist die Berufungsinstanz zur Wahrung des umfangreichen Landesrechts in der allgemeinen Verwaltungsgerichtsbarkeit unentbehrlich[387]. Daher muß zumindest für die allgemeine Verwaltungsgerichtsbarkeit im Berufungsrecht wie im Revisionsrecht[388] gelten, daß die Bedeutung einer Rechtsfrage nicht allein von Beträgen abhängig ist.

383 Stellvertretend für die umfangreiche Kritik seien hier genannt: *Happ*, in: *Eyermann*, VwGO, § 124, Rn. 1; *Schenke*, NJW 1997, 81, 92; *Jank*, in: *Stüer*, Verfahrensbeschleunigung, S. 43, 44; *Kuhla/Hüttenbrink*, DVBl. 1996, 717, 719.

384 *Funk*, SGb 1982, 467, 473; *Becker*, SGb 1998, 101, 106; *Menard*, SGb 1980, 139, 142.

385 *Becker*, SGb 1998, 101, 106.

386 *Offerhaus*, Stbg 1998, 437, 442.

387 *Happ*, in: *Eyermann*, VwGO, § 124, Rn. 1.

388 *Offerhaus*, Stbg 1998, 437, 442

Dies gilt noch mehr, wenn man in Rechnung stellt, welche Relativität fixen Beträgen anhaftet. Was für den einen ein sehr hoher Betrag ist, ist für den anderen eine geringe Summe. Die Beschwer ist daher stets individuell verschieden.

Andererseits ist zu berücksichtigen, daß das Zulassungsrecht des SGG milder als das Zulassungsrecht der VwGO ist, weil nur Streitigkeiten um Geld- und Sachleistungen von der Zulassungspflicht umfaßt werden. Insofern wäre es für die Dichte des Rechtsschutzes eventuell vorteilhaft, die Regelungen des SGG einer Vereinheitlichung zugrunde zu legen. Jedoch ist ebenfalls in Rechnung zu stellen, daß es insbesondere im Hinblick auf den wirtschaftlichen Umgang mit der »Ressource Recht« durchaus einleuchtende Gründe dafür gibt, die Berufung für Fälle von rechtlich untergeordneter Bedeutung nicht mehr vorzusehen[389], weil dadurch die Berufungsinstanz entlastet werden könnte. Gewichtet man diesen Aspekt stärker, würden die Vorteile einer Vereinheitlichung auf Basis der VwGO überwiegen. Letztlich handelt es sich wiederum um eine Abwägungsentscheidung des Gesetzgebers, die dieser nach eigenen Prioritäten vornehmen muß.

Für die Frage, wer über die Zulassung der Berufung entscheidet, die anhand von Zweckmäßigkeitsüberlegungen zu beurteilen ist, gilt im Grunde nichts anderes. Im Falle der Vereinheitlichung der drei Verfahrensordnungen und einer Entscheidung für die kleine Kammer oder noch stärkerer einzelrichterlicher Tätigkeit erscheint die Zulassungsberufung allerdings schwer vertretbar[390]. Zumindest wäre dann aber eine Zulassung durch das Obergericht gefordert, um die Gefahr verminderter Rechtskontrolle zu reduzieren. Vorsitzende der kleinen Kammer oder Einzelrichter könnten nämlich schlimmstenfalls dazu neigen, durch eine negative Zulassungsentscheidung über die Berufung gleich mitzuentscheiden. So gesehen wäre eine Lösung im Sinne der VwGO vorteilhafter. Andererseits ist zu berücksichtigen, daß das Berufungsgericht die Berufung auch gleich selbst entscheiden könnte, wenn es ohnehin über den Zulassungsantrag zu befinden hätte[391]. Mißt man diesem Gesichtspunkt größere Bedeutung bei, würden die Gründe für eine Zulassungsentscheidung durch das Ausgangsgericht, also für eine Regelung im Sinne des SGG, überwiegen.

An der unterschiedlichen Regelung des Berufungsrechts in der VwGO und im SGG ist daher besonders deutlich abzulesen, wie weit einerseits der gesetzgeberische Ermessenspielraum bei der Ausgestaltung des gerichtlichen Rechtsschutzes reicht und wie argumentativ austauschbar er von diesem Gebrauch macht.

### c. Vereinheitlichung des Revisionsrechts

Anders stellt sich die Situation des Revisionsrechts dar. Hier ist schon jetzt eine weitgehende Einheitlichkeit festzustellen. So ist nun seit dem 01.01.2001 auch in der FGO die Streitwertrevision des § 115 Abs. 1 FGO a. F. abgeschafft und das Revisionsrecht im Zuge dieser Neuordnung dem Recht der allgemeinen Verwaltungs- und der Sozialgerichtsbarkeit angeglichen worden. Auch die §§ 115 ff. FGO n. F. sehen nun eine Zulas-

389 *Meyer-Ladewig*, SGG, § 144, Rn. 6; *ders.* SGb 1982, 461, 465 f.; *Scholz*, DVBl. 1982, 605, 612; *Jessen*, NVwZ 1982, 410, 412.

390 *Stelkens*, NVwZ 2000, 155, 159; *Funk*, in: Verhandlungen des 54. DJT, Band Abs. 2, L, S. 38, 56; *Lotz*, BayVBl. 1987, 738, 743.

391 *Funk*, SGb 1982, 467, 473; i. E. auch *Jessen*, NVwZ 1982, 410, 412.

sung der Revision durch das *FG* oder aber auf Beschwerde durch den *BFH* vor. Mangels Mittelinstanz fehlen in der FGO derzeit aber noch die Bestimmungen über die Sprungrevision. Im Falle einer Vereinheitlichung könnten diese aber auf die Finanzgerichtsbarkeit ausgedehnt werden, sofern eine dritte Instanz geschaffen werde würde. Würde dies unterlassen, kann in dieser Hinsicht auf die obigen Ausführungen zum Verhältnis von Berufungsrecht und Finanzgerichtsbarkeit verwiesen werden.

Für den weiteren Ausschluß der Streitwertrevision auch im Falle einer Vereinheitlichung der drei Verfahrensordnungen spricht vor allem, daß durch die Möglichkeit der Streitwertrevision vielfach Fälle an den *BFH* herangetragen wurden, die mit der eigentlichen Aufgabe eines Revisionsgerichts nichts zu tun haben[392]. Auch sind Rechtsfragen, wie oben ausgeführt, nicht von Beträgen abhängig[393]. Des weiteren sind Streitwertrevisionen immer vollumfänglich zu bearbeiten, sie müssen nicht erst die hohen Hürden des Zulassungsrechts nehmen und binden daher sehr viel Arbeitskraft, die besser für die Bearbeitung der durch das Ausgangs- oder das Revisionsgericht zugelassenen Revisionen verwendet werden könnte und eine Konzentration auf die eigentlichen Aufgaben erlauben würde. Insofern wird durch die Streitwertrevision auch die Effektivität des Rechtsschutzes, wenn nicht gar die Funktionsfähigkeit des Revisionsgerichts gefährdet[394].

Eine Vereinheitlichung im Sinne des erfolgten Wegfalls der Streitwertrevision im finanzgerichtlichen Verfahren wäre also ein Vorteil. Andersherum würde eine Vereinheitlichung in Richtung der allgemeinen Einführung einer Streitwertrevision die oben beschriebenen Folgen in den beiden anderen Gerichtsbarkeiten nach sich ziehen, die dann als Nachteile zu bewerten wären.

### *III. Vorverfahren und Vorläufiger Rechtsschutz*

Des weiteren ist zu prüfen, inwieweit sich Vor- und Nachteile bei einer Vereinheitlichung der drei Verfahrensordnungen für die Vorverfahren und die Verfahren des vorläufigen Rechtsschutzes ergeben würden.

Fällt die aufschiebende Wirkung eine Widerspruchs auf gesetzlicher oder behördlicher Anordnung weg, ist dies oftmals der Grund, die Wiederherstellung der aufschiebenden Wirkung zu begehren. In dieser Hinsicht sind Vorverfahren und vorläufiger Rechtsschutz eng miteinander verwoben.

#### 1. Vereinheitlichung des Vorverfahrens

Wie ausgeführt, ist in allen drei Gerichtsbarkeiten grundsätzlich gemäß § 68 VwGO, § 44 FGO und § 78 SGG ein Vorverfahren durchzuführen.

Es bestehen jedoch bezüglich der aufschiebenden Wirkung des Widerspruchs/Einspruchs zwischen VwGO einerseits und FGO sowie SGG anderseits Diskrepanzen. Nach § 80 Abs. 1 VwGO hat der Widerspruch grundsätzlich aufschiebende Wirkung, während dies im finanzgerichtlichen Verfahren grundsätzlich nicht, § 69 Abs. 1 FGO, und im sozialgerichtlichen Verfahren nur in besonderen Fällen, § 86 Abs. 2 SGG, der Fall ist.

---

392 *Rößler*, BB 1982, 1621, 1624; *Meyer-Ladewig*, SGb 1982, 461, 466.

393 *Spindler*, DB 2001, 61; *Offerhaus*, Stbg 1998, 437, 442; *Jessen*, NVwZ 1982, 410, 412.

394 *Ruban*, in: *Gräber*, FGO, § 115, Rn. 4; *Klein*, DB 1993, 1387, 1390.

Bei der Diskussion um die aufschiebende Wirkung von Widersprüchen gegen Zahlungsverpflichtungen begründende Verwaltungsakte geht es letztlich um die Frage, wer das Risiko der Beitreibbarkeit von Forderungen trägt, die vor Bestandskraft geleistet werden, später aber wieder rückabzuwickeln sind[395]. Der Gesetzgeber hat in der FGO und im SGG bisher dafür votiert, daß der Steuergläubiger und die Gemeinschaft der Versicherten dieses Risiko grundsätzlich nicht zu tragen haben und sich demgemäß prinzipiell gegen die aufschiebende Wirkung von Widersprüchen entschieden. Dies wird damit begründet, daß vor allem der Staat darauf angewiesen sei, daß ihm die zur Finanzierung seiner Aufgaben notwendigen Mittel kontinuierlich zufließen würden[396].

Es besteht allerdings nur ein scheinbarer Widerspruch zu den Regelungen der VwGO. Diese läßt nämlich gemäß § 80 Abs. 2 Nr. 1 VwGO ebenfalls die aufschiebende Wirkung von Widersprüchen entfallen, wenn es um die Anforderung von Abgaben und Kosten geht. Insofern besteht kein Unterschied zu den Regelungen der FGO und des SGG, vielmehr ist schon jetzt eine faktische Einheitlichkeit gegeben. Die divergierenden Regelungen in den Gesetzen ergeben sich daraus, daß einerseits im verwaltungsgerichtlichen Verfahren Streitigkeiten um Geldleistungen nicht im Vordergrund stehen und andererseits in finanz- und sozialgerichtlichen Verfahren regelmäßig über Geldleistungen gestritten wird, wenn auch die Streitwerte bei den Streitigkeiten vor den Sozialgerichten vielfach nur schwierig zu beziffern sind[397]. Hinzu kommt, daß die Sozialverwaltung mehr Leistungs- als Eingriffsverwaltung ist und bei ihr daher ein geringeres Bedürfnis für die Anordnung der aufschiebenden Wirkung von Widersprüchen oder Klagen besteht[398].

Bestehen aber letztlich nur systematische Differenzen, während inhaltlich identische Regelungen getroffen werden, stehen diese systematischen Differenzen auch einer Vereinheitlichung nicht im Wege[399]. So könnte es also zu einer Vereinheitlichung der drei Verfahrensordnungen kommen, ohne daß Nachteile zu befürchten wären. Vorteile würden aber durch die Vereinheitlichung auch nicht eintreten.

### 2. Vereinheitlichung des System des vorläufigen Rechtsschutzes

Die Systeme des vorläufigen Rechtsschutzes von VwGO und FGO stimmen in ihren Grundstrukturen überein[400]. Auch der vorläufige Rechtsschutz in der Sozialgerichtsbarkeit ist mit den beiden anderen Verfahrensordnungen konzeptionell weitgehend identisch und ebenfalls grundsätzlich zweigleisig ausgestaltet. So wird einerseits zwischen Anfechtungsbegehren und andererseits Verpflichtungs- oder Feststellungsbegehren unterschieden. Auch hier ist eine zu weiten Teilen faktische Einheitlichkeit auszumachen, auf die sich eine materielle Vereinheitlichung tendenziell neutral auswirken würde.

---

395 *Krasney*, in: *Merten*, Die Vereinheitlichung der Verwaltungsgerichtsgesetze zu einer VwPO, S. 113, 131.

396 *Koch*, in: *Gräber*, FGO, § 69, Rn. 1.

397 *Funk*, SGb 1982, 467, 473; *Becker*, SGb 1998, 101, 106; *Menard*, SGb 1980, 139, 142.

398 *Meyer-Ladewig*, SGG, § 97, Rn. 1.

399 I. E. auch *Kopp*, in: Verhandlungen des 54. DJT, Band I, B, S. 1, 110.

400 *Martens*, in: Verhandlungen des 54. DJT, Band Abs. 2, L, S. 10, 28.

Jedoch ist zu berücksichtigen, daß der vorläufige Rechtsschutz des SGG primär auf Richterrecht beruht. Im Falle einer Kodifikation des vorläufigen Rechtsschutzes wäre er dann auch für das sozialgerichtliche Verfahren übersichtlich gestaltet und für jeden zumindest leichter auffindbar. Auch würde durch eine Entscheidung des Gesetzgebers die Rechtssicherheit erhöht werden und schließlich der Wunsch nach einer gesetzlichen Regelung des vorläufigen Rechtsschutzes im sozialgerichtlichen Verfahren in Erfüllung gehen[401]. Dies wären auch die Vorteile, die aus einer Vereinheitlichung des vorläufigen Rechtsschutzes resultieren würden.

3. Vereinheitlichung des Beschwerderechts

Schließlich stellt sich die Frage, welche Vor- und Nachteile eine Vereinheitlichung des Beschwerderechts nach sich ziehen würde.

Während die Beschwerde in der allgemeinen Verwaltungsgerichtsbarkeit gemäß der §§ 146 Abs. 4, 124 Abs. 2 VwGO grundsätzlich der Zulassung durch das *OVG* und in der Finanzgerichtsbarkeit die Beschwerde zum *BFH* gemäß § 128 Abs. 3 grundsätzlich durch das *FG* bedarf, ist die Beschwerde in der Sozialgerichtsbarkeit zum *LSG* gemäß § 172 Abs. 1 SGG zulassungsfrei. Bei einer Vereinheitlichung wäre daher zum einen das gerichtsverfassungsrechtliche Problem des divergierenden Instanzenzuges infolge der Zweistufigkeit der Finanzgerichtsbarkeit, zum anderen die Problematik des zulassungspflichtigen oder zulassungsfreien Zugangs zum ersten Rechtsmittelgericht zu lösen.

Beide Problemkreise sind bekannt und decken sich inhaltlich mit den obigen Ausführungen zu den gerichtsverfassungsrechtlichen Aspekten einer Vereinheitlichung und den Fragen des Rechtsmittelrechts. Um Wiederholungen zu vermeiden, kann daher auf diese Ausführungen vollumfänglich verwiesen werden.

*IV Ergebnis der Prüfung der verfahrensrechtlichen Aspekte*

Auf der Ebene des Verfahrensrechts würden bei einer Vereinheitlichung also weniger Divergenzen, dadurch weniger Schwierigkeiten und schließlich auch weniger Nachteile, dafür aber mehr Vorteile auftreten. Dies liegt vor allem daran, daß die Grundzüge der drei Verfahrensordnungen, wenn überhaupt, nur unwesentliche Unterschiede aufweisen, so daß sie sich entsprechend unproblematisch vereinheitlichen lassen würden. Problematisch wäre jedoch die Gestaltung des Rechtsmittelrechts, was mit den engen Bezügen zur Gerichtsverfassung zusammenhängt.

Aus diesen Gründen hätte auch der Entwurf zur VwPO bei seiner Umsetzung keine grundsätzlichen Änderungen in den Kernbereichen der Verfahrensordnungen zur Folge gehabt, da er diese weitgehend unverändert ließ beziehungsweise die divergierende Regelungen der Verfahrensordnungen leicht miteinander in Einklang zu bringen wären[402]. Daher war der Entwurf zu einer VwPO in dieser Hinsicht auch dementsprechend weitaus weniger umstritten.

401 *Siegfried*, SGb 1989, 555, 556.

402 *Meyer-Ladewig*, in: *Merten*, Die Vereinheitlichung der Verwaltungsgerichtsgesetze zu einer VwPO, S. 51, 59.

# E. Gesamtergebnis der Untersuchung von Vor- und Nachteilen der Vereinheitlichung

Würde es zu einer materiellen Vereinheitlichung von VwGO, FGO und SGG kommen, wäre die Verletzung von Verfassungsrecht nahezu ausgeschlossen, es sei denn, der Gesetzgeber würde mit allen drei bestehenden Systemen des verwaltungsgerichtlichen Rechtsschutzes brechen. Dann wäre aber nicht mehr von Vereinheitlichung, sondern vielmehr von einer ganz neuen Gestaltung des Rechtsschutzes zu sprechen. Insgesamt wären bei einer Vereinheitlichung folgende spezifisch auf sie beruhende Vor- und Nachteile zu erwarten.

Bei den Vereinheitlichungszielen allgemeiner Art würde es kaum zu spezifischen Vor- und Nachteilen kommen. Weder würde der gesetzgeberische Aktionismus, noch die Normenflut begrenzt werden. Eine allgemeine Verbesserung des Rechtsschutzes – wenn eine solche überhaupt eintreten würde – wäre der Vereinheitlichung nicht zuzurechnen. Auch würde sie zu keiner Verfahrensbeschleunigung führen und eine größere Transparenz wäre ebenfalls nicht zu erwarten. So würde es lediglich zu einer besseren wissenschaftlichen Durchdringung der vereinheitlichten Prozeßordnung kommen.

Auf die Organisation des Rechtsschutzes in der allgemeinen Verwaltungs-, der Finanz- und der Sozialgerichtsbarkeit würde sich eine Vereinheitlichung sicher auswirken. Sowohl ein zwei-, als auch ein dreigliedriger Instanzenzug in den drei Gerichtsbarkeiten hätten Vor- und Nachteile. Ebenso gibt es gute Gründe für kleine Spruchkörper wie es gute Gründe für große Spruchkörper gibt, wobei sich diese Gründe noch für jede Instanz einzeln diskutieren lassen. Gleiches gilt für die Beteiligung ehrenamtlicher Richter. Infolge des weiten gesetzgeberischen Gestaltungsspielraum ist es jedoch nicht möglich festzustellen, in welche Richtung sich die Strukturveränderungen bewegen würden. So können die gerichtsverfassungsrechtlichen Vor- und Nachteile einer Vereinheitlichung auch nicht abschließend saldiert und eine Empfehlung zu einer Neustrukturierung der Verfahrensordnungen genausowenig ausgesprochen wie von einer Neustrukturierung abgeraten werden. Hier müßten allein rechtspolitische Entscheidungen getroffen werden, die später an ihrem Ergebnis zu messen wären.

Unter verfahrensrechtlichen Aspekten würden Vorteile für den vorläufigen Rechtsschutz in der Sozialgerichtsbarkeit eintreten, der durch die Vereinheitlichung kodifiziert werden würde. Für die Bestimmung des Rechtswegs und das Vorverfahren hätte eine Vereinheitlichung weder Vor- noch Nachteile zur Folge. Beim Berufungs- und Beschwerderecht kommen wiederum die Schwierigkeiten der Bestimmung der Empfehlsamkeit zum Vorschein, wie sie auch schon bei den gerichtsverfassungsrechtlichen Aspekten einer Vereinheitlichung auftreten, was auf die enge Verwobenheit dieser Problemkreise zurückzuführen ist.

Es wäre bei einer Vereinheitlichung also mit verschiedenen Vorteilen zu rechnen. Jedoch müssen ebenfalls die Nachteile berücksichtigt werden, die eine Vereinheitlichung der drei Verfahrensordnungen zwangsläufig nach sich ziehen würde. Dies wären erhöhte Belastungen allgemeiner Art infolge von Umstellungsschwierigkeiten für alle Betroffenen, die für eine gewisse Zeit insbesondere den Auftrag der effizienten Verfahrensgestaltung beeinträchtigen könnten.

# 6. Kapitel – Ziele und Problemfelder einer Verschmelzung der bestehenden Verwaltungsgerichtsbarkeiten zu einer Verwaltungsgerichtsbarkeit

## A. Grundsätzliche Erwägungen

Die zweite Variante der hier untersuchten Möglichkeiten einer Neustrukturierung der Verwaltungsgerichtsbarkeit wäre, wie oben ausgeführt, eine Zusammenfassung der drei großen Verwaltungsgerichtsbarkeiten zu einer einheitlichen Verwaltungsgerichtsbarkeit, also zu einer die allgemeine Verwaltungsgerichtsbarkeit, die Finanz- und die Sozialgerichtsbarkeit ersetzenden einzigen Verwaltungsgerichtsbarkeit. Dabei ist die grundsätzliche Problematik dieser Vereinheitlichung mit den Schwierigkeiten der Vereinheitlichung der den jeweiligen Gerichtsbarkeiten zugeordneten Verfahrensordnungen vergleichbar[403]. Insofern kann teilweise auf die obigen Ausführungen verwiesen werden.

## B. Widerstreitende Aspekte einer Zusammenfassung der Verwaltungsgerichtsbarkeiten

### *I. Verschiedenartiger Ausgangspunkt*

In Rechnung zu stellen ist jedoch, daß der Ausgangspunkt der Untersuchung, ob sich eine Zusammenfassung der drei großen Verwaltungsgerichtsbarkeiten empfiehlt, gegenüber dem Ausgangspunkt der Untersuchung, inwieweit sich eine Vereinheitlichung der zu den Verwaltungsgerichtsbarkeiten gehörenden Verfahrensordnungen empfiehlt, ein anderer ist.

Wie im einzelnen dargestellt, bilden die Gerichtsbarkeiten den ausfüllungsbedürftigen Rahmen der staatlich organisierten Rechtspflege und sind demgemäß als zusammengefaßte Rechtspflegeorganisation mit der rechtsstaatlichen Funktion, in Fällen verletzten oder bestrittenen Rechts autoritativ zu entscheiden[404], zu verstehen[405]. Die konkrete Erfüllung des verfassungsrechtlichen Rechtsschutzauftrags stellen jedoch primär die einzelnen Verfahrensordnungen sicher[406]. Dies bedeutet für die Untersuchung, daß bei einer Beibehaltung der verfassungsrechtlichen Grundfesten der Verfahrensordnungen der Maßstab der Prüfung der Empfehlsamkeit einer Neustrukturierung der Gerichtsorganisation ein anderer ist. Hier spielen also Aspekte der wirtschaftlichen Organisation der Rechtsgewährung eine gewichtigere Rolle als die einzelnen Bestimmungen des individuellen Rechtsschutzes, solange für letzteren die verfassungsrechtlichen Vorgaben nicht unterschritten werden.

---

403 *Hamann*, DVBl. 1955, 205, 207.

404 *Degenhart*, in: *Isensee/Kirchhof*, HStR, III, § 76, Rn. 1; *Menger*, System des verwaltungsgerichtlichen Rechtsschutzes, S. 59 f.

405 *Wolf*, Gerichtsverfassungsrecht, S. 44.

406 *BVerfG*, Urt. v. 14.05.1996 – 2 BvR 1516/93 – BVerfGE 94, 166, 213; *BVerfG (2. Kammer des 2. Senats)*, Beschl. v. 10.08.1999 – 2 BvR 184/99 – NJW 2000, 649, 650.

### *II. Der gesetzliche und politische Rahmen einer Zusammenfassung der Verwaltungsgerichtsbarkeiten*

Wie schon bei der Frage der Neustrukturierung und Vereinheitlichung der zu den Verwaltungsgerichtsbarkeiten gehörenden Verfahrensgesetze VwGO, FGO, SGG, hat der Gesetzgeber auch bei der Frage, inwieweit er die allgemeine Verwaltungsgerichtsbarkeit mit der Finanz- und Sozialgerichtsbarkeit zusammenfassen will, einen weiten – politisch bestimmten – Gestaltungsspielraum, solange er den verfassungsrechtlich und einfachgesetzlich vorgegebenen Rahmen nicht verläßt. Dies bedeutet, daß dem Gesetzgeber ein weiter Abwägungsspielraum zugestanden wird und er eine entsprechende Einschätzungsprärogative hat[407]. Für einen gesetzlichen Organisationsakt ist es im Falle der gerichtlichen Kontrolle daher ausreichend, wenn der Gesetzgeber den zu regelnden Sachverhalt hinreichend aufgeklärt hat und seine Entscheidung auf vertretbaren Gründen von einigem Gewicht beruht[408]. Die Annahmen des Gesetzgebers können nur verworfen werden, wenn sie die Bindungen des allgemeinen Willkürgrundsatzes verletzen, eindeutig widerlegbar oder offensichtlich fehlerhaft sind[409]. Im Rahmen dieses großen politischen Gestaltungsspielraums kann er sich überwiegend an Zweckmäßigkeitsüberlegungen orientieren[410].

Im Unterschied zu einer Vereinheitlichung der einzelnen Verfahrensgesetze der Verwaltungsgerichtsbarkeiten, bei der zwar der verfassungsrechtliche Rahmen beachtet werden müßte, die im übrigen aber auf einfachgesetzlicher Grundlage erfolgen könnte. Bei einer Zusammenfassung der Verwaltungsgerichtsbarkeiten zu einer einzigen Verwaltungsgerichtsbarkeit würde hingegen einfaches Gesetzesrecht für eine derartige Reform nicht ausreichen. Da es dann zu einer Abschaffung zahlreicher Gerichte kommen würde, bedürfte es für dieses Vorhaben der obigen Darstellung entsprechend einer Änderung des Grundgesetzes[411]. Dabei kommt es hier nicht darauf an, ob der durch Art. 95 Abs. 1 GG vermittelte Bestandsschutz allein die obersten Bundesgerichte oder auch die Instanzgerichte umfaßt, denn im Falle einer Zusammenfassung wären zumindest zwei oberste Bundesgerichte von der zwangsläufigen Auflösung betroffen.

Gleichwohl haben aber auch hier rechtspolitische Vorstellungen einen großen Einfluß auf die unmittelbare Ausgestaltung eines derartigen Gesetzesvorhabens und auch hier bewegt sich die Gesetzgebung in einem komplexen und dynamischen Gefüge von verfassungsrechtlichen Grenzen und Aufgaben sowie politischen Zielsetzungen, die

---

407 *BVerfG*, Beschl. v. 26.05.1976 – 2 BvL 13/75 – BVerfGE 42, 206, 208 f.; *Sachs*, GG, Art. 20, Rn. 160.

408 *BVerfG*, Beschl. v. 12.05.1992 – 2 BvR 470, 650, 707/90 – BVerfGE 86, 90, 112; (*2. Kammer des 1. Senats*) Beschl. v. 22.12.1999 – 1 BvR 1859/97 – NJW 2000, 1325, 1326; *BayVerfGH*, Entsch. v. 06.06.1975 – Vf. 16-VII-73 – BayVerfGHE 28, 88, 96 f.

409 *BayVerfGH*, Entsch. v. 14.02.1995 – Vf. 6-VII-93 – NVwZ-RR 1996, 123.

410 *BVerfG*, Beschl. v. 12.07.1983 – 1 BvR 1470/82 – BVerfGE 65, 76, 91; Beschl. v. 03.06.1980 – 1 BvL 114/78 – BVerfGE 54, 159, 166; Beschl. v. 11.06.1980 – 1 PBvU 1/79 – BVerfGE 54, 277, 291; Beschl. v. 11.10.1978 – 2 BvR 1055/76 – BVerfGE 49, 329, 341; Beschl. v. 26.05.1976 – 2 BvL 13/75 – BVerfGE 42, 206, 208 f.; Beschl. v. 07.07.1960 – 2 BvR 435, 440/60 – BVerfGE 11, 263, 265.

411 *Meyer*, in: *von Münch/Kunig*, GG, III, Art. 95, Rn. 4; *Detterbeck*, in: *Sachs*, GG, Art. 95, Rn. 4; *Degenhart*, in: *Isensee/Kirchhof*, HStR, III, § 75, Rn. 6.

miteinander in Einklang zu bringen sind[412]. Im Unterschied zu Veränderungen im Verfahrensrecht wäre hier nur ein breiterer politischer Konsens erforderlich, damit eine Mehrheit von Zweidritteln in Bundestag und Bundesrat dem Vorhaben ihre Zustimmung geben würde.

Von diesen Prämissen ausgehend gibt es bei der Abwägung der Vor- und Nachteile einer Zusammenfassung der Verwaltungsgerichtsbarkeit auch an dieser Stelle mehrere rechtlich vertretbare und somit nebeneinander stehende Lösungsmöglichkeiten, die letztlich politisch entschieden werden müssen. Und nicht zuletzt gilt auch hier, daß häufig nicht juristische Kategorien, sondern eben diese politischen Ansätze und Mehrheiten ein in unterschiedliche Richtungen lösbares Rechtsproblem entscheiden.

### *III. Effektivere Rechtsschutzgewährung*

Wird die Frage der effektiveren Rechtsschutzgewährung durch eine einheitliche Gerichtsbarkeit aufgeworfen, muß wiederum zwischen spezifisch aus einer Vereinheitlichung der Gerichtsbarkeiten resultierenden Steigerung der Effektivität und solchen Vorteilen differenziert werden, die auch ohne eine Vereinheitlichung der allgemeinen Verwaltungsgerichtsbarkeit sowie der Finanz- und Sozialgerichtsbarkeit möglich wären. Zu den letztgenannten Effizienzsteigerungen gehören insbesondere solche Vorteile, die auf der sogenannten Binnenrationalisierung beruhen. Hierunter wird im Kontext dieser Untersuchung die Effektivierung der internen Organisation der Gerichtsbarkeiten, vor allem also die Optimierung von Personalwirtschaft und Geschäftsabläufen, verstanden[413]. Es steht außer Frage, daß die Organisation der Geschäftsgänge noch ein großes Potential an Verbesserungen in sich birgt und auch die Personalwirtschaft in allen Zweigen der Verwaltungsgerichtsbarkeit einer Optimierung ohne weiteres zugänglich ist. Aber schon ohne eine Zusammenführung der drei öffentlich-rechtlichen Gerichtsbarkeiten ist in beiden Bereichen die sogenannte Binnenrationalisierung, also sowohl die Verbesserung der Geschäftsabläufe[414], als auch der Personalwirtschaft[415], möglich.

Da hier aber die Frage der Empfehlsamkeit einer Neustrukturierung der Verwaltungsgerichtsbarkeit aufgeworfen wird und den Untersuchungsgegenstand vor allem die rechtlichen Grenzen von gesetzlichen Änderungen der Gerichtsverfahren und der Gerichtsorganisation bilden, können nur solche Aspekte der Binnenrationalisierung als originäre Folge einer wie auch immer gearteten Neustrukturierung verbucht werden, die unmittelbar auf eine Zusammenlegung der drei öffentlich-rechtlichen Gerichtsbarkeiten beruhen. Insofern ist es erforderlich, genau zwischen einerseits solchen Verbesserungen zu unterscheiden, die auch ohne eine Zusammenlegung von allgemeiner Verwaltungsgerichtsbarkeit sowie Finanz- und Sozialgerichtsbarkeit möglich wären und andererseits solchen, die eine solche Zusammenlegung bedingen.

---

412 *Hill*, ZG 1998, 101.

413 *Pitschas*, Die Reform der Verwaltungsgerichtsbarkeit, S. 64 ff.; *Bertrams*, NWVBl. 1999, 245, 247 ff.; *Tanneberg*, NordÖR 2001, 1, 2 f.

414 *Stelkens*, in: Festschrift für *Redeker*, S. 314, 333 f.; *von Bargen*, VBlBW 1998, 121, 123 f.; *Funke*, DRiZ 1998, 120, 122; *Zuleeg*, ZRP 2000, 483, 486; *Pitschas*, Die Reform der Verwaltungsgerichtsbarkeit, S. 64 ff.; konkret *Tanneberg*, NordÖR 2001, 1, 2 f.; *Kipp*, in: FS für *Berge*, S. 187, 189 ff.

415 *Stelkens*, in: Festschrift für *Redeker*, S. 314, 337.

## 1. Wirtschaftlichere Rechtsschutzgewährung durch eine Verwaltungsgerichtsbarkeit

Für eine Zusammenfassung von allgemeiner Verwaltungs- sowie Finanz- und Sozialgerichtsbarkeit wird geltend gemacht, daß diese große Synergieeffekte nach sich ziehen und eine weitaus größere personelle Flexibilität bewirken würde[416], wie die Zusammenlegung von Gerichten ohnehin regelmäßig mit Synergieeffekten verbunden ist[417], zumindest aber die Leistungsfähigkeit steigert[418].

Wenn allgemeine Synergieeffekte als Konsequenz einer Zusammenlegung der Gerichtsbarkeiten hervorgehoben werden, ist auch hier zunächst wiederum eine Bestimmung der geltend gemachten Synergieeffekte erforderlich. Fraglich ist daher, welche Effekte durch eine Zusammenfassung bewirkt werden könnten und ob dabei tatsächlich von synergetischen Folgen gesprochen werden kann.

Zwar bedarf es eines erhöhten argumentativen Aufwands, wenn der Ist-Zustand nicht zu beanstanden ist, um eine Änderung gleichwohl noch rechtfertigen zu können, da einschneidende Veränderungen grundsätzlich korrelierend mit dem Grad ihrer Veränderung zunächst zu Schwierigkeiten mit ihrer Handhabung, also zu Ineffizienz und damit zu erhöhten Kosten führen, die in dieser Form sonst nicht auftreten würden[419]. In diesem Sinne ist nahezu jede Reform als erstes mit Belastungen verbunden, die ohne sie nicht eintreten würden. Doch wurde auch dargelegt, daß mit einer solchen Argumentation, würde man ihr denn folgen, beinahe jeder Reformprozeß verhindert werden könnte, da regelmäßig vor einem Greifen der Reformen eben diese Belastungen eintreten und es infolge der regelmäßig gegebenen Anlaufschwierigkeiten daher niemals zu einer Änderung einer rechtlich und tatsächlich mangelhaften Situation kommen würde[420].

Fraglich ist daher nur, ob nach einer umfassenden Abwägung aller für und gegen die Organisationsänderung sprechenden Gründe die aus der jeweiligen Reform resultierenden langfristigen Vorteile die mit ihr verbundenen Belastungen überwiegen. Wenn dies der Fall ist, können diese Belastungen nicht argumentativ gegen die entsprechende Reform nutzbar gemacht werden.

### a. Grundfragen allgemeiner Synergieeffekte

Im Falle einer Zusammenlegung der Gerichtsbarkeiten müßte es zu einer tatsächlichen Neuorganisation der dann neuen Verwaltungsgerichtsbarkeit kommen, denn allein durch die gesetzliche Vereinigung der allgemeinen Verwaltungsgerichtsbarkeit mit der Finanz- und Sozialgerichtsbarkeit auf dem Papier ist eine Vereinheitlichung nicht vollzogen. Zwar würden Präsidenten- und Vizepräsidentenstellen wegfallen, im übrigen würde es aber nicht nur bei dem gegebenen Zustand bleiben, vielmehr wären vor allem Transport-, Reise- und Telekomminikationskosten zwischen den nur formal zusammengefaßten Gerichten zu erwarten, für die nach der bisherigem Situation überhaupt keine Veranlassung besteht.

---

416 *Franke*, ZRP 1997, 333, 335.

417 *Rauskolb*, NVwZ 2001, Beilage II, 4, 7; *Wichmann*, NVwZ 2001, Beilage II, 7, 12.

418 *BVerfG (2. Kammer des 1. Senats)*, Beschl. v. 22.12.1999 – 1 BvR 1859/97 – NJW 2000, 1325, 1326.

419 *Bischof*, ZRP 1999, 353, 354.

420 *Meyer-Ladewig*, in: Festschrift für *Menger*, S. 833, 842.

Diesem Szenario entspricht die Argumentation, selbst im Falle einer Reduzierung der Gerichtszweige würde es bei der ursprünglichen Aufgabenfülle bleiben, so daß nur – wie oben ausgeführt – wenige exponierte Stellen wegfallen, sich im Grunde aber kaum etwas an der Kostenstruktur ändern würde.

Diese Argumentation trifft dann zu, wenn man es bei einer allein formalen Vereinheitlichung belassen würde. Um eine derartige Entwicklung aber zu vermeiden wäre es erforderlich, die Geschäftsabläufe zusammenzuführen und mittelfristig die früheren parallelen Instanzen an einem Ort anzusiedeln. Dies würde konkret bedeuten, daß der Sitz des Bundesverwaltungsgerichts in Berlin bzw. Leipzig (§ 2 VwGO), der Sitz des Bundesfinanzhofs in München (§ 2 FGO) und der Sitz des Bundessozialgerichts in Kassel (§ 38 Abs. 1 SGG) aufgelöst werden müßten und ein neuer Sitz für das nun zusammengefaßte Bundesgericht der gesamten Verwaltungsgerichtsbarkeit gefunden werden müßte, wobei naheliegenderweise für letzteren durchaus einer der derzeit bestehenden Standorte in Frage kommt. Insbesondere die Frage der Standortbestimmung stellt sich auch bei der Zusammenführung der Obergerichte und der Eingangsgerichte. Zwar können die infolge von Größenvorteilen und erhöhter Effizienz freiwerdenden Haushaltsmittel nicht vorhergesagt werden, doch sind deutliche Kostenvorteile sicher zu erwarten[421], zumal auf die Erfahrungen zurückgegriffen werden kann, die bei der Zusammenführung von früher auf verschiedene Orte verteilte Spruchkörper an dann einem Ort gewonnen werden konnten.

### b. Zeitlicher Beurteilungsmaßstab

Wie oben ausgeführt, steht dem nicht entgegen, daß vor der zu erwartenden Reduzierung des Mitteleinsatzes zunächst erhöhte Aufwendungen als Folge der Zusammenlegung eintreten würden, wenn insgesamt ein verminderter Mittelaufwand zu erwarten ist. Um dies beurteilen zu können, bedarf es zunächst einer Bestimmung der zeitlichen Perspektive. Erst wenn bekannt ist, wie lange der Zustand nach der Organisationsänderung Bestand haben soll, können die für die Organisationsänderung erforderlichen finanziellen Aufwendungen in Relation zu den erwarteten Ersparnissen gesetzt werden. Hier ist zunächst zugrunde zu legen, daß die derzeitige Struktur der Gerichtsbarkeiten seit Inkrafttreten des Grundgesetzes im Jahre 1949 Bestand hat. Zur Änderung dieser Organisationsstruktur ist, wie ausgeführt, eine Änderung des Grundgesetzes erforderlich. Hieran zeigt sich, wie schwierig es ist, bei im Grundgesetz verankerten Organisationsstrukturen Änderungen zu bewirken. Insofern ist im Hinblick auf die in den zurückliegenden Jahrzehnten gewonnene Erfahrung davon auszugehen, eine Änderung des Grundgesetzes durch die die Verwaltungsgerichtsbarkeiten vereinigt werden würden, sicherlich mehre Jahrzehnte Bestand haben würde.

### c. Größenvorteile materieller Art

Ein Aspekt der wirtschaftlicheren Gestaltung der Gerichtsorganisation ist der entstehende Größenvorteil, der bei einer örtlichen Zusammenlegung der jeweiligen parallelen Instanzen der Verwaltungsgerichtsbarkeiten zu verzeichnen wäre. Bei dieser Beurtei-

421 *Franke*, ZRP 1997, 333, 335; *Kern*, DRiZ 1956, 214, 224; im Rahmen der Diskussion um die Integration der Verwaltungsgerichtsbarkeiten in die ordentliche Gerichtsbarkeit *Arndt*, DRiZ 1950, 229, 231; *ders.*, DRiZ 1957, 198, 201; *Cartellieri*, BB 1953, 1021, 1023.

lung kann auch auf die Erfahrungen zurückgegriffen werden, die bei Auseinandersetzungen über die örtliche Verlegung von Gerichtsstandorten oder auch nur Spruchkörpern gewonnen wurden[422].

So könnten bei einer örtlichen Vereinigung der Gerichtsbarkeiten vor allem die aus der Nutzung der Gebäude resultierenden Kosten reduziert werden. Zwar müßten auf der einen Seite neue Kapazitäten für die Richter und Mitarbeiter derjenigen Fachgerichtsbarkeiten geschaffen werden, die an den anderen Standort verlagert werden sollen[423]. Dafür würden sich aber die Kosten für die Bewirtschaftung und den Unterhalt auf jeweils ein Gebäude je paralleler Instanz konzentrieren, was vielfältige Synergieeffekte nach sich zieht. Auch dürfte die Auslastungsquote der gerichtlichen Infrastruktur – genannt seien hier nur die Bibliotheken, die Kopierer oder auch die Sitzungssäle – steigen und die damit verbundenen allgemeinen, vom jeweiligen Verfahren unabhängigen Kosten alles in allem erheblich sinken[424]. Dem wird zwar entgegengehalten, die um dies erreichen zu tätigenden Aufwendungen würden durch die Synergieeffekte bei weitem nicht ausgeglichen werden[425], doch sind dies Fragen des konkreten Falles, bei deren Beantwortung auch der zeitliche Horizont der bisher geplanten Nutzungen eine maßgebliche Rolle spielt. Dabei ist einzuräumen, daß der zeitliche Horizont schwieriger auszumachen ist, wenn gerade errichtete Neubauten zu bewerten sind[426]. Jedoch darf der Aspekt der Einsparungsmöglichkeiten infolge einer effizienteren Gebäudenutzung nicht unterschätzt werden, stellt doch der Ausgabenblock für die Gebäudebewirtschaftung hinter den Personal- und Sozialhilfekosten den größten Posten im gesamten Verwaltungshaushalt dar[427]. Darüber hinaus ist zu berücksichtigen, daß eine Zusammenführung von drei – teilweise über nun mehr als fünfzig Jahre gewachsenen – Fachgerichtsbarkeiten eine so große Aufgabe sein würde, die zumindest einer mittelfristigen Betrachtung zu unterwerfen ist.

Zudem könnten die für die Aufrechterhaltung des Gerichtsbetriebs erforderlichen Dienstleistungen und Waren zentral und damit günstiger eingekauft werden, da durch den relativ gesehen zwar allenfalls identischen, nach außen hin aber durch die Zusammenfassung an einem Ort größeren Bedarf die Marktstellung verbessert werden würde. Gleiches gilt für die Nutzung von Fachkenntnissen der eigenen nichtrichterlichen Mitarbeiter. Der gezielte Aufbau von Expertenwissen, ist wirtschaftlicher, wenn die Wissensträger überwiegend in diesem Bereich beschäftigt werden können.

Insbesondere im Bereich Informations- und Kommunikationstechniken wurden schon vielfach die positiven Folgen von Zentralisierung und Konzentration festgestellt. So ist in Nordrhein-Westfalen die EDV-Abteilung für die Verwaltungsgerichtsbarkeit zentral beim *OVG* angesiedelt und landesweit zuständig[428] und auch die Berliner Ver-

---

422 *VGH München*, Beschl v. 26.09.1994 – 20 NE 94.2811 – NJW 1995, 979 f.

423 So auch *BayVerfGH*, Entsch. v. 14.02.1995 – Vf. 6-VII-93 – NVwZ-RR 1996, 123, 124.

424 *Kern*, DriZ 1956, 214, 224; im Ergebnis ebenso *Jöhnk*, NVwZ 1991, 966, 967; *ders.* SchlHA 1996, 169, 172; *BayVerfGH*, Entsch. v. 14.02.1995 – Vf. 6-VII-93 – NVwZ-RR 1996, 123, 124.

425 *Bertrams*, NWVBl. 1999, 245, 252.

426 *Jung*, SGb. 2000, 149, 152; *Bertrams*, NWVBl. 1999, 245, 252.

427 *Straßheimer*, VM 2000, 302.

428 *Bertrams*, NWVBl. 1999, 245, 255.

waltungsgerichtsbarkeit steuert den Bereich Informationstechnologie einheitlich[429], was wiederum, wie auch in anderen Gerichtszentren, durch die Unterbringung in einem Gebäude begünstigt wird[430]. An kleinen Verwaltungs- und Sozialgerichten mit nur wenigen Richtern wird es aber kaum möglich sein, sinnvoll eine eigenständige Abteilung für die Bereiche EDV und Kommunikation einzurichten. Bei einem zusammengefaßten Verwaltungsgericht erster Instanz dagegen hätte diese Abteilung regelmäßig weitaus mehr Richter zu betreuen, so daß aufgrund des höheren fachspezifischen Auslastungsgrades eine um ein Vielfaches günstigere Verwendung des Fachwissens sichergestellt wäre[431], in dann großen Gerichten sogar eine vollständige Professionalisierung bestimmter Aufgaben möglich wäre[432].

Darüber hinaus sind auch die Auswirkungen einer Zusammenfassung der Verwaltungsgerichtsbarkeiten auf das zwar nicht unmittelbar mit der Zusammenfassung in Zusammenhang stehende, aber doch zu berücksichtigende Prinzip der Einräumigkeit der Verwaltung zu berücksichtigen. Nach dem Prinzip der Einräumigkeit der Verwaltung sollen die Zuständigkeitsbereiche der Sonderbehörden und Gerichte mit den Gebieten der allgemeinen inneren Verwaltung oder der Gemeinden und Gemeindeverbände deckungsgleich sein[433]. Käme es zu einer Zusammenfassung der drei großen Verwaltungsgerichtsbarkeiten, würde man mittels einer stärkeren Angleichung der Verwaltungs- und Gerichtsstrukturen in der gesamten öffentlichen Verwaltung dem Ziel der Einräumigkeit der Verwaltung wieder ein Stück näherkommen können.

Über diese wenigen Beispiele hinaus sind noch zahlreiche weitere Optimierungsmöglichkeiten – auch im sozialen Bereich für die Mitarbeiter – denkbar, die hier nicht im einzelnen aufgezählt werden können. Diesen Vorteilen stehen die Aufwendungen gegenüber, die in der Übergangszeit zwischen der formalen und der tatsächlichen Vereinheitlichung der Gerichtsbarkeiten, insbesondere für die Gesamtleitung, anfallen würden. Hinzu kämen die Kosten für die räumliche Verlagerung der Standorte, die sich vor allem aus Umzugskosten für die Mitarbeiter und Baukosten an den erweiterten Standorten zusammensetzen würden.

#### d. Spezifischer Zusammenhang von wirtschaftlicherer Rechtsschutzgewährung und Zusammenfassung der Verwaltungsgerichtsbarkeiten

Wie dargestellt, könnte ein Zusammenfassung der Verwaltungsgerichtsbarkeiten vielfältige positive wirtschaftliche Effekte nach sich ziehen. Zu hinterfragen ist aber, ob diese Effekte allein dann eintreten würden, wenn eine Vereinheitlichung der Verwaltungsgerichtsbarkeiten käme oder aber diese Effekte auch auf anderem Wege erreichbar wären. Denn auch an dieser Stelle können ausschließlich infolge der Zusammenfassung der Verwaltungsgerichtsbarkeiten eintretende Effekte der wirtschaftlicheren Organisation der Rechtsschutzgewährung für dieses Vorhaben argumentativ nutzbar gemacht werden. Insofern wird den Befürwortern auch entgegengehalten, insbesondere schon

429 *Oerke*, NVwZ 2001, Beilage II, 53.

430 *Wichmann*, NVwZ 2001, Beilage II, 7, 12. *Jöhnk*, NVwZ 1991, 966, 967; *Oerke*, NVwZ 2001, Beilage II, 53.

431 *BayVerfGH*, Entsch. v. 14.02.1995 – Vf. 6-VII-93 – NVwZ-RR 1996, 123, 124.

432 *Tanneberg*, NordÖR 2001, 1, 5.

433 *OVG Bremen*, Urt. v. 28.03.2000 – 1 A 314/99 – NVwZ-RR 2001, 378, 379.

durch die Bildung von Gerichtszentren würden sich vielfältige organisatorische Verbesserungen vornehmen, ohne daß dazu eine Vereinheitlichung der Verwaltungsgerichtsbarkeiten erforderlich wäre[434].

Dem ist zuzugeben, daß die allein organisatorischen Rahmenbedingungen, die sich unabhängig von der Einbindung der Mitarbeiter der verschiedenen Gerichtsbarkeiten verwirklichen ließen, auch nicht zwangsläufig mit einer Vereinheitlichung der Verwaltungsgerichtsbarkeiten einher gehen müssen. Sobald es aber einer Einbindung der Mitarbeiter der dann noch verschiedenen Gerichtsbarkeiten bedarf, wären wiederum erhöhte Bemühungen erforderlich, unterschiedliche Personalstrukturen und Interessen aufeinander abzustimmen. Auch die Einbindung aller betroffenen Mitarbeiter ist schwieriger, wenn sie unterschiedlichen Organisationssträngen zugeordnet sind. Vor allem aber wenn man eine Beschleunigung der richterlichen Tätigkeit erreichen möchte, stoßen Justizzentren schnell an ihre Grenzen, da sie bei der inneren Organisation der Rechtsprechungstätigkeit gezwungenermaßen Halt machen[435]. Insofern ist der Einwand, es fehle an der Notwendigkeit einer Vereinheitlichung der Verwaltungsgerichtsbarkeit um die genannten organisatorischen Verbesserungen erreichen zu können, nur partiell richtig. Da aber die meisten organisatorischen Veränderungen in der Verwaltungsgerichtsbarkeit mit einer entsprechenden Einbeziehung der Mitarbeiter verbunden sind, fehlt es dem Argument, die beschriebenen Verbesserungen der Wirtschaftlichkeit ließen sich auch schon durch die Bildung von Gerichtszentren erreichen, schließlich an der notwendigen Überzeugungskraft.

### 2. Auswirkungen auf die Personalwirtschaft in der Verwaltungsgerichtsbarkeit

Unter wirtschaftlichen Gesichtspunkten ebenfalls erheblich ist die Frage, inwieweit sich eine materielle Zusammenfassung der Verwaltungsgerichtsbarkeiten auf die Angehörigen der dann vereinheitlichten Verwaltungsgerichtsbarkeit auswirken würde. Dabei wird den obigen Ausführungen entsprechend von einer mittelfristigen Konzentration der bis zu diesem Zeitpunkt parallel bestehenden Standorte ausgegangen.

Ein wesentliches Argument für eine Zusammenlegung der Verwaltungsgerichtsbarkeiten sollen Vorteile im Bereich der Personalwirtschaft an den zusammengeführten Gerichten sein. So dürfe zum einen die relative Verschlankung der Leitungsstruktur nicht außer acht gelassen werden[436], zum anderen würde es zu einer größeren personellen Flexibilität kommen[437].

#### a. Einsparungen in der Leitungsstruktur der Gerichte sowie Verbesserungen in der ministeriellen Justizverwaltung

Werden Einsparungsmöglichkeiten in der Leitungsstruktur der zusammengefaßten Verwaltungsgerichtsbarkeit geltend gemacht, setzt dies voraus, daß es an dieser Stelle personelle Einschnitte nach der Zusammenlegung zu erwarten sind. Diese können aber kaum überraschen, denn auch die großen Gerichte in der ordentlichen Gerichtsbarkeit

434 *Jung*, SGb 2000, 149, 152; eingeschränkt auch *Bertrams*, NWVBl. 1999, 245, 252.

435 *Verstegen*, in: *Pitschas*, Die Reform der Verwaltungsgerichtsbarkeit, S. 173, 181.

436 *Franke*, ZRP 1997, 333, 335.

437 *Franke*, ZRP 1997, 333, 335; im Rahmen der Diskussion um die Integration der Verwaltungsgerichtsbarkeiten in die ordentliche Gerichtsbarkeit *Arndt*, DRiZ 1950, 229, 231.

werden seit jeher durch einen Präsidenten sowie dessen Vertreter geleitet. So gibt es auch keinen Grund, dies bei einer vereinigten Verwaltungsgerichtsbarkeit anders zu handhaben. Dies führt dazu, daß sich die Zahl der Präsidenten und Vizepräsidenten beziehungsweise Direktoren entsprechend reduzieren würde, was wiederum eben solche Konsequenzen bei den dazugehörenden Verwaltungsapparaten nach sich ziehen würde[438]. Dem wird zwar entgegengehalten, außerhalb des staatlichen Bereichs hätte sich längst die Einsicht durchgesetzt, daß kleinere Einheiten besonders effektiv arbeiten würden, so daß in der Sozialgerichtsbarkeit nichts für eine der ordentlichen Gerichtsbarkeit entsprechenden Leitungsstruktur spreche[439]. Diese Aussage mag in Bezug auf den außerstaatlichen Sektor bezogen richtig sein, doch ist der Vergleich schief. Denn es müßten nicht Verwaltungsstrukturen, sondern operative Einheiten miteinander verglichen werden. Operative Einheiten, wenn man an dem Begriff in diesem Zusammenhang überhaupt festhalten will, sind in den Gerichtsbarkeiten jedoch die Spruchkörper, nicht aber die Leitungsstruktur. Insofern paßt es nicht zusammen, wenn dieselben die eine Beibehaltung der Beteiligung von Laienrichtern fordern gleichzeitig schlanke Einheiten zum Postulat einer effektiven Rechtsprechung erheben. Dies zeigt aber, daß es bei der Diskussion des Zuschnitts der Rechtsprechungsorganisation nicht selten um eine Verteidigung des status quo geht, die oftmals nicht an sachlichen Kriterien orientiert und schon deshalb nicht ohne weiteres einleuchtend ist.

Ein in Zusammenhang mit den den Gerichten übergeordneten Verwaltungsapparaten zu erörternder Aspekt der Zusammenfassung der Verwaltungsgerichtsbarkeiten ist die zwangsläufig eintretende Notwendigkeit, die Ressortierung der vereinigten Verwaltungsgerichtsbarkeit zu regeln. Gemäß § 38 SGG auf Bundesebene sowie in verschiedenen Bundesländern nach dem jeweiligen Landesrecht wird die Zuständigkeit für die Sozialgerichtsbarkeit den entsprechenden Sozialministerien zugeordnet. In Bayern wird darüber hinaus die Zuständigkeit für die Finanzgerichtsbarkeit beim Bayerischen Staatsministerium der Finanzen und die Zuständigkeit für die Verwaltungsgerichtsbarkeit beim Bayerischen Staatsministerium des Inneren angesiedelt[440]. Unter anderem diese Ressortverschiedenheit wird für unnötige divergierende Entwicklungen der drei öffentlich-rechtlichen Gerichtsbarkeiten verantwortlich gemacht[441], während sich andererseits durch ein sogenanntes Rechtspflegeministerium der Verwaltungsaufwand für die den Gerichtsbarkeiten übergeordnete ministerielle Verwaltung wesentlich verringern ließe[442].

Verhehlt werden darf dabei jedoch nicht, daß die Richterschaft in der bayerischen allgemeinen Verwaltungsgerichtsbarkeit mit der Zuordnung sehr zufrieden ist, insbesondere weil davon ausgegangen wird, daß das bayerische Staatsministerium des Inneren wesentlichen Anteil an der als gut bezeichneten Ausstattung der dortigen Verwaltungsgerichte hat. Des weiteren wird die Praxis in der bayerischen allgemeinen Verwaltungsgerichtsbarkeit, nach Ablauf der Probezeit der Verwaltungsrichter diese grundsätzlich für einige Jahre in die allgemeine Landesverwaltung zu versetzen und sie erst

438 So auch *Arndt*, DRiZ 1957, 198, 201.
439 *Jung*, SGb. 2000, 149.
440 *Leutheusser-Schnarrenberger*, in: Festschrift für *Klein*, S. 993, 998 f.
441 *Glücklich*, SGb. 1970, 161; *Cartellieri*, BB 1953, 1021, 1022 f.
442 *Funke*, DRiZ 1998, 120, 123.

danach, nunmehr als Richter auf Lebenszeit, wieder in der Verwaltungsgerichtsbarkeit zu verwenden, für sehr empfehlenswert gehalten.

Fraglich ist daher, ob die derzeitige Regelung bei einer Vereinigung der allgemeinen Verwaltungsgerichtsbarkeit sowie der Finanz- und der Sozialgerichtsbarkeit Bestand haben könnte oder welchem Ministerium die aus der Zusammenfassung resultierende Verwaltungsgerichtsbarkeit zuzuordnen wäre.

Die Beantwortung dieser Frage hängt vom Aufgabenspektrum der Ministerialverwaltung ab. Den Ministerien obliegt zunächst, die erforderlichen sachlichen und persönlichen Mittel für eine geordnete Rechtspflege unter Berücksichtigung der haushaltsrechtlichen Bindungen zur Verfügung zu stellen. Hiervon wird insbesondere auch die Verpflichtung umfaßt, diese organisatorischen Voraussetzungen mittels einer nachhaltigen Personalwirtschaft zu erreichen. Des weiteren wird zu den Aufgaben der Ministerialverwaltung die Dienstaufsicht sowie die fortwährende Analyse der Struktur der Gerichtsbarkeiten und des Prozeßrechts mit dem Ziel, beides weiterzuentwickeln, gezählt[443].

Bei der wichtigen Aufgabe der kontinuierlichen und nachhaltigen Personalentwicklung ist zu berücksichtigen, daß politische oder andere nicht fachliche Kriterien sich umso stärker bei der Auswahl und Beförderung niederschlagen, je kleiner das Personal des dem Ressort anvertrauten Gerichtszweiges ist[444]. Auch dies ist eine Frage der Qualität der Personalauswahl und Personalentwicklung, zumal sich die Notwendigkeit einer qualitativ hochwertigen Personalentwicklung von selbst versteht. So wird ein gut besetztes Gericht auch mit einer schlechten Verfahrensordnung zu richtigen Ergebnissen gelangen, während einem schlechten Gericht selbst die beste Verfahrensordnung nichts nützen wird[445].

Wie oben dargestellt, sollen insbesondere in den Bereichen der Bewirtschaftung der Gerichte und der Personalwirtschaft Synergieeffekte genutzt werden. Da vor allem die Gewinnung und Weiterentwicklung richterlichen Personals eine aufwendige Aufgabe ist, die der Ministerialverwaltung obliegt, liegt hier ein großes Potential für Einsparungen. Würde man nun die vereinigte Verwaltungsgerichtsbarkeit mehreren Ressorts zuordnen, wäre ein erhöhter Aufwand für Abstimmungsprozesse zwischen den zuständigen Ministerien erforderlich, wobei schon zweifelhaft ist, inwieweit Zuständigkeiten sachgerecht aufeinander abgestimmt oder voneinander abgegrenzt werden können. Wenn nämlich ein wesentlicher Aspekt der Vereinigung der Verwaltungsgerichtsbarkeiten die Loslösung von den hergebrachten Strukturen unter Aufgabe der Aufspaltung des Verwaltungsrechts in drei große öffentlich-rechtliche Rechtsgebiete ist, kann im Grunde zwischen verschiedenen Ministerien auch keine voneinander abgegrenzte Aufgabenwahrnehmung vorgenommen werden. Zwar könnte und würde es für verschiedene Bereiche des bisher der Finanz- oder der Sozialgerichtsbarkeit zugeordneten Verwaltungsrechts Fachsenate oder Fachkammern geben, doch gehört weniger die inhaltliche als vielmehr die personelle Führung der Richter unter Beachtung der durch Art. 97 GG vorgezeichneten Grenzen zu den Aufgaben der Ministerialverwaltung. Dies führt dazu, daß bei einer gespaltenen Ressortierung der vereinigten Verwaltungsgerichtsbarkeit eine gemeinsame Personalführung nur möglich wäre, wenn regelmäßig das Einvernehmen

443 *Leutheusser-Schnarrenberger*, in: Festschrift für *Klein*, S. 993, 995.

444 *Scheuner*, DÖV 1953, 517, 523; ebenso *Arndt*, DRiZ 1957, 198, 201.

445 *Ule*, JZ 1953, 681, 686.

zwischen den beteiligten Ministerien herbeigeführt werden müßte, wobei der hierfür zu veranschlagende Verwaltungsaufwand nicht unterschätzt werden darf.

Demzufolge wäre eine geteilte Ressortierung der vereinigten Verwaltungsgerichtsbarkeiten nicht sachgerecht, so daß sich als nächstes das Problem stellt, welchem Ministerium sie dann zuzuordnen ist. Wie dargestellt, kommen hierfür – wenn man den von Bayern eingeschlagenen Sonderweg außer Acht läßt – die jeweiligen Justizministerien oder aber die Sozialministerien in Betracht. Die Justizministerien sind bisher schon für die ordentliche Gerichtsbarkeit, teilweise auch für die Arbeitsgerichtsbarkeit zuständig. Insofern würde eine Zuordnung der neugestalteten Verwaltungsgerichtsbarkeit zum jeweiligen Justizministerium den Vorteil haben, daß dort schon eine große Kompetenz in allen Fragen des Umgangs mit einer großen nachgeordneten Gerichtsbarkeit besteht. Auch würde bei einer Zuordnung zu den jeweiligen Justizministerien die personelle »Durchlässigkeit« zwischen den Gerichtsbarkeiten erhöht werden, da ein Dienstherr für beinahe alle Gerichtsbarkeiten zuständig wäre[446]. Würde eine Zuordnung zum jeweiligen Sozialministerium vorgenommen werden, wäre regelmäßig das Gegenteil der Fall. So gibt es mit Ausnahme des Umstandes, daß die Sozialministerien zur bisherigen Sozialgerichtsbarkeit die engere Verbindung haben auch keine Gründe, die für eine Anbindung der vereinigten Verwaltungsgerichtsbarkeiten an die Sozialministerien sprechen.

Zu berücksichtigen ist ferner, daß die Ministerien vielfach auch als Erprobungsstelle für Richter fungieren, die für eine Beförderung in Betracht kommen[447]. Während bei der bisherigen Situation vielfach für jede Gerichtsbarkeit ein Ministerium in Betracht kommt, würde sich diese Zahl bei der Zuordnung der vereinigten Verwaltungsgerichtsbarkeit zu einem Ministerium zunächst auf eben dieses reduzieren. Dies würde eine Einschränkung der Erprobungsmöglichkeiten bedeuten. Vor dem Hintergrund, daß Abordnungen hauptamtlich, planmäßig und endgültig eingestellter Richter, und nur diese kommen für eine Erprobung zum Zwecke der Feststellung der Eignung zur Beförderung in Frage, jedoch nur einverständlich erfolgen können, könnten weiterhin Abordnungen in die Geschäftsbereiche der Finanz- sowie Arbeits- oder Sozialministerien unter Vereinbarung eines Rückkehrrechts erfolgen, wenn dies unter den dann gegebenen Umständen für sinnvoll erachtet wird. Im Hinblick auf die in Bayern übliche Erprobung der Verwaltungsrichter in der Landesverwaltung wäre dies auch bei einer Zuordnung der vereinigten Verwaltungsgerichtsbarkeit zum Bayerischen Staatsministerium der Justiz unter den soeben genannten Prämissen im Wege der Abordnung möglich.

Soweit die gute Ausstattung der bayerischen Verwaltungsgerichtsbarkeit damit begründet wird, daß hinter dieser das Bayerische Staatsministerium des Inneren stehe, kann dies nicht als Argument gegen eine andere Zuordnung nutzbar gemacht werden. Die Ausstattung der jeweiligen Gerichtsbarkeiten erfolgt in Verantwortung der Bayerischen Staatsregierung bei Berücksichtigung der fachlichen Notwendigkeiten unter politischen Gesichtspunkten. Es ist aber nicht ersichtlich, daß sich die Kriterien der politischen Gewichtung einer Gerichtsbarkeit und der damit im Zusammenhang stehenden Ausstattung der bayerischen allgemeinen Verwaltungsgerichtsbarkeit zwangsläufig und aus sachlichen Gründen verschieben, weil innerhalb der Bayerischen Staatsregierung nicht mehr das Staatsministerium des Inneren, sondern das Staatsministerium der Justiz

446 *Leutheusser-Schnarrenberger*, in: Festschrift für *Klein*, S. 993, 1007.
447 *Bertrams*, NWVBl. 1999, 245, 249.

für die allgemeine Verwaltungsgerichtsbarkeit zuständig ist. Diese Grundsätze lassen sich auch auf vergleichbare Konstellationen in anderen Bundesländern übertragen.

Ein gegen eine Zusammenfassung der bisher drei großen Verwaltungsgerichtsbarkeiten läßt sich hier zumindest nicht feststellen. Aus alledem folgt, daß es nur einen Grund für eine Zuordnung der aus der allgemeinen Verwaltungsgerichtsbarkeit sowie aus der Finanz- und Sozialgerichtsbarkeit zusammengefaßten Verwaltungsgerichtsbarkeit zu den jeweiligen Sozialministerien gibt, viele gute Gründe aber für eine Zuordnung zu den Justizministerien sprechen. Daher würde letztere auch den dargestellten Ansätzen und Ansprüchen einer vereinigten Verwaltungsgerichtsbarkeit am ehesten gerecht.

### b. Größere personelle Flexibilität

Wird eine größere personelle Flexibilität als Argument für eine Vereinheitlichung der Verwaltungsgerichtsbarkeiten ins Feld geführt, muß zuvor die gegebene Personalstruktur der zur Zeit noch dreigeteilten Verwaltungsgerichtsbarkeit untersucht werden.

Hierbei ist festzustellen, daß an den Gerichten einerseits Richter und andererseits Beamte sowie Verwaltungsangestellte und Arbeiter beschäftigt sind. Während letztere aber als Beamte des Bundes oder der Länder, beziehungsweise als Angestellte und Arbeiter im öffentlichen Dienst, grundsätzlich dem Direktionsrecht ihres Dienstherren beziehungsweise ihres Arbeitgebers unterliegen, genießen Richter gemäß Art. 97 Abs. 2 GG – wie ausgeführt – grundsätzlich den Status der Inamovibilität[448]. So dürfen hauptamtlich und planmäßig endgültig angestellte Richter aufgrund der ihnen zukommenden persönlichen Unabhängigkeit nicht vor Ablauf ihrer Amtszeit gegen ihren Willen des Amtes enthoben werden, es sei denn, die gesetzlichen Voraussetzungen für eine solche Entscheidung, die ihrerseits nur durch einen Richter getroffen werden kann, liegen vor[449]. Dabei erstreckt sich dieser weitreichende Schutz der persönlichen Unabhängigkeit nicht nur auf Amtsenthebungen. Ebenso werden hauptamtliche Richter die planmäßig und endgültig angestellt sind, durch Art. 97 Abs. 2 GG vor Versetzungen geschützt[450].

Während die hohen Hürden für Amtsenthebungen in der Praxis keine Rolle spielen, da nur in sehr seltenen Fällen und dann zumindest nicht aus Gründen struktureller Veränderungen in der Organisation der Justiz ein Bedürfnis für solche Maßnahmen bestand, kann sich die Beschränkung der Versetzbarkeit mit der Folge, daß Richter nahezu unversetzbar sind, unter organisatorischen Gesichtspunkten als mißlich erweisen. Des weiteren kann auch vor dem Hintergrund, daß die strukturellen Schwierigkeiten in der Verwaltungsgerichtsbarkeit, wie oben ausführlich erörtert, nicht an der Richterschaft festzumachen sind, kein Interesse an einer Aushöhlung von Art. 97 Abs. 2 GG bestehen.

Dem steht jedoch nicht entgegen, dennoch den derzeitigen Zustand zu überdenken und den wirtschaftlichen Wert dieser größeren Flexibilität zu betonen. Dabei kann es nicht darum gehen, durch die Geschäftsverteilung die inhaltliche Arbeit der Gerichte, also die Rechtsprechung einzelner Richter zu steuern und so den Gehalt von Art. 97 Abs. 2 GG durch organisatorische Maßnahmen zu unterlaufen, was den bisherigen Aus-

---

448 *Detterbeck*, in: *Sachs*, GG, Art. 97, Rn. 22.

449 *Meyer*, in: *von Münch/Kunig*, GG, III, Art. 97, Rn. 29.

450 *Detterbeck*, in: *Sachs*, GG, Art. 97, Rn. 22.

führungen entsprechend weder wünschenswert noch verfassungsrechtlich vertretbar wäre und somit ausgeschlossen ist[451]. Dabei dürfen Fragen der Sinnhaftigkeit der Reformierung der Verwaltungsgerichtsbarkeiten nicht mit Fragen der Vereinbarkeit mit Verfassungsrecht vermischt werden. Es stellt sich daher allein die Frage, inwieweit die richterliche Unabhängigkeit durch eine Verbesserung und gegebenenfalls auch Vereinheitlichung der Verwaltungsorganisation beeinträchtigt wird[452]. Solange die organisatorischen Maßnahmen der beschriebenen Art also nicht in die inhaltliche Arbeit der Richter eingreifen, ist auch keine Beeinträchtigung der richterlichen Unabhängigkeit zu erwarten. Darüber hinaus gibt es auch keine Hinweise darauf, daß Verbesserungen der Geschäftsabläufe und Umstrukturierungen der Organisation der Rechtsschutzgewährung in der Verwaltungsgerichtsbarkeit sich auf die richterliche Unabhängigkeit auswirken[453].

Als weiterer Aspekt einer gesteigerten Flexibilität ist darüber hinaus die Möglichkeit zu sehen, im Bereich der Steuerstreitigkeiten nicht mehr auf der obergerichtlichen Ebene Richter auf Probe oder Richter kraft Auftrags einsetzen zu müssen, die teilweise keinerlei richterliche Erfahrungen sammeln konnten, wie es in der Finanzgerichtsbarkeit auf der Ebene der Finanzgerichte der Fall ist[454]. Vielmehr könnten die mit abgabenrechtlichen Streitigkeiten befaßten Richter zunächst wie ihre Kollegen in die richterliche Tätigkeit eingeführt werden und sich dann entsprechend spezialisieren. Dies würde auch der allseits bei hohen Spezialisierungsgraden festzustellenden Gefahr, daß mit fortschreitendem Grad der Spezialisierung der Blick für das Ganze verlorengeht[455], entgegenwirken. In diesem Zusammenhang ist nämlich auch zu beachten, daß sich der Geschäftsanfall zwischen den einzelnen Materien, insbesondere aus politischen oder wirtschaftlichen Gründen, im Zuge von gesamtgesellschaftlichen Entwicklungen, verschieben kann[456].

Ebenso gilt, daß wie schon bei einer einheitlichen Ressortierung der gesamten Justiz im Falle einer Vereinigung der drei großen öffentlich-rechtlichen Gerichtsbarkeiten auch die »Durchlässigkeit« in der Verwaltungsgerichtsbarkeit steigt[457], so daß gerade den bereits genannten Auswirkungen von Schwankungen in der Geschäftsbelastung leichter begegnet werden könnte, wenn infolge der Zusammenfassung der Verwaltungsgerichtsbarkeiten die Geschäfte unter einer größeren Richterschaft verteilt und so immer wieder zu verzeichnende Schwankungen in der Geschäftsbelastung ausgeglichen werden können[458]. Dabei ist davon auszugehen, daß von der dann gewonnenen Flexibilität sachgerecht Gebrauch gemacht werden würde, mit der Folge, daß die Präsidien die umfassenderen Verwendungsmöglichkeiten zweckentsprechend, also zur Reduzierung von Schwankungen in der Geschäftsbelastung und zur Schaffung einer mehr in die breite gehenden Qualifikation in der Richterschaft nutzen würden und dies vielleicht

451 *BVerfG*, Beschl. v. 25.02.1964 – 2 BvR 411/61 – BVerfGE 17, 252, 259 f.
452 *Papier*, NJW 2001, 1089, 1094.
453 *Jöhnk*, SchlHA 1996, 169, 172.
454 *Wannagat*, ZRP 1980, 119, 123.
455 *Arndt*, DRiZ 1957, 198, 199.
456 Anschaulich hierzu. *Finkelnburg*, LKV 2001, 337, 339.
457 *Leutheusser-Schnarrenberger*, in: Festschrift für *Klein*, S. 993, 1007.
458 *Kern*, DRiZ 1956, 214, 224; So auch *Arndt*, DRiZ 1950, 229, 231 im Rahmen der Diskussion um die Integration der Verwaltungsgerichtsbarkeiten in die ordentliche Gerichtsbarkeit.

auch der, oft beschworenen, Rechtseinheit zu Gute kommen[459]. Zumindest könnte aber der Blick für das Ganze geweitet werden. Schon heute spielt die Rotation innerhalb der jeweiligen Gerichtsbarkeit eine für die Personalentwicklung wichtige Rolle, wenn sie auch aufgrund des verhältnismäßig engen Zuschnitts aller drei großen Verwaltungsgerichtsbarkeiten nur schwierig zu bewerkstelligen ist. Aber gerade dies ist ein weiterer Beweis für die Notwendigkeit einer höheren Flexibilität[460].

### c. Beschränkung der Flexibilität aufgrund divergierender Qualifikation

Grundlage der These, die nach der Zusammenfassung der Verwaltungsgerichtsbarkeiten größeren Gerichte böten auch ein größeres Maß an Flexibilität bei der Verwendung der Richter, ist die Überlegung, daß die Qualifikation der Richter an Verwaltungsgerichten und den Sozialgerichten sowie an den Oberverwaltungs-, den Finanz- und den Landessozialgerichten und schließlich auch an den Bundesgerichten grundsätzlich jeweils gleichwertig ist. Dies folgt zum einen aus der identischen, an den §§ 5 ff. DRiG orientierten, Ausbildung der Richter, des weiteren an den unabhängig von der späteren Verwendung übereinstimmenden Beurteilungsmaßstäben bei der Verwendung als Proberichter und findet letztlich auch seinen Niederschlag in der gleichen besoldungsrechtlichen Eingruppierung. Schließlich spiegelt es sich in den dienstlichen Beurteilungen sowie gegebenenfalls nachfolgenden Rechtsstreitigkeiten wider[461].

Die Ausbildung zum Einheitsjuristen wird vor allem durch § 5 b DRiG, aber auch durch § 5 a DRiG sichergestellt. Im juristischen Vorbereitungsdienst soll dem geprüften Rechtskandidaten die Fähigkeit vermittelt werden, das theoretisch erlernte Wissen in der Rechtspraxis unter gleichzeitiger Vertiefung der Kenntnisse und Wahrung der wissenschaftlichen Gesamtausbildung zweckmäßig einzusetzen. Dabei erstreckt sich die Ausbildung sowohl auf alle Rechtsgebiete, als auch auf alle großen juristischen Berufsfelder[462]. Diese Regelungen korrespondieren mit § 5 DRiG, der weder zwischen Landes- und Bundesrichtern, noch zwischen Richtern verschiedener Gerichtsbarkeit unterscheidet, vielmehr einheitliche Ausbildungsstandards voraussetzt[463].

Des weiteren sichert § 13 DRiG die umfassende Qualifikation des Richters. So ist es von der Rechtsprechung anerkannt, daß jedes Richteramt im statusrechtlichen Sinne spezifische fachliche und persönliche Fähigkeiten fordert, die während des Probedienstes entwickelt und festgestellt werden sollen sowie gemäß der §§ 10 Abs. 1 und 22 DRiG die Voraussetzungen für die Ernennung zum Richter auf Lebenszeit sind. § 13 DRiG schützt nicht nur den Proberichter vor zweckfremden Verwendungen, er gewährleistet vielmehr auch, daß der Richter auf Probe sich möglichst vielseitig und unabhängig von seiner Zustimmung mit der richterlichen und staatsanwaltschaftlichen Praxis sowie der Tätigkeit der Gerichtsverwaltung vertraut machen kann[464]. Daher gehö-

---

459 *Cartellieri*, BB 1953, 1021, 1023.

460 *Bertrams*, NWVBl. 1999, 245, 249.

461 *VGH Mannheim*, Beschl. v. 19.05.1999 – 4 S 1138/99 – VBlBW 1999, 305, 307; Beschl. v. 22.09.1999 – 4 S 2143/99 – VBlBW 2000, 121, 122; *OVG Schleswig*, Beschl. v. 15.01.1999 – 3 M 61/98 – NVwZ-RR 1999, 417, 420.

462 *Schmidt-Räntsch*, DRiG, § 5 b, Rn. 2 f.

463 *Schmidt-Räntsch*, DRiG, § 5, Rn. 2.

464 *Schmidt-Räntsch*, DRiG, § 13, Rn. 2.

ren auch Verwendungen außerhalb der Rechtsprechung und außerhalb des Gerichtszweiges, in dem der Richter nach Berufung in das Richterverhältnis auf Lebenszeit tätig werden soll, oder außerhalb der Gerichtsstufe, der das Eingangsamt zugeordnet ist, zum Tätigkeitsfeld von Proberichtern[465].

Für neu anzustellende Richter bedeutet dies, daß sie von Beginn ihrer Tätigkeit an mit allen Bereichen der Verwaltungsgerichtsbarkeit vertraut gemacht werden können, damit sie richterliche Erfahrung sowohl in den Bereichen des originären Verwaltungsrechts, als auch im Steuer- und Sozialrecht gewinnen können. Es könnte sich so ein einheitlicher Richtertyp herausbilden[466]. Erst nach ihrer Berufung zum Richter auf Lebenszeit wird sich dann aber eine, auch für die Richterschaft nicht nur wünschenswerte[467], sondern unabdingbare[468], engere Spezialisierung ausbilden, wie es bisher schon in den Verwaltungsgerichtsbarkeiten Praxis ist. Eine vorzeitige Verengung des richterlichen Tätigkeitsschwerpunktes auf ein besonderes Rechtsgebiet ist hingegen aus Gründen der im Berufsleben und für den Dienstherrn nicht minder wichtigen Flexibilität nicht wünschenswert[469], während eine spätere Spezialisierung ihre Verwendbarkeit nicht nachhaltig einschränkt, da die Richter nun im Bedarfsfall auf ihre umfassenderen Erfahrungen als Proberichter zurückgreifen können. So wäre zumindest bei den neu eingestellten Richtern und den noch nicht lange im Dienst befindlichen Richtern von einer planmäßig herbeigeführten breiteren Verfügbarkeit, zumindest aber von einer breiteren Qualifikation als Folge eines intensiveren Austausches mit Kollegen bisher fremder Gerichtsbarkeiten[470], auszugehen. Bei langjährig mit einer eng begrenzten Materie befaßten Richtern mag dies im Einzelfall anders sein, doch wie ausgeführt, ist auch diesem Personenkreis die Einarbeitung in bislang fremde Rechtsgebiete nicht nur zuzumuten, sondern vielmehr auch zuzutrauen[471].

So kann schon heute grundsätzlich davon ausgegangen werden, daß besoldungsrechtlich gleichartig eingruppierten Richterstellen auch ein gleichartiges Qualifikationsprofil zu Grunde liegt, Richter in der gleichen Besoldungsgruppe daher grundsätzlich über einen vergleichbaren Leistungsstand verfügen[472]. Dementsprechend ist auch davon auszugehen, daß es bereits jetzt qualifizierten Richtern verschiedener öffentlich-rechtlicher Gerichtsbarkeiten möglich ist, sich in andere Rechtsgebiete einzuarbeiten und nach der zeitlich begrenzten Einarbeitungsphase die Aufgaben des übertragenen Amtes adäquat zu erfüllen[473]. Demgemäß wären im Falle der Zusammenfassung der

---

465 *BVerwG*, Urt. v. 26.09.1996 – 2 C 39.95 – BVerwGE 102, 81, 84 f.

466 *Kern*, DRiZ 1956, 214, 224; *Arndt*, DRiZ 1957, 198, 200.

467 *BVerfG (2. Kammer des 1. Senats)*, Beschl. v. 22.12.1999 – 1 BvR 1859/97 – NJW 2000, 1325, 1326.

468 *Cartellieri*, BB 1953, 1021, 1023.

469 *Stelkens*, in: *Schmidt-Aßmann/Schoch/Pietzner*, VwGO, § 4, Rn. 31.

470 *Scheuner*, DÖV 1953, 517, 524.

471 *OVG Schleswig*, Beschl. v. 15.01.1999 – 3 M 61/98 – NVwZ-RR 1999, 417, 420.

472 *VGH Kassel*, Beschl. v. 02.07.1996 – 1 TG 1445/96 – NVwZ 1997, 615, 616; *VGH Mannheim*, Beschl. v. 19.05.1999 – 4 S 1138/99 – VBlBW 1999, 305, 307; Beschl. v. 22.09.1999 – 4 S 2143/99 – VBlBW 2000, 121, 122; *OVG Greifswald*, Beschl. v. 16.02.2001 – 2 M 4/01 – NVwZ-RR 2001, 451; abgeschwächt noch *VGH Kassel*, Beschl. v. 26.11.1992 – 1 TG 1792/92 – NVwZ 1993, 282, 283.

473 *OVG Schleswig*, Beschl. v. 15.01.1999 – 3 M 61/98 – NVwZ-RR 1999, 417, 420; ebenso *Arndt*, DRiZ 1957, 198, 201.

Verwaltungsgerichtsbarkeiten keine Einschränkungen aufgrund der Qualifikation der Richter festzustellen, die die durch die Zusammenführung der Verwaltungsgerichtsbarkeiten gewonnene Flexibilität faktisch ausschließen würden.

### 3. Zügigere Rechtsschutzgewährung

Wird die Frage aufgeworfen, ob mit einer Zusammenfassung der Verwaltungsgerichtsbarkeiten auch eine insgesamt zügigere Rechtsschutzgewährung verbunden wäre, gilt es wieder genau zwischen solchen Effekten zu differenzieren, die allein bei einer Verwirklichung des Projekts der Schaffung einer vereinheitlichten Verwaltungsgerichtsbarkeit eintreten würden, und solchen Effekten, die sich auch ohne die Zusammenfassung der Verwaltungsgerichtsbarkeiten erreichen ließen.

In den obigen Ausführungen wurde dargelegt, daß eine Zusammenfassung der Verwaltungsgerichtsbarkeit mit vielfältigen Synergieeffekten in den Bereichen Organisation und Personal verbunden wäre. Allerdings ist damit keine Aussage darüber getroffen worden, inwieweit sich diese auch auf die Rechtsschutzgewährung auswirken, insbesondere ob sie geeignet wären, diese zu verkürzen. Dabei ist zunächst wiederum zu differenzieren, in welcher Weise die Verkürzung der Verfahrensdauer eintreten soll.

#### a. Beseitigung von Rechtswegstreitigkeiten

Im Falle der Zusammenfassung der Verwaltungsgerichtsbarkeiten würden sich Streitigkeiten über die Bestimmung des richtigen Rechtsweg zwischen den dann zusammengeführten Gerichtsbarkeiten erübrigen. Anders verhält es sich hingegen bei der Abgrenzung der Eröffnung des Rechtswegs zur ordentlichen Gerichtsbarkeit einerseits von der Eröffnung des Rechtswegs zur Verwaltungsgerichtsbarkeit andererseits. Hier würde es bei den bisherigen Streitigkeiten bleiben, so daß weiterhin Verzögerungen infolge der umstrittenen Bestimmung des einschlägigen Rechtswegs auftreten könnten. Allerdings spielen Abgrenzungsfragen, ob der Rechtsweg zur allgemeinen Verwaltungsgerichtsbarkeit, zur Finanz- oder aber zur Sozialgerichtsbarkeit eröffnet ist, kaum mehr eine Rolle, da die Spruchpraxis im Laufe der Jahre entsprechende Abgrenzungskriterien entwickelt hat, die es derzeit selten zu entsprechenden Streitigkeiten kommen lassen. Insofern kommt dem Argument, daß eine Zusammenfassung der Verwaltungsgerichtsbarkeiten auch Probleme der Rechtswegbestimmung lösen würde, kaum noch eine Bedeutung zu.

#### b. Allgemeine Verfahrensbeschleunigung

Eine andere Frage ist es, ob eine Zusammenfassung der Verwaltungsgerichtbarkeiten zur allgemeinen Verfahrensbeschleunigung beitragen könnte. Obwohl die beschriebenen Synergieeffekte entsprechende materielle und personelle Ressourcen freisetzen würden, ist damit nicht zwangsläufig auch eine Verfahrensbeschleunigung verbunden. Dies ist in dem Umstand begründet, daß das einzelne Verfahren von einer Neustrukturierung nur begrenzt betroffen wäre. Während sich nämlich die Verbesserungen der wirtschaftlichen Organisation der Rechtsschutzgewährung nur auf die Haushalte von Bund und Ländern auswirken, profitiert der einzelne Rechtsschutzsuchende auch nicht unmittelbar von einer flexibleren Verwendbarkeit der Richterschaft. Allenfalls ist es denkbar, daß im Laufe der Zeit vereinzelt eine konstantere richterliche Kompetenz auch dann festzustellen ist, wenn die Geschäftsverteilung einschneidendere Organisationsveränderungen erforderlich macht. Ob sich dies aber unmittelbar bei der Verfahrensdauer des einzelnen Verfahrens bemerkbar macht, ist wiederum zweifelhaft. Insofern ist auch nicht zu erwarten, daß eine Zusammenfassung der Verwaltungsgerichtsbarkeiten zwangsläufig, unmittelbar oder auch nur meßbar zu einer Beschleunigung der einzelnen Verfahren führt, so daß das Vorhaben insgesamt nicht unweigerlich mit einer zügigeren Rechtsschutzgewährung verbunden wäre, selbst wenn diese insgesamt wesentlich effizienter gestaltet werden würden.

#### 4. Effektivere Rechtsschutzgewährung – Ergebnis

Im Hinblick auf die vorstehenden Erörterungen läßt sich auf die Frage, inwieweit eine Zusammenfassung der Gerichtsbarkeiten zu einer effektiveren Rechtsschutzgewährung führen würde, festhalten, daß insbesondere die Personalbewirtschaftung der gesamten Verwaltungsgerichtsbarkeit hiervon profitieren würde. Vor allem eine breitere Qualifikation der Richterschaft würde bei dieser auch zu einer Leistungssteigerung führen. Des weiteren wäre mit weitreichenden Einsparungsmöglichkeiten im Bereich der Organisation der zusammengefaßten Verwaltungsgerichtsbarkeit zu rechnen. Ob diese Effektivitätssteigerungen über eine Entlastung der Haushalte von Bund und Ländern hinaus auch zu einer meß- oder auch nur nachvollziehbaren Beschleunigung der einzelnen Verfahren führen würde, ist hingegen eher zweifelhaft.

### *IV. Notwendigkeit der Vereinheitlichtlichung der Verfahrensordnungen bei einer Zusammenfassung der Gerichtsbarkeiten*

Zu berücksichtigen ist des weiteren, daß nach dem hier vertretenen Standpunkt im Zuge einer Neustrukturierung der Verwaltungsgerichtsbarkeit eine Vereinheitlichung von VwGO, FGO und SGG – unter Berücksichtigung der dargestellten Einschränkungen – möglich wäre. Inwieweit eine Zusammenfassung von allgemeiner Verwaltungsgerichtsbarkeit sowie Finanz- und Sozialgerichtsbarkeit zu einer einzigen Verwaltungsgerichtsbarkeit durch die Existenz der jeweiligen Verfahrensordnungen behindert werden könnte, ist damit jedoch nicht geklärt. Dabei sind im Falle einer Zusammenfassung der Verwaltungsgerichtsbarkeit zwei Alternativen des Aufeinandertreffens von Gerichtsorganisation einerseits und Verfahrensrecht andererseits denkbar. Zum einen könnten die drei Verfahrensordnungen – wie oben ausgeführt – ebenfalls zusammengefaßt werden, zum anderen ist zu prüfen, ob sie in ihrer bisherigen Form beibehalten werden könnten.

#### 1. Beibehaltung von VwGO, FGO und SGG unter gleichzeitiger Zusammenfassung der großen Verwaltungsgerichtsbarkeiten – Allgemeine Erwägungen

Bei der Prüfung der Frage, ob eine Zusammenfassung der drei großen Verwaltungsgerichtsbarkeiten unter gleichzeitiger Beibehaltung von VwGO, FGO und SGG möglich wäre, ist zunächst das Hauptziel das mit dem Vorhaben der Vereinheitlichung der Gerichtsbarkeiten verfolgt werden soll, maßstabbildend. Prüfungsschwerpunkt ist daher, inwieweit sich Beibehaltung oder Vereinheitlichung von VwGO, FGO und SGG im Falle der Zusammenfassung der Verwaltungsgerichtsbarkeiten auf eine effektivere Rechtsschutzgewährung auswirken würden.

Infolge der Verwobenheit von Gerichtsbarkeit und zugehörender Verfahrensordnung könnten Systembrüche eher vermieden werden, wenn es zu einer Gesamtlösung kommen würde. Zwar kann die conclusio des im Rahmen der Erörterung der Frage, ob es möglich ist die Verfahrensordnungen unter Beibehaltung der verschiedenen Gerichtsbarkeiten zu vereinheitlichen, erörterten Arguments, eine solche Vorgehensweise verbiete sich, da ansonsten die vereinheitlichte Verfahrensordnung in jeder Gerichtsbarkeit verschieden ausgelegt werden würde[474], nicht zum Tragen kommen. Hier wäre nämlich die umgekehrte Situation gegeben, die unterschiedlichen Verfahrensordnungen würden in einer Gerichtsbarkeit zur Anwendung gebracht und deshalb innerhalb einer Gerichtsbarkeit ausgelegt werden. Es bestände aber die Gefahr, daß im Falle der Beibehaltung der verschiedenen Verfahrensordnungen die gewonnenen Effizienzsteigerungen im personellen Bereich durch eine verstärkte Belastung mit verschiedenen Verfahrensordnungen aufgezehrt werden würden. So sollte es, wie ausgeführt, möglich sein, Belastungsspitzen durch eine geschickte Geschäftsverteilung zumindest abzufedern. Dies würde es aber eventuell erfordern, Spezialmaterien auf Spruchkörper zu verteilen. Eine Geschäftsverteilung die sich daran orientiert, welcher Spruchkörper welches Verfahrensrecht anwendet, kann dabei nicht sinnvoll sein. So könnte es auch dazu kommen, daß ein Senat überwiegend mit einer Verfahrensordnung befaßt wäre, für eine geringe Anzahl von Verfahren aber darüber hinaus eine weitere Verfahrensordnung anzuwenden hätte.

An dieser Stelle verbietet es sich das Gegenargument anzuführen, im Asylrecht sei der befürchtete Mißstand gängige Praxis. Schon heute nämlich sind in der allgemeinen Verwaltungsgerichtsbarkeit nahezu alle Spruchkörper mit Asylsachen und damit auch mit dem AsylVfG befaßt. Darüber hinaus sind auch in verschiedenen anderen Verfahren spezielle Vorschriften für das Verwaltungsprozeßrecht anzuwenden. Wie im Hinblick auf eine Vereinheitlichung der Verfahrensordnungen jedoch schon ausgeführt, ist der Zwang, unterschiedliches Prozeßrecht innerhalb einer Gerichtsbarkeit anzuwenden, ein besonderer Hemmschuh für eine effektive Rechtsschutzgewährung, selbst wenn man sich in der Praxis mit dem Umgang mit derartigen Konstellationen arrangiert. Deshalb darf nicht der Schluß gezogen werden, der eingespielte Umgang mit einer vermeidbaren Fehlentwicklung mache ihre Beseitigung entbehrlich. Gerade weil die Situation des Asylrechtsverfahrensrechts im überwiegenden Maße als Mißstand[475] infolge zahlreicher Fehlentwicklungen erachtet wird, kann das Asylprozeßrecht und dessen Handhabung nicht als Argument für eine Anwendung verschiedener Verfahrensordnungen innerhalb einer Gerichtsbarkeit nutzbar gemacht werden.

Gleichwohl zeigt die Praxis, daß man die Hürden des unterschiedlichen Verfahrensrechts grundsätzlich nehmen kann, wie sie auch schon jetzt in der allgemeinen Verwaltungsgerichtsbarkeit insbesondere in Bezug auf das AsylVfG genommen werden. Insofern wäre auch allein eine Zusammenfassung der drei großen Verwaltungsgerichtbarkeiten ein Teilerfolg, wenn man nur die hiermit verbundenen Synergieeffekte berücksichtigt. Es würde allerdings merkwürdig anmuten, wenn innerhalb einer Gerichtsbarkeit für Rechtsbereiche, durch die der Geschäftsanfall ganz maßgeblich bestimmt wird, unterschiedliche Verfahrensordnungen anzuwenden sind. Daß etwas »merkwürdig an-

---

474 *Rößler*, BB 1982, 1621.
475 *Atzler*, NdsVBl. 2001, 111, 113.

mutet«, ist aber kein rechtliches Argument und kann daher auch in der Diskussion über eine angemessene Organisation im Zuge einer Neugliederung des verwaltungsgerichtlichen Rechtsschutzes kaum zur Geltung gebracht werden. So kommt es darauf an, ob andere überwiegende Gründe dafür sprechen, im Zuge einer Zusammenfassung der drei großen Verwaltungsgerichtsbarkeiten auch die Verfahrensordnungen zu vereinheitlichen.

### 2. Problematik der Zuweisung der Streitigkeiten an die jeweiligen Spruchkörper – Gerichtsverfassungsrechtliche Aspekte

Es müßten aber ohnedies verschiedene Normen unbedingt einander angeglichen, insbesondere aber die Zuweisung der Streitigkeiten an die jeweiligen Spruchkörper neu geregelt werden, würde man die unterschiedlichen Verfahrensordnungen beibehalten.

Hiernach entscheidet sich nämlich, nach welchen Kriterien die verschiedenen Verfahrensordnungen auf das unterschiedliche materielle Recht anzuwenden sind. Bisher wird dies durch die §§ 40 Abs. 1 VwGO, 33 FGO und 51 SGG bestimmt, die der jeweils zu ihnen gehörenden Gerichtsbarkeit konkret ihr Aufgabenspektrum zuweisen. Bisher stellt sich das Problem nicht, weil das anzuwendende Verfahrensrecht sich in der ganz überwiegenden Zahl der Fälle nach der Zuordnung zur jeweiligen Gerichtsbarkeit bestimmt. Insofern müßten zumindest die die Zuweisung regelnden Normen angeglichen und dabei ein einheitlicher Zuweisungsmodus gefunden werden, würden doch die drei Gerichtsbarkeiten bei der Verwirklichung dieses Modells nicht mehr existieren. Es müßte also in allen drei Verfahrensordnungen gleichlautend geregelt werden, welches Verfahrensrecht bei welcher Streitigkeit anzuwenden ist. Dies gilt insbesondere auch für die den Finanzgerichten zugeordneten Verfahren, die dann das vereinheitlichte Obergericht zuständig sein müßte. Dies im Prozeßrecht zu regeln, wäre nach einer Zusammenfassung der großen Verwaltungsgerichtsbarkeiten aber kaum mehr möglich, da man nicht mehr auf die Generalklauseln zurückgreifen könnte. Infolgedessen müßte man zu jeder materiell-rechtlichen Bestimmung hinzufügen, welches Prozeßrecht anzuwenden ist, was aber wenn schon nicht unmöglich, so doch zumindest ausgesprochen unpraktikabel ist.

Darüber hinaus würde es ebenfalls Schwierigkeiten bei der Besetzung der Spruchkörper im Falle der Vereinheitlichung geben. Geht man nämlich unter Zugrundelegung der Ausführungen zu den Möglichkeiten der Vereinheitlichung der Verfahrensordnung der drei großen öffentlich-rechtlichen Gerichtsbarkeiten davon aus, daß die Organisation des Verfahrens einschließlich der Besetzung der Gerichte in diesen geregelt wird, sind zwar gerichtsverfassungsrechtliche Aspekte bei der Erörterung der für und wider eine Zusammenfassung der drei großen Verwaltungsgerichtsbarkeiten sprechenden Gründe nicht von Bedeutung. Dies macht allerdings wieder deutlich, daß eine Beibehaltung der Verfahrensordnungen im Falle einer Zusammenfassung der Gerichtsbarkeiten kaum in Frage kommt, denn würde nicht nur eine allumfassende Zuordnung des materiellen Rechts zum jeweiligen Verfahrensrecht Schwierigkeiten bereiten. Darüber hinaus müßte auch noch in unterschiedlichen Besetzungen getagt werden, was überdies den Integrationsprozeß unmittelbar nach der Zusammenfassung erschweren würde.

Vor diesem Hintergrund ist von der praktischen Notwendigkeit einer Verfahrensordnung für sämtliche Streitigkeiten, die in der zusammengefassten Verwaltungsgerichtsbarkeit verhandelt werden, auszugehen.

### 3. Integrationskraft einer insgesamt vereinheitlichten Verwaltungsgerichtsbarkeit

Schließlich darf auch die Integrationskraft nicht unterschätzt werden, die eine einheitliche Verfahrensordnung innerhalb der Richterschaft bewirkt. Würden die bisherigen unterschiedlichen Verfahrensordnungen beibehalten werden, bliebe es auch im Falle der Vereinheitlichung der großen Verwaltungsgerichtsbarkeiten zumindest bei den bereits im Dienst befindlichen Richtern, die die unterschiedlichen Verfahrensordnungen anzuwenden hätten, bei der bisherigen Trennung. Dies käme der Zusammenführung der Gerichtsbarkiten aber in keiner Weise zugute.

### 4. Ergebnis

Soweit man also eine Zusammenfassung der Gerichtsbarkeiten erreichen möchte, bedingt dies die Notwendigkeit einer gleichzeitigen Vereinheitlichung der Verfahrensordnungen, soll es nicht zu einem Verlust von in Aussicht genommenen Synergieeffekten kommen. Dies kann vor dem Hintergrund, daß eine Vereinheitlichung der Verfahrensordnungen nach einer Abwägung aller widerstreitenden Argumente für und gegen dieses Vorhaben bereits bei einer Gesamtbetrachtung für positiv befunden wurde, zumindest nicht als Argument gegen eine Zusammenfassung der drei großen Verwaltungsgerichtsbarkeiten gewertet werden. Daher steht die faktische Notwendigkeit der Vereinheitlichung der Verfahrensordnungen der Zusammenfassung der drei großen Verwaltungsgerichtsbarkeiten nicht entgegen.

## *V. Stärkung des Rechts durch eine einheitliche Gerichtsbarkeit*

### 1. Mehrere Gerichtsbarkeiten als Folge der Komplexität des Rechts

Ein anderer Aspekt bei der Abwägung der für und wider einer vereinheitlichten Verwaltungsgerichtsbarkeit sprechenden Überlegungen ist die Frage, ob nicht die Komplexität des Rechts die Aufspaltung der Rechtswege erforderlich macht.

Dies wird damit begründet, daß infolge der Sachnähe der unterschiedlichen Gerichtsbarkeiten zum jeweiligen materiellen Recht eine angemessene Behandlung der Rechtssachen gewährleiste und bei einer Änderung der Gerichtsorganisation auch die Qualität der Rechtsprechung Schaden nehme[476]. Insbesondere das Steuerrecht sei so kompliziert, daß für sie eine eigenständige Gerichtsbarkeit mit einer entsprechend qualifizierten Richterschaft erforderlich sei[477].

Bei einer Auseinandersetzung mit diesen Argumenten ist zunächst in Rechnung zu stellen, daß ein hoher Qualitäts- und Leistungsstandard der Judikative ein unverzichtbares Element eines effektiven Rechtsstaates ist[478]. Träfe die Argumentation daher zu, wäre die Komplexität eine dann im Grunde unüberwindbare Hürde für das Vorhaben der Zusammenführung der drei großen Verwaltungsgerichtsbarkeiten, wenn durch eine Neuorganisation der Rechtsprechung ihre Qualität sinken würde.

Dies hängt aber nicht zwingend mit der Organisation der Rechtsschutzgewährung zusammen. Im übrigen könnte die These, die Kompliziertheit einer bestimmten Materie erfordere eine eigene Gerichtsbarkeit, im Falle ihrer Richtigkeit für nahezu alle (Teil-)

476 *Jung*, SGb 2000, 149, 151.
477 *Offerhaus*, Stbg 1998, 437; *Scheuner*, DÖV 1953, 517, 523.
478 *Tanneberg*, NordÖR 2001, 1, 2.

Rechtsgebiete Geltung beanspruchen[479]. Dabei ist noch zu berücksichtigen, daß es keine allgemeingültige Definition für den Begriff »Rechtsgebiet« gibt, mit der Folge, daß für nahezu jede Materie eine eigene Gerichtsbarkeit gefordert werden könnte, wenn man nur bereit ist, den Begriff »Rechtsgebiet« weit genug herunterzubrechen.

Ausgangsüberlegung der These, aufgrund der Kompliziertheit des Rechts seien verschiedene Verwaltungsgerichtsbarkeiten erforderlich, ist der Gedanke, den Richtern sei es nicht möglich, sich in andere Verwaltungsrechtsmaterien einzuarbeiten, da dies zu kompliziert sei. Dagegen ist, den obigen Ausführungen entsprechend, bei qualifizierten Richtern durchaus die Fähigkeit zu erwarten, sich in für diese fremde Rechtsmaterien einzuarbeiten, insbesondere wenn ihnen ein Kollegialorgan zur Seite steht[480] und wenn derzeit eine unzureichende Verfügbarkeit vereinzelt oder auch im großen Umfang festzustellen sein sollte, wäre dies nur ein weiteres Zeichen der zu konstatierenden Fehlentwicklungen[481]. Hinzu kommt, daß Möglichkeiten, eine entsprechende Qualifikation in der gesamten Verwaltungsrichterschaft zu begründen, dargestellt wurden.

Der Grad der Spezialisierung hat daher weniger etwas mit der Strukturierung der Gerichtsbarkeiten, sondern vielmehr etwas mit der Qualifikation der Richterschaft und der Geschäftsverteilung unter und in den *Senaten* zu tun[482]. So werden vielfach, soweit möglich, Fachkammern und Fachsenate gebildet, deren Pensum überwiegend aus bestimmten Materien besteht. Eine solche Spezialisierung an sich setzt aber schon eine entsprechende Größe des Gerichts und einen entsprechenden Bestand an Richtern voraus[483]. Deshalb sind insbesondere bei den Obergerichten große Einheiten erforderlich, die eine entsprechende Spezialisierung erst möglich machen. Kleinen Gerichten wird es andererseits kaum möglich sein, Spruchkörper mit einer entsprechenden Spezialisierung herauszubilden, da eine ausgeglichene Geschäftsverteilung die Zuweisung der unterschiedlichsten Materien erfordert[484]. Diese Tendenz wurde bei den Obergerichten der allgemeinen Verwaltungsgerichtsbarkeit durch das 6. VwGO-ÄndG, das vielfach zu einer Reduzierung der Anzahl der *Senate* führte, noch verstärkt. Insofern würde sich auch für die einzelnen Spruchkörper als solche im Falle einer Zusammenfassung der Verwaltungsgerichtsbarkeiten nichts wesentlich ändern, sie könnten als Fachkammern oder Fachsenate beibehalten bleiben[485], aber schon die Besetzung könnte flexibler gestaltet werden.

An dieser Stelle einer verstärkten Spezialisierung das Wort zu reden steht auch nicht im Widerspruch zu den obigen Ausführungen, in denen als Argument für eine Zusammenfassung der Verwaltungsgerichtsbarkeiten die Möglichkeit zu einer breiteren Qualifikation der Richterschaft anerkannt wurde. Zum einen ist zu beachten, daß auch nach dem hier vertretenen Ansatz der Personalentwicklung vor der Spezialisierung immer eine fachlich möglichst breit angelegte Einführung in den Richterberuf stehen soll.

479 *Franke*, ZRP 1997, 333, 335 f.

480 *OVG Schleswig*, Beschl. v. 15.01.1999 – 3 M 61/98 – NVwZ-RR 1999, 417, 420.

481 *Franke*, ZRP 1997, 333, 336.

482 *BVerfG*, Urt. v. 13.12.2000 – 1 BvR 335/97 – NJW 2001, 353, 355.

483 *BVerfG* (*2. Kammer des 1. Senats*), Beschl. v. 22.12.1999 – 1 BvR 1859/97 – NJW 2000, 1325, 1326.

484 Hierzu beispielsweise der Geschäftsverteilungsplan des *OVG Bautzen* vom 20.12.2000, SächsVBl. 3/2001, II ff.

485 *Bickel*, ZRP 1984, 57, 61.

Hinzu kommt hierbei, daß gerade eine vor einem breiten juristischen Hintergrund vorgenommene Spezialisierung Fehlentwicklungen vorbeugen kann, die dann eintreten, wenn Spezialisierungen im Gegensatz dazu zu früh vorgenommen werden. Zum anderen aber wird es im Falle einer verstärkten Spezialisierung in der ersten und zweiten Instanz immer auch solche Spruchkörper geben, denen tendenziell ein eher breites Aufgabenspektrum zufällt, da eine speziellere Materie den Spruchkörper zwar nicht auslasten, die Kumulation von zwei oder drei spezielleren Materien jedoch von der Geschäftsbelastung oder aber sachlich nicht passen würde.

Dem steht nicht entgegen, daß eine Spezialisierung einerseits allein von den Richtern abhängt, andererseits aber häufige Wechsel zwischen den Spruchkörpern, wie auch schon derzeit[486], es gerade an der für eine Spezialisierung notwendigen Kontinuität fehlen lassen werden, so daß sich gerade keine Spezialisierung im Spruchkörper ausprägen könne. Dem ist zuzugeben, daß die nach dem Geschäftsverteilungsplan eingerichteten Spruchkörper ohne Richter leere Hülsen sind. Allerdings wird die Kontinuität in der Rechtsprechung zum einen durch die Vorsitzenden der Spruchkörper, die regelmäßig über längere Zeiträume ihren jeweiligen Spruchkörpern zugewiesen werden, gewährleistet. Dementsprechend soll der Vorsitzende auch richtungsweisenden Einfluß auf die Arbeit im Spruchkörper haben[487]. Gleichwohl erscheint es sinnvoll, insgesamt die Verweilzeit in den Spruchkörpern zu erhöhen[488]. Jedoch relativiert sich die scheinbar hohe Fluktuation sofort dann, wenn eine nachhaltige und kontinuierliche Einstellungspolitik betrieben wird, denn es läßt sich kein Konzept zur Verbesserung der Qualifikation und Flexibilität der Mitarbeiter der Justiz verwirklichen, wenn es nicht durch eine entsprechende Personalpolitik unterstützt, sondern vielmehr konterkariert wird.

Eine sogenannte Kompliziertheit des Rechts kann also nicht die Notwendigkeit verschiedener Verwaltungsgerichtsbarkeiten begründen. Wie eine Materie bewältigt wird, hängt allein von der Qualifikation derer ab, die mit ihr umgehen. Sollte es derzeit an der entsprechenden Qualifikation der Richterschaft in der allgemeinen Verwaltungs- sowie der Finanz und der Sozialgerichtsbarkeit fehlen – wovon hier nicht ausgegangen wird – müßte dem dann in geeigneter Weise begegnet werden. Dies können insbesondere entsprechende Maßnahmen der Personalentwicklung, vor allem eben eine an breiten verwaltungsrechtlichen Kenntnissen orientierte Zuweisung zu verschiedenen mit unterschiedlichen Materien befaßten Spruchkörpern, sein. Die sogenannte Kompliziertheit des Rechts stände einer Zusammenfassung der Verwaltungsgerichtsbarkeiten daher nicht entgegen, würde sie vielmehr umso notwendiger machen.

### 2. Eine einheitliche Gerichtsbarkeit als Antwort auf eine wachsende Verrechtlichung der Gesellschaft

#### a. Verrechtlichung der Gesellschaft

Für die in den letzten Jahrzehnten zu verzeichnende große Zunahme verwaltungsgerichtlicher Verfahren wird auch eine wachsende Verrechtlichung der Lebensbereiche und ein nicht minder gestiegenes Bewußtsein des Einzelnen für seine (vermeintlichen)

486 *Reich*, SächsVBl. 2001, 49, 53; *Dammert*, SächsVBl. 2001, 53, 57.

487 *BGH*, Beschl. v. 19.06.1962 – GrSZ 1/61 – BGHZ 37, 210, 212 f.; *Stelkens*, in: *Schmidt-Aßmann/Schoch/Pietzner*, VwGO, § 4, Rn. 35

488 *Dammert*, SächsVBl. 2001, 53, 57.

individuellen Rechte verantwortlich gemacht. Die Folgen seien oftmals neben einem festzustellenden Verlust sozialer Werte eine Verhärtung in der Verfolgung der rechtlichen Interessen, wobei das Gemeinwohl in diesem Zusammenhang oft aus den Augen gelassen werde[489]. So seien in jedem Teilgebiet des Verwaltungsrechts vielfach Streitigkeiten auszumachen, über deren Sinnhaftigkeit sich sicherlich streiten ließe. Aber ungeachtet dessen würden die Entscheidungen der Verwaltung dabei vielfach unabhängig davon, wie sie ausfallen würden, letztlich immer angegriffen werden. Denn die Entlastung der einen Seite führe, geht man davon aus, daß die Zahl der mehrpoligen Rechtsverhältnisse steige, regelmäßig zu einer Belastung der anderen Seite[490]. Dabei verliere der Rechtsschutz seine Funktion, wenn es nicht mehr um die Verteidigung eigener Rechte gehe, sondern nur noch die Grenzen des Rechtsstaates ausgetestet werden sollten[491].

Geht man der Frage nach, inwieweit sich eine Neuorganisation von Verwaltungsgerichtsbarkeit und Verwaltungsprozeß auf die dargestellten Fehlentwicklungen auswirken können, kommt man wiederum zu dem Ergebnis, daß die Ursachen hierfür im materiellen Recht zu suchen sind. Demgemäß kann sich eine wie auch immer geartete Neustrukturierung oder Neuorganisation von Verwaltungsgerichtsbarkeit oder Verwaltungsprozeß auch nur sehr begrenzt auf die materiell-rechtlichen Problemstellungen auswirken, möchte man weiterhin den verfassungsrechtlichen Anforderungen, insbesondere des Art. 19 Abs. 4 GG, gerecht werden. Geht man also von einer zunehmenden Verrechtlichung der Gesellschaft aus, kann man sich dieser nicht allein dadurch entziehen, daß die Organisation des Verwaltungsrechtsschutzes im weitesten Sinne umorganisiert wird, käme dies doch lediglich einer Behandlung von Symptomen gleich, ohne daß sich etwas substanzielles geändert hätte. Auch hilft es nichts, allein aus Gründen der Verfahrensbeschleunigung und der Verwaltungsvereinfachung Verfahrensrechte im Verwaltungsverfahren abzubauen, wenn sich an den materiell-rechtlichen Positionen nichts ändert, führt dies doch nur dazu, daß ungelöste rechtliche und gesellschaftspolitische Konflikte sowie Akzeptanz- und Rechtsschutzprobleme in das Gerichtsverfahren verlagert werden[492]. Demgemäß ist es auch nicht möglich, allein mit dem Verfahrensrecht Konflikte des materiellen Rechts zu lösen[493]. Folglich könnte eine Stärkung des Rechts im Sinne eines Entgegentretens einer zunehmenden Verrechtlichung der Gesellschaft nicht argumentativ für das Vorhaben einer Neustrukturierung der Verwaltungsgerichtsbarkeiten nutzbar gemacht werden.

#### b. Stärkung des Rechts durch Einheit der Rechtsprechungsorganisation

Eine sich in Zusammenhang mit einer Neustrukturierung der Verwaltungsgerichtsbarkeit und insbesondere einer Vereinheitlichung derselben aufzugreifende Thematik ist auch jene, ob eine wie oben dargestellte Vereinheitlichung der Verwaltungsgerichtsbarkeit zu einer Stärkung des Rechts als solchem führen würde. Eine solche Stärkung des

489 *Broß*, in: Festgabe für *Graßhof*, S. 357, 358.
490 *Bertrams*, NWVBl. 1999, 245, 246; *Franßen*, SächsVBl. 1993, 35, 38.
491 *Franßen*, SächsVBl. 1993, 35, 37 f.
492 *Stelkens*, in: *Schmidt-Aßmann/Schoch/Pietzner*, VwGO, § 1, Rn. 47.
493 *Broß*, in: Festgabe für *Graßhof*, S. 357, 358.

Rechts wird damit begründet, daß das Ansehen[494] der gesamten Rechtspflege und dementsprechend auch die Achtung[495] vor ihr im Falle einer Zusammenfassung der Gerichtsbarkeiten steige. Auch die Wege für die Anwaltschaft würden sich entsprechend verkürzen.

Der Gedanke, eine starke, einheitliche Gerichtsbarkeit bewirke einen derartigen Respekt bei den Rechtssuchenden, daß diese nur noch solche Ansprüche verfolgen würden, die auch andere billig und gerecht Denkende verfolgen würden, ist heute eher fernliegend. Er entspringt einer Zeit, in der, auch vor dem Hintergrund der damals noch nicht lange überwundenen nationalsozialistischen Diktatur, richterliche Autorität noch eine andere Bedeutung als in der heutigen Zeit hatte. So überrascht es nicht, daß die Autoren, die diese Argumentation für eine einheitliche Gerichtsbarkeit nutzbar machen wollen, sich ganz überwiegend in den fünfziger und sechziger Jahren des vergangenen Jahrhunderts äußerten und oftmals auch eine allumfassende Gerichtsbarkeit, also nicht nur eine vereinheitlichte Verwaltungsgerichtsbarkeit, forderten.

Das Ziel der Vereinheitlichung der Verwaltungsgerichtsbarkeit darf aber nicht um seiner selbst Willen verfolgt werden. Als Maßstab dürfen nur an der Vorteilhaftigkeit des Rechtsschutzes orientierte Kriterien herangezogen werden. Des weiteren muß eine hohe Wahrscheinlichkeit dafür bestehen, daß diese Kriterien im Falle einer Vereinheitlichung erfüllt werden würden. Es ist jedoch nicht davon auszugehen, daß allein schon die Einheitlichkeit der Gerichtsorganisation zu einem effektiveren Rechtsschutz führt, weil die Rechtssuchenden aufgrund einer zusammengefaßten Organisation der Rechtsprechung nicht davon Abstand nehmen werden, ihre (vermeintlichen) Ansprüche zu verfolgen.

Darüber hinaus darf nicht verkannt werden, daß, wie schon ausgeführt, die Problematik der zunehmenden Verrechtlichung der Gesellschaft, für die auch die Metapher des überbordenden Rechtswegestaates gebraucht wird, weniger am Verfahrensrecht, als an den materiellen Rechtsansprüchen liegt, die die Bürger für sich reklamieren. Wer aber materielle Rechtsansprüche schafft oder aber den Eindruck vermittelt, solche materiellen Rechtsansprüche würden bestehen, kann im Nachhinein nicht die prozessuale Verfolgung dieser (vermeintlichen) Ansprüche kritisieren. Die Gesamtproblematik hat nämlich in der Aufgabenentwicklung der Exekutive[496] sowie im Anspruchsdenken der Gesellschaft ihre Wurzeln, die prozessuale Verfolgung ist nur ein Zeichen für materiell, zumindest scheinbar, ungeklärte Lebenssachverhalte. Insofern kann eine Veränderung der Möglichkeiten der prozessualen Verfolgung dieser (vermeintlichen) Ansprüche nicht darüber hinwegtäuschen, daß im tatsächlichen materiell-rechtliche Fragen weiterhin im Streit stehen. Vor diesem Hintergrund können Änderungen im Prozeßrecht, seien es solche, die das Verfahren an sich betreffen, seien es solche, die die Organisation der Rechtsprechung betreffen, nur die Symptome eines, wenn man es denn so sieht, unstimmig gewordenen Verhältnisses von Rechtsansprüchen einerseits und der Verfolgung dieser Rechtsansprüche andererseits, behandeln. An der grundsätzlichen, materiell-rechtlichen, Problematik ändert das aber nichts.

---

494 *Arndt*, DRiZ 1950, 229, 231 f.; *ders.*, DRiZ 1957, 198, 200; *Cartellieri*, BB 1953, 1021, 1023.

495 *Kern*, DRiZ 1953, 214, 224.

496 *Stelkens*, NWVBl. 1994, 258, 260.

Schließlich kann wiederum auf die obigen Ausführungen zur Vorteilhaftigkeit einer Vereinheitlichung der Verfahrensordnungen verwiesen werden, soweit die Befürworter für eine Zusammenfassung der Verwaltungsgerichtsbarkeiten Argumente in der Diskussion nutzbar machen wollen, die nur für kleine Gruppen praktisch vorteilhaft sind, die Vorteile jedoch nicht den herausgearbeiteten Kriterien der Vorteilhaftigkeit unter dem Gesichtspunkt des Auftrags der Verwaltungsgerichtsbarkeiten entsprechen. Gleiches gilt für Vorteile, die nicht spezifisch mit einer Zusammenfassung der Verwaltungsgerichtsbarkeiten im Zusammenhang stehen.

### 3. Inwieweit wird das Recht durch eine einheitliche Gerichtsbarkeit gestärkt – Ergebnis

Ob das Recht selbst oder die Organisation der Rechtsprechung dadurch gestärkt werden würde, wenn es zu einer Zusammenfassung der großen Verwaltungsgerichtsbarkeiten käme, ist eher zweifelhaft. Die Frage kann aber an dieser Stelle letztlich auf sich beruhen, denn es lassen sich weder beim Recht selbst oder aber der Rechtsprechungsorganisation spezifische Vorteile entsprechend der oben entwickelten Kriterien zur Vorteilhaftigkeit einer Neustrukturierung der Verwaltungsgerichtsbarkeit feststellen. Demzufolge kann man bei der Abwägung der für und wider einer Vereinheitlichung der Verfahrensordnungen sprechenden Aspekte auf die Argumentation, es würde im Falle der Zusammenfassung der Gerichtsbarkeiten zu einer Stärkung des Rechts, zumindest aber zu einer Stärkung der Rechtsprechungsorganisation kommen, nicht zurückgreifen.

## C. Ergebnis der Prüfung der Für und Wider einer Zusammenfassung der Gerichtsbarkeiten sprechenden Gründe

Insgesamt lassen sich als Argumente für eine Zusammenfassung der drei großen Verwaltungsgerichtsbarkeiten Effizienzsteigerungen im gesamten Personalwesen der Gerichte und der Verwaltung – bedingt durch Einsparmöglichkeiten in der Ministerialverwaltung sowie eine weitere Annäherung an das Prinzip der Einräumigkeit der Verwaltung – ausmachen. Des weiteren ist mittel- bis langfristig mit großen Einsparungsmöglichkeiten bei sächlichen Kosten zu rechnen. Insbesondere in den Bereichen Gebäudemanagement, technische Infrastruktur und Beschaffung ist eine nachhaltige Reduzierung der notwendigen Aufwendungen zu erwarten. Es würde sodann von den Entscheidungen der politisch Verantwortlichen abhängen, was aus dem gewonnenen Mehr an Effizienz bei der Rechtsprechung werden würde. Insbesondere würde sich die Frage stellen, ob es zur Entlastung der Haushalte kommen soll oder aber die Effizienzsteigerungen in der Verwaltungsgerichtsbarkeit an den Recht suchenden Bürger durch eine Vermehrung der Richterstellen und eine jedenfalls auch damit verbundene Verfahrensverkürzung zurückgegeben werden sollen.

Dem stehen zunächst erhöhte Belastungen gegenüber, die aus der Zusammenführung der dann zusammengefaßten Gerichtsbarkeiten resultieren werden. Dies betrifft ebenfalls insbesondere die Bereiche Gebäudemanagement und technische Infrastruktur. Hier würden aus strukturellen Gründen für eine Übergangszeit Kosten anfallen, die ohne eine Zusammenfassung der Gerichtsbarkeiten nicht entstehen würden. Für sich genommen können diese Kosten als Gegengründe bezeichnet werden, wobei man aber auch bei einer Saldierung der insgesamt zu erwartenden Ersparnis infolge einer Zusammenfassung der Gerichtsbarkeiten und den während einer Übergangszeit entstehenden Mehrkosten zu dem Ergebnis kommen würde, daß sich eine Zusammenfassung der Gerichtsbarkeiten unter Gesichtspunkten der Effizienz lohnen würde.

Allerdings ist einzuräumen, daß sich die Effzienzsteigerungen ohne weitere politische Maßnahmen als Folge der Effizienzsteigerungen nicht zugunsten des einzelnen Verfahrens auswirken würden, so daß an dieser Stelle keine Gründe für eine Zusammenfassung der Gerichtsbarkeiten festzustellen wären. Doch würden die genannten Effizienzsteigerungen auch nicht zu Lasten der Rechtsschutzqualität des Einzelnen gehen, so daß sich eine Zusammenfassung der drei großen Verwaltungsgerichtsbarkeiten in dieser Hinsicht neutral auswirken würde.

Vor diesem Hintergrund sind alles in allem keine Gründe feststellbar, die gegen eine Zusammenfassung der drei großen Verwaltungsgerichtsbarkeiten zu einer Verwaltungsgerichtsbarkeit sprechen. Dafür würden aber erhebliche Effzienzsteigerungen im Bereich der Organisation der Rechtsschutzgewährung eintreten.

# 7. Kapitel – Auswirkungen aktueller Reformen auf die Möglichkeiten einer Neustrukturierung der Verwaltungsgerichtsbarkeiten

## A. Bedeutung von Gesetzgebungsaktivitäten für die Möglichkeiten einer Neustrukturierung

Das Vorhaben der Neustrukturierung der Verwaltungsgerichtsbarkeit darf allerdings nicht isoliert gesehen werden. Eine Zusammenführung der drei Gerichtsbarkeiten und Vereinheitlichung der zugehörenden Prozeßordnungen würde einen Paradigmenwechsel für den öffentlich-rechtlichen Rechtsschutz bedeuten. Insofern sind aktuelle Entwicklungen in der Rechtsprechung und vor allem in der Gesetzgebung in die Betrachtung mit einzustellen. Es stellt sich dabei insbesondere vor dem Hintergrund aktueller Veränderungen in der VwGO und der FGO die Frage, inwieweit diese sich auf das Vorhaben einer Neustrukturierung der Verwaltungsgerichtsbarkeit auswirken können. Daher muß der Überlegung nachgegangen werden, ob sich durch aktuelle Gesetzgebungsvorhaben die Verhältnisse soweit ändern würden, daß eine Vereinheitlichung in noch weitere Ferne rücken würde, da aufgrund der dann gegebenen Verhältnisse die strukturellen Unterschiede der Gerichtsbarkeiten faktisch nicht zu überbrücken wären.

## B. Das 6. und 7. VwGO-ÄndG

Mehr als vier Jahre sind seit dem Inkrafttreten des 6. VwGO-ÄndG vergangen und selten sah sich eine Änderung des Prozeßrechts so langanhaltender Kritik ausgesetzt[497]. Sicheres Indiz dafür, daß es sich nicht um das regelmäßig auftretende Wehklagen bei der Veränderung bisher gewohnter Rechtsregeln handelte. Die in die VwGO neu eingeführte Zulassungsberufung/Zulassungsbeschwerde, in deren direktem Zusammenhang die Einschränkung der Postulationsfähigkeit steht, kann als die weitgehendste Reformierung durch das 6. VwGOÄndG angesehen werden. Im Zentrum der Auseinandersetzungen stand und stehen daher Zulassungsberufung und Zulassungsbeschwerde. Aber auch im übrigen ist die Neuregelung des Verwaltungsprozeßrechts auch nicht arm an Kontroversen[498]. Inzwischen befindet sich ein Gesetzentwurf der Bundesregierung, ausgearbeitet vom Bundesministerium der Justiz, nach dem die VwGO wiederum verändert werden soll im Gesetzgebungsverfahren. Durch das 7. VwGO-ÄndG sollen danach unter anderem verschiedene Korrekturen vorgenommen werden, die infolge des 6. VwGO-ÄndG notwendig erscheinen. Hier gilt es daher die konkrete Situation der allgemeinen Verwaltungsgerichtsbarkeit im Hinblick auf eine neuerliche Änderung der

---

497 *Stüer/Hermanns*, BayVBl. 2001, 385.

498 *Bader*, DÖV 1997, 442; *Berkemann*, DVBl. 1998, 446; *Schmidt*, NVwZ 1998, 694; *Seibert*, DVBl. 1997, 932; *ders.* NVwZ 1999, 113.

VwGO festzustellen und zu prüfen, inwieweit sich die aktuellen Entwicklungen auf das Vorhaben der Neustrukturierung der Verfahrensordnungen auswirken.

## *I. Ausgangssituation*

Nahezu handstreichartig und im Grunde ohne eine wissenschaftliche Begleitung[499] wurde im Jahre 1996 das 6. VwGO-ÄndG beschlossen[500]. Zwischen dem Beschluß des Gesetzesänderungen und deren Inkrafttreten lag ein Zeitraum von nicht ganz zwei Monaten[501]. Neben mehr technischen Änderungen waren es vor allem die neu eingeführten Instrumente der Zulassungsberufung und Zulassungsbeschwerde, von denen eine erhebliche Entlastung der Gerichte erwartet wurde. Aber auch die Begrenzung der Antragsbefugnis im Normenkontrollverfahren auf die eigenen Rechte der Antragsteller sollte nach den Vorstellungen des Gesetzgebers für die Gerichte Entlastung bringen.

Während die Befürworter der Reformen sich über eine Beschneidung des Wildwuchses eines überbordenden Rechtsmittel- und Rechtswegestaates und das Ende der Instanzenseligkeit freuen, beklagen die Kritiker eine Verkürzung des Rechtsschutzes des Bürgers und sehen mit Hinweis auf eine teilweise sehr rigide Zulassungspraxis von etwa 10 % der eingehenden Beschwerden den Tag nicht fern, an dem Berufungs- und Revisionsrichter nicht mehr benötigt werden. Die Berufung ist inzwischen zur eher seltenen Ausnahme geworden, mit der Folge, daß der Mehrzahl der Fälle die Revision ebenso versperrt ist[502]. Hält diese Rechtspraxis an, hätten die Obergerichte sich dann selbst abgeschafft und das *BVerwG* als Revisionsgericht gleich dazu[503].

Doch inzwischen wird nahezu einhellig davon ausgegangen, daß die Rechtsschutzmöglichkeiten deutlich eingeschränkt worden sind und der Rechtsschutz der Betroffenen am Ende vielfach weitgehend auf der Stecke geblieben ist. Von einer »Zeitenwende« seit Inkrafttreten der 6. VwGO-Novelle wird gesprochen[504]. Zudem bietet die Verwaltungsgerichtsbarkeit für junge Verwaltungsrichter nur wenig interessante Perspektiven, wenn der Rechtsschutz des Bürgers in aller Regel beim Einzelrichter der ersten Instanz beginnt und dort auch mit einiger Zeitverzögerung, die trotz aller Reformbemühungen nicht geringer geworden ist, endet, schlägt dies doch unmittelbar auf die eigenen beruflichen Entwicklungsmöglichkeiten durch[505].

Überdies ist es zu einem besorgniserregenden Bedeutungsverlust für die Berufungs- und Revisionsinstanz gekommen, ist doch der Hinweis auf die Rechtsprechung des *BVerwG* vor den Schranken der Tatsachengerichte nur selten noch ein Argument. Zu oft halten die erstinstanzlichen Richter allenfalls die Spruchpraxis der eigenen Kammer für wichtig – vielleicht auch noch anderer Kammern des eigenen *VG* und gar in weiter Ferne die des zweitinstanzlich zuständigen *OVG*. Aussagen des *BVerwG* sind – so hat

---

499 Vor Inkrafttreten der Änderungen äußerten sich in der Literatur *Redeker*, NVwZ 1996, 521, *Jöhnk*, SchlHA 1996, 169, und *Kuhla/Hüttenbrink*, DVBl. 1996, 717.

500 *Stüer/Hermanns*, BayVBl. 2001, 385.

501 Das Sechste Gesetz zur Änderung der VwGO (BGBl. I S. 1626) wurde am 01.11.1996 beschlossen und trat zum 01.01.1997 in Kraft.

502 *Hufen*, Die Verwaltung 34 (1999), 519, 531.

503 *Stüer/Hermanns*, VBlBW 2000, 256.

504 *Uechtritz*, VBlBW 2000, 65, 66.

505 *Stüer/Hermanns*, BayVBl. 2001, 385; *dies.* VBlBW 2000, 256; *Bertrams*, NWVBl. 1999, 245, 246; *Hüttenbrink*, DVBl. 2000, 882, 884.

man manchmal den Eindruck – häufig nur noch von akademischer Bedeutung und haben ihre Durchschlagskraft für die Praxis weitgehend verloren[506].

Vor diesem Hintergrund kann derzeit keine positive Zwischenbilanz gezogen werden, vielmehr haben sich die anfänglich geäußerten schlimmsten Befürchtungen[507] überwiegend bestätigt. Die Entscheidungen über Zulassung oder Nichtzulassung der Berufung/Beschwerde sind nicht anfechtbar[508], so daß auch das *BVerwG* nicht rechtsvereinheitlichend wirken kann[509]. In der praktischen Handhabung hat dies vielfach dazu geführt, daß das *OVG* die Berufung in den Fällen zuläßt, die es für berufungswürdig hält. So kann jedes Gericht, jeder *Senat*, seine eigene Zulassungspraxis entwickeln, die Zulassung von Berufung oder Beschwerde vor einigen *Senaten* der *OVG* wird für den Prozeßvertreter kaum noch kalkulierbar[510]. Die Neuregelung des Berufungs- und Beschwerderechts und die damit in Zusammenhang stehende Einführung des Vertretungszwangs vor den *OVG* nach § 67 Abs. 1 VwGO sind zwar verfassungsrechtlich überwiegend unbedenklich. Wegen ihrer Konturenlosigkeit müssen jedoch insbesondere die neuen Zulassungsgründe in § 124 Abs. 2 Nr. 1 und 2 VwGO nach dem Sinn und Zweck des Zulassungserfordernisses ausgelegt werden[511]. Diese Ungewißheit über den Erfolg eines Rechtsmittels läßt sich auch nicht als Anwalts-Schicksal abtun. Wie soll nämlich qualifizierter Rechtsrat erteilt werden, wenn die Beurteilung der Erfolgsaussichten eines Rechtsmittels oftmals vollkommen unsicher sind, ohne daß dies an der Kompliziertheit der Materie liegt. Diese Unsicherheit geht letztlich im doppelten Sinne auf Kosten des Rechtssuchenden, denn er trägt – wie man es auch dreht und wendet – die Lasten der Zulassungsberufung, indem er entweder die ihn belastende Entscheidung gar nicht erst einer nochmaligen gerichtlichen Kontrolle zuführt oder aber einen kostenträchtigen Zulassungsantrag riskiert, der ihm vielfach noch nicht einmal eine erneute Sachentscheidung einbringt. Dies ist auch der entscheidende Unterschied zum früheren Beurfungs-/Beschwerderecht, das im Gegensatz zur Zulassungsberufung/ Zulassungsbeschwerde bei der Zulässigkeit von Klage oder Beschwerde immer eine inhaltliche Entscheidung gewährleistete.

### 1. Berufungszulassungsgründe

Die Berufungszulassungsgründe sind in § 124 VwGO benannt. Sie ähneln den Gründen für die Zulassung der Revision in § 132 Abs. 2 VwGO, sind jedoch teilweise weiter gefaßt[512]. Nach § 124 Abs. 2 ist die Berufung nur zuzulassen, wenn ernsthafte Zweifel an der Richtigkeit des Urteils bestehen, wenn die Rechtssache besondere tatsächliche oder rechtliche Schwierigkeiten aufweist, wenn die Rechtssache grundsätzliche Bedeutung hat, wenn das Urteil von einer Entscheidung des *OVG*, des *BVerwG*, des *GemSOBG* oder des *BVerfG* abweicht und auf dieser Abweichung beruht oder wenn ein

506 *Stüer/Hermanns*, BayVBl. 2001, 385.

507 *Schenke*, NJW 1997, 81, 91; *Kuhla/Hüttenbrink*, DVBl. 1996, 717, 721.

508 Denn im Berufungsverfahren kann im Gegensatz zum Revisionsverfahren wie bisher eine Beweisaufnahme erfolgen, wenn die Berufung zugelassen worden ist.

509 *Jank*, in: *Stüer*, Verfahrensbeschleunigung, S. 43.

510 *Stüer/Hermanns*, VBlBW 2000, 256, 260; *Wilke*, NordÖR 2001, 6, 7.

511 *OVG Lüneburg*, Beschl. v. 24.03.1997 – 1 M 1463/97 – NVwZ 1997, 1229.

512 *Seibert*, DVBl. 1997, 932; *ders.* NVwZ 1999, 113.

der Beurteilung des Berufungsgerichts unterliegender Verfahrensmangel geltend gemacht wird und vorliegt, auf dem die Entscheidung beruhen kann. Die Zulassungsgründe des § 124 Abs. 2 Nr. 3, Nr. 4 oder Nr. 5 sind mit den Revisionszulassungsgründen des § 132 Abs. 2 Nr. 1 bis 3 VwGO vergleichbar[513]. Die Berufung ist darüber hinaus zuzulassen, wenn ernstliche Zweifel an der Richtigkeit der erstinstanzlichen Entscheidung bestehen, § 124 Abs. 2 Nr. 1 VwGO, oder die Sache tatsächliche oder rechtliche Schwierigkeiten aufweist, § 124 Abs. 2 Nr. 2 VwGO. Diese beiden Zulassungsgründe beinhalten eine Art Blanketterklärung mit erheblichen Beurteilungsspielräumen, die eine Zulassung durch das *OVG* dann ermöglicht, wenn das Gericht die erstinstanzliche Entscheidung nicht für zutreffend hält oder sich zu einer vor allem rechtlich schwierigen Rechtssache äußern will. Die Entscheidung hierfür liegt, wie auch in allen anderen Fällen, in der Hand des *OVG*. Dies ist aus verschiedenen Gründen mißlich. Bei der Auslegung der vorgenannten Zulassungsgründe sind erhebliche Auslegungsspielräume vorhanden, so daß das Berufungsgericht im Rahmen der teilweise recht unbestimmten gesetzlichen Vorgaben auswählen kann, mit welchen Verfahren es sich näher befassen möchte. Insbesondere aber vorhandene tatsächliche, rechtliche Schwierigkeiten nach § 124 Abs. 2 Nr. 2 VwGO oder aber die Divergenz zur obergerichtlichen oder höchstrichterlichen Rechtsprechung wird der erstinstanzlich mit der Sache befaßte Richter zumindest ebensogut, wenn nicht gar besser, beurteilen können, hat er sich doch intensiv mit der Materie des einzelnen Falles befaßt, während sich der Richter im Zulassungsverfahren erst in die Materie einarbeiten muß[514].

### a. Ernstliche Zweifel an der Richtigkeit der Entscheidung – § 124 Abs. 2 Nr. 1 VwGO

Besonders umstritten war der Begriff der ernstlichen Zweifel an der Richtigkeit der Entscheidung. Zu jedem einzelnen Wort dieses Zulassungsgrundes gab es unterschiedliche Interpretationsansätze[515]. Vor allem aber die Frage der Ernstlichkeit der Zweifel war heftig umstritten. Sind lediglich einzelne Begründungselemente unzutreffend und wird das Entscheidungsergebnis hierdurch nicht fehlerhaft, so rechtfertigt dies eine Zulassung der Berufung in der Regel allerdings nicht[516]. Soll das *OVG* die Berufung schon zulassen, wenn eine andere Entscheidung als die des *VG* mit gewichtigen Gründen vertretbar erschien[517] oder aber kommt eine Zulassung in Anlehnung an die Judikatur zu § 80 Abs. 4 S. 3 VwGO erst in Betracht, wenn eine überwiegende Wahrscheinlichkeit dafür spricht, daß das Urteil des *VG* abgeändert wird[518]. Das waren letztlich die Gegen-

513 *Seibert*, DVBl. 1997, 932, 934; *Berkemann*, DVBl. 1998, 446, 452.

514 *Berkemann*, DVBl. 1998, 446, 452.

515 *Stüer/Hermanns*, BayVBl. 2001, 385, 386.

516 *OVG Koblenz*, Beschl. v. 23.09.1998 – 1 B 11493/98 –.

517 *Schenke*, NJW 1997, 81, 91; *Berkemann*, DVBl. 1998, 446, 454 f.; ausführlich zum Begriff der »ernstlichen Zweifel« *Roth*, VerwArch. 1997, 416.

518 *OVG Lüneburg*, Beschl. v. 31.07.1998 – 1 L 2696/98 – NdsVBl. 1999, 93; *VGH Mannheim*, Beschl. v. 17.02.1997 - 11 S 379/97 –; Beschl. v. 17.03.1997 – 14 S 594/97 – ESVGH 47, 314; Beschl. v. 18.12.1997 – A 14 S 3451/97 – NVwZ 1998, 414; Beschl. v. 12.05.1997 – A 12 S 580/97 – DVBl. 1997, 1327; *VGH Kassel*, Beschl. v. 04.04.1997 – 12 TZ 1079/97 – NVwZ 1998, 195; *OVG Bautzen*, Beschl. v. 22.04.1997 – 1 S 200/97 – SächsVBl. 1998, 29;

pole und es war nur eine Frage der Zeit, bis sich das *BVerfG* zu dieser Problematik äußern mußte. Dies ist inzwischen geschehen und das *BVerfG* hat, jedenfalls in einer Kammerentscheidung, konstatiert, daß ernstliche Zweifel immer dann gegeben seien, wenn ein einzelner tragender Rechtssatz oder eine erhebliche Tatsachenfeststellung mit schlüssigen Gegenargumenten in Frage gestellt werden können[519] und damit der These, nur unvertretbare Entscheidungen sollten von § 124 Abs. 2 Nr. 1 VwGO erfaßt werden[520], eine klare Absage erteilt[521]. Dabei hat sich das *BVerfG* davon leiten lassen, daß das Berufungzulassungsverfahren nicht die Aufgabe hat, das nachfolgende Berufungsverfahren vowegzunehmen. Insbesondere dürften die Gerichte keine Kriterien zur Bestimmung der ernstlichen Zweifel heranziehen, die sich einer rationalen Kontrolle entziehen würden. In dem der Entscheidung zu Grunde liegenden Fall wurden damit insbesondere Leerformeln wie »vertiefte Auseinandersetzung« und »hinreichend verläßliche Aussage über die Erfolgsaussicht der Berufung« als nicht hinnehmbar bezeichnet, weil sie unbestimmte und sich einer rationalen Betrachtung entziehende Qualitätsmerkmale einführen würden. Insofern kann die Entscheidung des *BVerfG* als sprichwörtlicher Schlag ins Kontor vieler *OVG* bezeichnet werden[522], deren rigide Zulassungspraxis sich vielfach nicht mit den Anforderungen des *BVerfG* vereinbaren läßt[523]. Allerdings überrascht die Entscheidung des *BVerfG* nicht, denn verfassungsrechtliche Zweifel an der faktischen Unkalkulierbarkeit eine Zulassungsantrags wurden bereits vor Bekanntwerden der Entscheidung des *BVerfG* geäußert[524].

Ernstliche Zweifel an der Richtigkeit der Entscheidung des *VG* dürften darüber hinaus jedenfalls dann bestehen, wenn die Rechtssache Schwierigkeiten aufweist, die sich im Zulassungsverfahren nicht ohne weiteres beantworten lassen[525]. Zweifel an der Richtigkeit der Entscheidung können sich des weiteren bei unzutreffenden Tatsachenfeststellungen des *VG* ergeben, indem es in entscheidungserheblicher Weise auf der Grundlage eines unzutreffenden Sachverhalts entschieden hat. So kann die Unrichtigkeit des Sachverhalts daher nicht nur als Verfahrensrüge nach § 124 Abs. 2 Nr. 5 VwGO geltend gemacht werden, sondern auch im Rahmen der Darlegung ernsthafter Zweifel an der Richtigkeit der Entscheidung. Dabei ist die Richtigkeit der Entscheidung objektiv aus Sicht des *OVG* zu beurteilen[526]. Hieraus folgt, daß neue Tatsachen oder Beweismittel auf der Grundlage des bekannten Sachverhalts zumindest dann zu berücksichtigen sind, wenn auf die Sach- und Rechtslage zum Zeitpunkt der letzten gerichtlichen Entscheidung abzustellen ist und sie nicht aus anderen Gründen – beispielsweise gemäß

---

*OVG Münster*, Beschl. v. 06.11.1997 – 11 B 2005/97 – DVBl. 1998, 244; *Bader*, NJW 1998, 409; *Schmieszek*, NVwZ 1996, 1151; *Seibert*, NVwZ 1999, 113, 115.

519 *BVerfG (2. Kammer des 1. Senats)*, Beschl. v. 23.06.2000 – 1 BvR 830/00 – NVwZ 2000, 1163, 1164.

520 *Bader*, in: *Bader/Funke-Kaiser/Kuntze/von Albedyll*, VwGO, § 124, Rn. 22.

521 *Stüer/Hermanns*, BayVBl. 2001, 385, 386.

522 *Stüer/Hermanns*, BayVBl. 2001, 385, 386.

523 *Fischer*, DVBl. 2000, 1686, 1687.

524 *Stüer/Hermanns*, VBlBW 2000, 256, 257.

525 *OVG Lüneburg*, Beschl. v. 31.08.1998 – 1 L 3914/98 – NdsVBl. 1999, 95.

526 *OVG Lüneburg*, Beschl. v. 09.02.1998 – 12 M 5642/98 – NdsVBl. 1998, 162, 163 f.

§ 87b Abs. 3 VwGO – ausgeschlossen sind[527]. Hinzu kommt, daß bei einer anderen Lösung des Problems der Streit zumeist lediglich in ein Nachfolgeverfahren verlagert und die endgültige Herstellung des Rechtsfriedens dadurch hinausgeschoben[528], die Beschleunigungswirkung des Berufungs-/Beschwerdezulassungsverfahrens obsolet[529] und vor allem der Rechtsschutz des Bürgers nicht unbedenklich eingeschränkt werden würde[530]. Die gegenteilige Meinung verneint die Notwendigkeit der Berücksichtigung neuen Vorbringens im Zulassungsverfahren mit der Begründung, ein vom *VG* unrichtig zu Grunde gelegter Tatbestand sei allein über § 124 Abs. 2 Nr. 5 VwGO anzugreifen[531]. Diese Position läßt zumindest neue Entwicklungen nach Abfassung der Entscheidungsgründe außen vor und wird dem Zweck des Zulasungsverfahrens nicht gerecht. Gleichwohl ist zuzugestehen, daß das Argument schwer wiegt, neue Entwicklungen im Falle des Bestreitens durch die Gegenseite könnten auch innerhalb des Zulassungsverfahrens nur durch eine Beweisaufnahme bewiesen werden, was sich mit dem Zulassungsverfahren nicht vertrage.

Insofern ist eine vermittelnde Lösung von Nöten. Anzusetzen ist dabei am Begriff des »neuen Vorbringens«. Ist der Rechts- oder Tatsachenvortrag erstinstanzlich unterblieben, obwohl alle Tatsachen, Beweismittel oder Rechtserkenntnisse den Beteiligten hätten zumindest bekannt sein können, ist kein »neues Vorbringen« gegeben. Das Zulassungsverfahren kann nämlich genausowenig wie das übrige zweitinstanzliche Verfahren dazu dienen, Versäumnisse der Beteiligten aufzufangen. So bleiben neu vorgetragene Umstände unberücksichtigt, wenn sie bereits zum Zeitpunkt der letzten mündlichen Verhandlung der den Zulassungsantrag stellenden Partei bekannt waren oder hätten bekannt sein müssen und im Zulassungsverfahren erstmals geltend gemacht werden. Treten diese Umstände aber erst nach Abschluß des erstinstanzlichen Verfahrens aber noch innerhalb der Antrags- und Begründungsfrist der Berufung/Beschwerde auf, sind sie zu berücksichtigen[532]. Zweifel an der Richtigkeit der angefochtenen Entscheidung des *VG*, die sich aus einer Änderung der Sach- oder Rechtslage ergeben sollen, können im Verfahren auf Zulassung der Berufung allerdings in keinem Fall mehr berücksichtigt werden, wenn die Änderung der Sach- oder Rechtslage erst nach Ablauf der Frist des § 124a Abs. 1 VwGO dargelegt wird[533].

---

527 *OVG Lüneburg*, Beschl. v. 09.02.1998 – 12 M 5642/98 – NdsVBl. 1998, 162, 164; *OVG Koblenz*, Beschl. v. 15.09.1997 – 6 A 12008/97 – NVwZ 1998, 302 f.; *VGH München*, Beschl. v. 05.11.1997 – 23 ZB 97.2581 – BayVBl. 1998, 154; *OVG Weimar*, Beschl. v. 13.03.1998 – 2 EO 348/98 u. 2 EO 343/98 – DVBl. 1998, 849, 850.

528 Zum ganzen ausführlich *Seibert*, DVBl. 1997, 932; *ders.* NVwZ 1999, 113 m. w. Nachw.

529 *OVG Koblenz*, Beschl. v. 15.09.1997 – 6 A 12008/97 – NVwZ 1998, 302, 303; *OVG Lüneburg*, Beschl. v. 09.02.1998 – 12 M 5642/98 – NdsVBl. 1998, 162, 165.

530 *Stüer/Hermanns*, DVBl. 1998, 766, 767 f.

531 *VGH Mannheim*, Beschl. v. 18.12.1997 – A 14 S 3451/97 – DVBl. 1998, 486; *OVG Münster*, Beschl. v. 09.06.1997 – 15 E 444/97 – DVBl. 1997, 1337, 1338.

532 *OVG Lüneburg*, Beschl. v. 03.11.1998 – 9 L 5136/97 – NdsVBl. 1999, 91, 92 f. m. w. Nachw. zum gesamten Streitstand.

533 *OVG Lüneburg*, Beschl. v. 03.11.1998 – 9 L 5136/97 – NdsVBl. 1999, 91, 92; *VGH Mannheim*, Beschl. v. 25.06.1997 – 3 S 2965/97 –; *OVG Münster*, Beschl. v. 12.01.1998 – 10 A 4078/97 – NVwZ 1998, 754.

### b. Besondere tatsächliche oder rechtliche Schwierigkeiten der Rechtssache – § 124 Abs. 2 Nr. 2 VwGO

Besondere rechtliche oder tatsächliche Schwierigkeiten nach § 124 Abs. 2 Nr. 2 VwGO sind dann gegeben, wenn die Streitentscheidung eine über das normale Maß hinausgehende Prüfung und Sichtung des Streitstoffes oder Behandlung komplizierter Rechtsfragen erfordert[534]. Dies ist von dem Ausgang des Verfahrens unabhängig. Auch sind die tatsächlichen oder rechtlichen Schwierigkeiten nicht allein abstrakt zu bestimmen, ein unrichtiges Ergebnis der Entscheidung indiziert vielmehr ebenso diese Schwierigkeiten, insbesondere wenn der Sachverhalt nicht ausreichend geklärt ist[535]. Es wird aber auch vertreten, daß eine besondere Schwierigkeit nur dann vorliege, wenn der Ausgang des Verfahrens bei summarischer Prüfung zumindest offen sei und erst im Berufungsverfahren die anstehenden Fragen zur Beurteilung der Sach- oder Rechtslage geklärt werden können[536]. Auch zu diesem Zulassungsgrund äußerte sich das *BVerfG* in der schon genannten Entscheidung in ähnlicher Weise. Explizit kritisierte es wiederum die Verwendung von Kriterien, die einer rationalen Kontrolle nicht zugänglich seien[537]. Insbesondere sei es unzumutbar von dem Antragsteller die Darlegung zu verlangen, daß die Komplexität der Sache »meßbar über das in verwaltungsgerichtlichen Verfahren Übliche« hinausgehe. Denn zum einen könne dies ein nicht gerade auf das jeweilige Rechtsgebiet spezialisierte Rechtsanwalt im Regelfall gar nicht überblicken, während der zuständige *Senat* dies ohne weiteres beurteilen könne. Insofern müsse es genügen, wenn der Prozeßvertreter mit erläuternden Hinweisen auf die entsprechenden Passagen des gegenständlichen Urteils eingehe, zumal sich besondere tatsächliche oder rechtliche Schwierigkeiten der Rechtssache zumeist schon an dem vom *VG* betriebenen Begründungsaufwand ablesen ließen[538]. Auch hier ist also wieder festzustellen, daß die Rechtspraxis[539] die Anforderungen an die Darlegung besonderer tatsächlicher oder rechtlicher Schwierigkeiten der Rechtssache in der Vergangenheit vielfach überspannt hat[540].

### c. Grundsätzliche Bedeutung der Rechtssache – § 124 Abs. 2 Nr. 3 VwGO

Da der Zulassungsgrund der grundsätzlichen Bedeutung der Rechtssache, § 124 Abs. 2 Nr. 3 VwGO, über ein Pendant im Revisionsrecht verfügt, hielten sich hier die Kontroversen in Wissenschaft und Praxis in Grenzen[541]. Grundsätzliche Bedeutung nach § 124

534 *VGH Mannheim*, Beschl. v. 12.05.1997 – A 12 S 580/97 – NVwZ 1998, 305; *OVG Lüneburg*, Beschl. v. 27.03.1997 – 12 M 1731/97 – NVwZ 1997, 1225; *VGH Mannheim*, Beschl. v. 01.07.1997 – 5 S 1079/97 – DVBl. 1997, 1329.

535 *OVG Lüneburg*, Beschl. v. 24.03.1997 – 1 M 1463/97 – NdsVBl. 1997, 284.

536 *OVG Weimar*, Beschl. v. 10.12.1997 – 3 ZEO 1053/97 – DVBl. 1998, 489; *OVG Münster*, Beschl. v. 31.07.1998 – 10 A 1329/98 –; *OVG Koblenz*, Beschl. v. 16.02.1998 – 2 A 11966/97 – NVwZ 1998, 1094; *Seibert*, DVBl. 1997, 932; *ders.* NVwZ 1999, 113.

537 *Stüer/Hermanns*, BayVBl. 2001, 385, 386.

538 *BVerfG* (*2. Kammer des 1. Senats*), Beschl. v. 23.06.2000 – 1 BvR 830/00 – NVwZ 2000, 1163, 1164.

539 *OVG Weimar*, Beschl. v. 10.12.1997 – 3 ZEO 1053/97 – DVBl. 1998, 489 f.; *OVG Münster*, Beschl. v. 31.07.1998 – 10 A 1329/98 –; ebenso *Seibert*, DVBl. 1997, 932; *ders.* NVwZ 1999, 113, 116.

540 *Stüer/Hermanns*, BayVBl. 2001, 385, 386.

541 So auch *Uechtritz*, NVwZ 2000, 1217, 1220.

Abs. 2 Nr. 3 VwGO hat eine Rechtssache, wenn an der Klärung der Rechts- oder Tatsachenfrage ein über den Einzelfall hinausgehendes Interesse besteht. Die grundsätzliche Bedeutung kann sich vor allem daraus ergeben, daß die angestrebte Klärung dem Interesse der einheitlichen Rechtsanwendung oder der Fortentwicklung des Rechts dient[542]. Eine Klärungsbedürftigkeit ist allerdings nicht gegeben, wenn sich die Beantwortung der Frage unschwer aus dem Gesetz ergibt oder wenn sie bereits höchstrichterlich oder obergerichtlich geklärt ist. Letzteres ist auch der Fall, wenn die Rechtsfrage in einem Verfahren des vorläufigen Rechtsschutzes entschieden wurde[543]. Außerdem kann im allgemeinen auf die zur Grundsatzrevision nach § 132 Abs. 2 Nr. 1 VwGO aufgestellten Grundsätze zurückgegriffen werden[544].

Gleichwohl machte das *BVerfG* in einem obiter dictum deutlich, daß die Divergenzberufung die Rechtseinheit und Rechtsfortbildung auf dem Gebiet des Verwaltungsrechts sichern solle und deshalb als Vorstufe zu einer eventuellen noch ausstehenden höchstrichterlichen Klärung zu sehen sei. Insofern dürften auch an dieser Stelle die Anforderungen an den Berufungszulassungsantrag nicht überspannt werden[545]. Des weiteren entschied es in einem Kammerbeschluß zu dem den § 124 Abs. 2 Nr. 3 VwGO entsprechenden § 78 Abs. 3 Nr. 1 AsylVfG, eine Sache von grundsätzlicher Bedeutung sei auch dann gegeben, wenn nach Antragstellung eine Entscheidung zu der im Streit stehenden Frage erginge und diese der Rechtsansicht der entscheidenden Kammer widerspreche. Dann müsse nämlich der frühere Antrag auf Zulassung der Berufung wegen grundsätzlicher Bedeutung in einen Antrag auf Zulassung wegen Divergenz zur Entscheidung des *OVG* umgedeutet werden, da die Divergenzberufung ein Unterfall der Grundsatzberufung sei[546].

#### d. Divergenzberufung – § 124 Abs. 2 Nr. 4 VwGO

So verhält es sich mit der Auslegung des § 124 Abs. 2 Nr. 4 VwGO ähnlich. Ein Berufungsgrund im Sinne der ganz überwiegend an der Divergenzrevision des § 132 Abs. 2 Nr. 2 VwGO orientierten[547] Divergenzberufung nach § 124 Abs. 2 Nr. 4 VwGO ist gegeben, wenn die tragenden Entscheidungsgründe von einem abstrakten Rechtssatz abweichen, der sich aus einer Entscheidung des *OVG*, des *BVerwG*, des *Gemeinsamen Senates der obersten Gerichtshöfe des Bundes* oder des *BVerfG* ergibt. Es müssen also verbindliche Entscheidungen vorliegen von denen abgewichen worden ist. Bloße Vergleichsvorschläge gehören nicht dazu und sind dementsprechend nicht der Divergenzrüge zugänglich[548]. Divergenzfähige Rechtssätze können nach Auffassung des *OVG Lüneburg* auch in Verfahren nach § 123 VwGO aufgestellt werden, solange es sich

542 *OVG Lüneburg*, Beschl. v. 03.09.1997 – 12 M 3916/97 – DVBl. 1997, 1336; Beschl. v. 16.09.1997 – 12 L 3580/97 – NdsVBl. 1997, 282, 283.

543 *OVG Greifswald*, Beschl. v. 15.01.1999 – 2 L 299/98 – NVwZ 1999, 789.

544 *VerfG Bbg.*, Beschl. v. 21.10.1999 – VfG BbG 26/99 – DVBl. 1999, 1722, 1724; *VGH Mannheim*, Beschl. v. 17.03.1997 – 8 S 664/97 – DVBl. 1997, 1326.

545 *BVerfG (2. Kammer des 1. Senats)*, Beschl. v. 23.06.2000 – 1 BvR 830/00 – NVwZ 2000, 1163, 1164.

546 *BVerfG (1. Kammer des 2. Senats)*, Beschl. v. 21.01.2000 – 2 BvR 2125/97 – DVBl. 2000, 407, 408.

547 *Uechtritz*, VBlBW 2000, 65, 69.

548 *OVG Bautzen*, Beschl. v. 11.06.1998 – 2 S 669/97 – NVwZ-RR 1999, 478 f.

dabei um abstrakte Aussagen zu Rechts- oder Tatsachenfragen handelt[549]. Eine Divergenz ist ebenfalls gegeben, wenn die angefochtene Entscheidung von einer später ergangenen Entscheidung des Obergerichts abweicht.

Wird demgegenüber von der Entscheidung von einem *OVG* eines anderen Landes abgewichen, kann der Zulassungsantrag hierauf nicht gestützt werden. Die Rechtsprechung beruft sich auf den Wortlaut des § 124 Abs. 2 Nr. 4 VwGO und auf die Freiheit des Gesetzgebers, widerstreitende Verfahrensziele im Rahmen seiner verfassungsrechtlich begrenzten Gestaltungsfreiheit zum Ausgleich zu bringen und dabei auch dem einen oder dem anderen Verfahrensziel den grundsätzlichen Vorrang einzuräumen. Wenn sich der Gesetzgeber der für eine Beschränkung der Berufungsmöglichkeiten zum Zwecke der zügigen Erledigung von Rechtsstreitigkeiten entschieden und dabei die Divergenzberufung auf Abweichungen von dem *OVG* des Bundeslandes beschränkt habe, sei dies nicht durch Auslegung des Gesetzes zu korrigieren[550]. Die Folge dieser im Hinblick auf den Wortlaut nicht zwingenden und problembehafteten[551] Auslegungspraxis ist es, daß die Anzahl der tatsächlichen Divergenzen zu den Entscheidungen anderer *OVG* relativ hoch und eine entsprechende Zersplitterung der Rechtswirklichkeit festzustellen ist[552]. Zumindest aber ist davon auszugehen, daß in derartigen Fällen regelmäßig zumindest einer der Zulassungsgründe von § 124 Abs. 2 Nr. 1 – 3 VwGO vorliegen wird[553].

#### e. Verfahrensrüge – § 124 Abs. 2 Nr. 5 VwGO

Kaum eine Bedeutung für die Praxis hat der Zulassungsgrund des Verfahrensfehlers bekommen. Dies liegt primär daran, daß es im Regelfall schwierig nachzuweisen ist, daß die Entscheidung auf dem Verfahrensfehler beruhen könnte und absolute Revisionsgründe nach § 138 VwGO, die bei der Auslegung des § 124 Abs. 2 Nr.5 VwGO heranzuziehen sind[554], noch seltener vorkommen[555].

### 2. Zulassungsantrag

Das Zulassungsverfahren unterscheidet sich von dem Revisionsverfahren, das im Revisionsverfahren auch durch das *OVG* mit grundsätzlich bindender Wirkung für das *BVerwG* zugelassen werden kann. Im Gegensatz dazu kann die Berufung nicht durch das erstinstanzliche Gericht, sondern nur durch das *OVG* aufgrund eines entsprechenden Antragsverfahrens zugelassen werden. Die Zulassung der Berufung ist innerhalb eines Monats nach Zustellung des Urteils zu beantragen, § 124a Abs. 1 S. 1 VwGO. Gemäß § 67 Abs. 1 S. 1 VwGO muß sich jeder antragstellende Beteiligte vor dem *OVG* und dem *BVerwG* durch einen Anwalt oder Rechtslehrer an einer deutschen Hochschule vertreten lassen. Die Beschränkung der Postulationsfähigkeit ist eine weitere Folge der Einfüh-

549 *OVG Lüneburg*, Beschl. v. 02.02.1998 – 12 L 194/98 – NdsVBl. 1998, 167.

550 *VGH Mannheim*, Beschl. v. 07.01.1998 – 7 S 3117/97 – NVwZ-RR 1998, 371 unter Berufung auf *BVerfG*, Beschl. v. 20.04.1982 – 2 BvL 26/81 – BVerfGE 60, 253, 268.

551 *Uechtritz*, NVwZ 2000, 1217, 1220.

552 *Stüer/Hermanns*, BayVBl. 2001, 385, 387.

553 *Happ*, in: *Eyermann*, VwGO, § 124, Rn. 29.

554 *Bader*, in: *Bader/Funke-Kaiser/Kuntze/von Albedyll*, VwGO, § 124, Rn. 67.

555 *Stüer/Hermanns*, BayVBl. 2001, 385, 387.

rung von Zulassungsberufung und Zulassungsbeschwerde und muß vor dem Hintergrund der Kompliziertheit der Neuregelung der Berufung gesehen werden[556].

### a. Formale Anforderungen an den Zulassungsantrag

Der Antrag auf Zulassung der Berufung muß das angefochtene Urteil bezeichnen und ist gemäß § 124a Abs. 1 S. 2 VwGO beim *VG* als Ausgangsgericht einzureichen. Die Rechtskraft ist bis zur Entscheidung über den Zulassungsantrag gehemmt, § 124a Abs. 1 VwGO. Eine Berufung kann nicht in einen Berufungszulassungsantrag umgedeutet werden[557]. Unzulässig ist es auch, den Antrag unmittelbar beim *OVG* zu stellen, so daß ein dort eingereichter Antrag zwar im ordentlichen Geschäftsgang an das *VG* weiterzuleiten ist[558], seine möglicherweise daraus resultierende Verfristung hat dann allerdings der Antragsteller zu vertreten[559], solange es nicht zu von der Justiz zu verantwortenden Verzögerungen kommt[560]. Mit der Antragsfrist für den Antrag auf Zulassung der Berufung wird gleichzeitig die Begründungsfrist für diesen Antrag in Gang gesetzt. Diese beträgt einen Monat, § 124a Abs. 1 S. 1 VwGO. Ein nicht begründeter Antrag auf Zulassung der Berufung führt zu dessen Unzulässigkeit und damit zur Nichtzulassung der Berufung, die das angefochtene Urteil in Rechtskraft erwachsen läßt, § 124a Abs. 2 S. 3 VwGO. Das Berufungsgericht hat nach bisher geltendem Recht die Berufung nur zuzulassen, wenn einer der in § 124 Abs. 2 VwGO genannten fünf Zulassungsgründe vorliegt. Ein Ermessen steht dem *OVG* bei der Entscheidung über die Annahme nicht zu, liegt ein Zulassungsgrund vor, ist die Berufung nach der gesetzlichen Regelung zwingend zuzulassen.

Antrag und Begründung des Zulassungsantrags können in gesonderten Schriftsätzen eingereicht werden. Eine nach Fristablauf eingehende Antragsbegründung ist allerdings nur insoweit zu berücksichtigen, als sie eine fristgemäß vorgebrachte Begründung erläutert, ergänzt oder klarstellt bzw. auf eine Stellungnahme der anderen Verfahrenbeteiligten erwidert, nicht jedoch, soweit mit ihr neue Rügen erhoben werden[561].

### b. Inhaltliche Anforderungen an die Darlegungspflicht

»Darlegen« bedeutet über einen allgemeinen Hinweis hinaus ein »Erläutern« und »Substantiieren«[562]. Der Streitstoff muß unter konkreter Auseinandersetzung mit dem angefochtenen Urteil gesichtet, rechtlich durchdrungen und aufbereitet werden[563]. An die

---

556 *Quaas*, NVwZ 1998, 701; *Meissner*, VBlBW 1997, 81, 85 f.

557 *BVerwG*, Beschl. v. 29.07.1997 – 5 B 60.97 –; *VGH Mannheim*, Beschl. v. 12.03.1997 – 6 S 208/97 – VBlBW 1997, 264; Beschl. v. 02.06.1997 – 5 S 914/97 – NVwZ-RR 1998, 206; *VGH München*, Beschl. v. 04.06. 1997 – 3 C 97.1147 – NVwZ-RR 1998, 207; *OVG Greifswald*, Beschl. v. 01.10.1997 – 2 L 170/97 – NVwZ 1998, 201.

558 *BVerfG*, Beschl. v. 20.06.1995 – 1 BvR 166/93 – BVerfGE 93, 99, 113 ff.

559 *OVG Hamburg*, Beschl. v. 04.09.1997 – OVG Bs Abs. 4 68/97 – NJW 1998, 696.

560 *BVerfG*, Beschl. v. 20.06.1995 – 1 BvR 166/93 – BVerfGE 93, 99, 113 ff.

561 *OVG Münster*, Beschl. v. 24.02.1998 – 24 B 236/98 –.

562 *BVerwG*, Beschl. v. 02.10.1961 – VIII B 78.61 – BVerwGE 13, 90; Beschl. v. 09.03.1993 – 3 B 105.92 – NJW 1993, 2825.

563 *OVG Lüneburg*, Beschl. v. 03.09.1997 – 12 M 3916/97 – DVBl. 1997, 1336; Beschl. v. 16.09.1997 – 12 L 3580/97 – NdsVBl. 1997, 282, 283.

Darlegungslast dürfen dabei im Hinblick auf Art. 19 Abs. 4 GG keine zu strengen Maßstäbe angelegt werden[564]. Es reicht aus, wenn der Zulassungsantrag die entscheidungserheblichen Fragen anspricht und dabei die Berufungszulassungsgründe im Kern verdeutlicht. Das Rechtsmittelgericht muß die Antragsbegründung sinn- und sachgerecht und gegebenenfalls auch berichtigend auslegen[565]. Die Darlegungserfordernisse sind um so geringer, je offensichtlicher die Voraussetzungen des jeweiligen Zulassungsgrundes gegeben sind. In der Regel reicht allerdings kein pauschaler Verweis auf das bisherige Vorbringen im Verwaltungsverfahren oder der Vorinstanz. Ebensowenig soll es ausreichend sein, wenn die Rechtsausführungen der Vorinstanz lediglich in Frageform gekleidet wird[566] oder die Darlegung so unübersichtlich, unklar und verworren ist, daß die Zulassungsgründe nicht erkennbar werden[567]. Es genügt es jedoch, wenn ähnlich einer Berufungsschrift die entscheidungserheblichen Gründe der Vorinstanz übermittelt und dazu sachlich und rechtlich möglichst unter Bezeichnung der Zulassungsgründe Stellung genommen wird[568]. Werden mehrere Zulassungsgründe geltend gemacht, so sollte für jeden Zulassungsgrund dargelegt werden, mit welcher Begründung die Zulassungsvoraussetzungen gegeben sind[569].

Die Verfahrensrügen sind im einzelnen zu belegen, wobei die Voraussetzungen der Berufungszulassung nach § 124 Abs. 2 VwGO darzulegen sind[570]. Dies stellt an den begleitenden Anwalt zumeist nicht unerhebliche Anforderungen, denn es reicht grundsätzlich nicht aus, eigene Sachverhaltswertungen oder Rechtsansichten an die Stelle des Urteils zu setzen. Dies liegt für die Zulassungsgründe der Divergenz, der grundsätzlichen Bedeutung oder der Verfahrensrüge auf der Hand. Die Voraussetzungen für diese Zulassungsgründe sind darzulegen, Entscheidungen, von denen die angefochtene Entscheidung abweichen soll, sind zu benennen. Ebenso müssen die ernstlichen Zweifel an der Richtigkeit der Entscheidung substantiiert dargelegt werden[571].

Auf der anderen Seite dürfte das *OVG* im Rahmen der Zulassungsentscheidung nach § 124a Abs. 2 VwGO die Prüfungspflicht haben, die Richtigkeit der erstinstanzlichen Entscheidung zumindest einer Plausibilitätskontrolle zu unterziehen. Erweist sich die angefochtene Entscheidung danach als unrichtig, so ist die Berufung zuzulassen. Insoweit geht die Prüfung im Rahmen des Berufungszulassungsverfahrens weiter als im Nichtzulassungsbeschwerdeverfahren nach § 133 VwGO, bei dem das *BVerwG* in sei-

---

564 *BVerfG (1. Kammer des 1. Senats)*, Beschl. v. 08.03.2001 – 1 BvR 1653/99 – DVBl. 2001, 894, 895; *BVerfG*, Beschl. v. 17.03.1988 – 2 BvR 233/84 – BVerfGE 78, 88; Beschl. v. 07.11.1994 – 2 BvR 2079/93 – BayVBl. 1995, 178; *VGH Kassel*, Beschl. v. 04.04.1997 – 12 TZ 1079/97 – NVwZ 1998, 195; *OVG Berlin*, Beschl. v. 17.09.1997 – 8 N 21.97 – NVwZ 1998, 200.

565 *Seibert* NVwZ 1999, 113; *Weyreuther*, Revisionszulassung und Nichtzulassungsbeschwerde in der Rechtsprechung der obersten Bundesgerichte, Rn. 240.

566 *BVerwG*, Beschl. v. 10.11.1992 – 2 B 137.92 – NVwZ-RR 1993, 276.

567 *BVerwG*, Beschl. v. 23.11.1995 – 9 B 362.95 – NJW 1996, 1554.

568 *OVG Münster*, Beschl. v. 31.07.1998 – 10 A 1329/98 – NVwZ 1997, 1223; Beschl. v. 02.06.1997 – 18 B 576/97 – NVwZ 1998, 415; *VGH Mannheim*, Beschl. v. 12.05.1997 – A 12 S 580/97 – NVwZ 1998, 305.

569 *OVG Münster*, Beschl. v. 19.01.1998 8 A 5665/97 ; *Seibert*, DVBl. 1997, 932; *ders.* NVwZ 1999, 113.

570 *OVG Münster*, Beschl. v. 27.06.1997 – 11 B 1136/97 – NVwZ 1998, 306, 307.

571 *OVG Lüneburg*, Beschl. v. 18.01.1999 – 12 L 5431/98 – NdsVBl. 1999, 93, 94.

ner Beurteilung an das Vorliegen der drei Zulassungsgründe des § 132 Abs. 2 VwGO gebunden ist. So ist das *BVerwG* gehindert, gegen eine mit der Nichtzulassungsbeschwerde angefochtene Entscheidung des *OVG* die Revision zuzulassen, wenn das Urteil nach Auffassung des Revisionsgerichts zwar fehlerhaft ist, aber keiner der drei Revisionszulassungsgründe vorliegt. Durch die diesen Regelungen gegenüber erweiterte Fassung der Berufungszulassungsgründe in § 124 Abs. 2 Nr. 1 und 2 VwGO besteht für das *OVG* die Möglichkeit, eine Berufung auch dann zuzulassen, wenn es die angefochtene Entscheidung schlichtweg für falsch hält, § 124 Abs. 2 Nr. 1 VwGO, oder in tatsächlicher oder rechtlicher Hinsicht weiteren Aufklärungsbedarf sieht, § 124 Abs. 2 Nr. 2 VwGO[572]. Die grundsätzliche Bedeutung der Rechtssache ist möglichst unter Benennung der entscheidungserheblichen Frage darzustellen, jedoch gewährt die Weite des Begriffs nicht nur für das *OVG*, sondern auch für die Begründung des Zulassungsantrags größere Freiheiten. Hier kann aus der Sache heraus und auch unter Würdigung der besonderen Fallumstände argumentiert werden.

Insgesamt haben sich die Anforderungen an die Darlegungspflicht des § 124a Abs. 1 S. 4 VwGO zu einer schwer zu nehmenden Hürde entwickelt, so daß zahlreiche Zulassungsanträge bereits hieran scheitern. Dies bleibt aber nicht aus, wenn an die Darlegungserfordernisse eines Zulassungsantrags nicht selten[573] nahezu die gleichen Anforderungen wie an eine Nichtzulassungsbeschwerde gestellt werden[574]. Zwar wird verschiedentlich anerkannt, daß die Anforderungen an die Darlegungspflicht im Hinblick auf Art. 19 Abs. 4 GG nicht überspannt werden dürften, doch erweisen sich solche Aussagen als Leerformeln, wenn gleichzeitig eine Durchdringung und Aufbereitung des gesamten Streitstandes verlangt wird, die im Ergebnis den Darlegungserfordernissen der Nichtzulassungsberschwerde entsprechen[575], obwohl im Verhältnis zur Nichtzulassungsbeschwerde nur die Hälfte der Zeit, nämlich nur ein Monat, §124a Abs. 1 S. 1 VwGO, zur Begründung der Zulassungsberufung zur Verfügung steht. Insofern sind auch die Ausführungen des *BVerfG* zu berücksichtigen, nach denen die Berufungsgerichte nicht in unzumutbarer und mit Sachgründen nicht mehr zu vereinbarender Weise es dem Betroffenen abverlangen dürfen, dem Gericht einen vollständigen Begründungskontext zu liefern, den es im Fall der Stattgabe des Antrags selbst zu entwickeln hätte[576]. Allerdings führt die Entscheidung des *BVerfG* nur begrenzt weiter, denn einheitliche Kriterien, anhand derer sich die Anforderungen an einen Antrag auf Zulassung der Berufung bestimmen lassen, sind hieraus nicht abzulesen.

### 3. Zulassungsentscheidung

Über den Zulassungsantrag entscheidet das *OVG* durch Beschluß. Es kann von einer Begründung absehen, wenn dem Antrag stattgegeben wird, aber auch, wenn er einstim-

572 *Stüer*, Handbuch Bau- und Fachplanungsrecht, Rn. 2452.

573 *OVG Münster*, NVwZ 1997, 1224; *OVG Berlin*, Beschl. v. 17.09.1997 – 8 N 21/97 – NVwZ 1998, 200; *Uechtritz*, VBlBW 2000, 65, 68; *Happ*, BayVBl. 1999, 577, 578 f.; *Bader, in: Bader/Funke-Kaiser/Kuntze/von Albedyll*, VwGO, § 124, Rn. 27/30.

574 *Stüer/Hermanns*, BayVBl. 2001, 385, 387.

575 *OVG Schleswig*, Beschl. v. 14.05.1999 – 2 L 244/98 – NVwZ 1999, 1354 f.

576 *BVerfG* (*2. Kammer des 1. Senats*), Beschl. v. 23.06.2000 – 1 BvR 830/00 – NVwZ 2000, 1163, 1164.

mig abgelehnt wird, § 124a Abs. 2 VwGO. Wird dem Antrag auf Zulassung der Berufung stattgegeben, ist die Berufung gemäß § 124a Abs. 3 VwGO innerhalb eines Monats zu begründen. Dazu ist es erforderlich, daß nach Zulassung der Berufung ein gesonderter Schriftsatz eingereicht wird[577]. In dieser Berufungsschrift kann auf die Ausführungen im Berufungszulassungsantrag Bezug genommen werden, solange ein selbständiger Berufungsantrag formuliert wird[578].

Mit der Ablehnung des Antrags wird die angefochtene Entscheidung rechtskräftig. Die Zurückweisung des Zulassungsantrags bedarf daher keiner Begründung, wenn die Entscheidung einstimmig unter den drei Berufsrichtern erfolgt.

### 4. Vorläufiger Rechtsschutz

Das Beschwerdezulassungsrecht nach der 6. VwGO-Novelle orientiert sich im wesentlichen am Berufungzulassungsrecht, was auch in der Verweisung des § 146 Abs. 4 VwGO zum Ausdruck kommt, der eine entsprechende Anwendung der Berufungszulassungsgründe anordnet. Im Unterschied zur Zulassungsberufung hat der Anwalt derzeit für die Erhebung der Zulassungsbeschwerde allein zwei Wochen Zeit, in der er die Beschwerde erheben und gemäß § 146 Abs. 5 VwGO auch begründen muß.

Einigkeit herrscht inzwischen darüber, daß das Beschwerdezulassungsrecht die Zulassungsberufung noch an Defiziten übertrifft, werden doch die ohnehin bestehenden sachlichen Probleme der Berufungszulassung noch um die mit den sich aus den engen zeitlichen Grenzen des Beschwerdezulassungsrechts resultierenden Schwierigkeiten erweitert[579]. So überrascht es nicht, daß gar von »blankem Unsinn gesprochen« wird[580]. Allerdings tröstet die breite Kritik an der gesetzlichen Regelung[581] diejenigen kaum, die aufgrund dieser Rechtslage oftmals nicht nur vorübergehend um ihr Recht gebracht werden, ist doch allgemein bekannt, daß für manche Rechtsgebiete vielfach abschließende Entscheidungen schon in den Verfahren des vorläufigen Rechtsschutzes getroffen werden[582]. Der Sinn des Verweises die Zulassungsgründe von § 146 Abs. 4 VwGO auf § 124 Abs. 2 VwGO erschließt sich daher auch dem unbefangenen Betrachter, wenn überhaupt, nur schwierig. So ist es im Grunde nicht nachzuvollziehen, wenn das sogenannte Eilverfahren mit einem weiteren Verfahrensschritt belastet wird, in dem Zulassungsgründe zu prüfen sind, die für ein Hauptsacheverfahren konzipiert sind. Dies führt letztlich zu einer erhöhten Belastung aller Beteiligten und trägt auch nicht zur Verfahrensbeschleunigung bei[583].

Gleichwohl nimmt explizit der *12. Senat* des *OVG Lüneburg* an, daß nach dem Wortlaut des Gesetzes grundsätzlich kein Bedürfnis für eine Differenzierung zwischen

---

577 *OVG Münster*, Beschl. v. 23.10.1998 – 9 S 1372/98 – NVwZ 1999, 207; Beschl. v. 27.10.1998 – 10 A 3602/98 – NVwZ 1999, 208, 209.

578 *OVG Münster*, Beschl. v. 27.10.1998 – 10 A 3602/98 – NVwZ 1999, 208, 209.

579 *Stüer/Hermanns*, BayVBl. 2001, 385, 387.

580 *Berkemann*, DVBl. 1998, 446, 458.

581 *Stüer/Hermanns*, VBlBW 2000, 256, 260; *Uechtritz*, VBlBW 2000, 65, 70; *Schenke*, VBlBW 2000, 56, 61; *Bader, in: Bader/Funke-Kaiser/Kuntze/von Albedyll*, VwGO, § 146, Rn. 17; *Ewer*, ZG 1998, 47, 53.

582 *Finkelnburg/Jank*, Vorläufiger Rechtsschutz im Verwaltungsverfahren, Rn. 50; *Becker*, RiA 1983, 83, 87.

583 *Meissner*, VBlBW 1997, 81, 86.

Berufungs- und Beschwerdezulassungsverfahren bestehe[584]. Andere Gerichte sind dagegen dazu übergegangen, daß Anträge auf Zulassung der Beschwerde nach § 146 Abs. 4 VwGO i. V. m. § 124 Abs. 2 Nr. 3 VwGO nur auf solche Zulassungsgründe gestützt werden können, die die spezifischen Besonderheiten des vorläufigen Rechtsschutzes betreffen. Dies wird mit dem summarischen Prüfungsprogramm begründet, das nicht dazu geeignet sei, bisher ungeklärte Rechtsfragen abschließend zu entscheiden[585]. Nach Auffassung des *12. Senats* des *OVG Lüneburg* ist diese Beschränkung der Überprüfung der grundsätzlichen Bedeutung einer Rechtssache zumindest in den Fällen, in denen um eine einstweilige Anordnung nach § 123 VwGO gestritten wird, nicht geboten, da bei der Überprüfung des Anordnungsanspruches keine summarische Prüfung erfolge, vielmehr alle Rechtsfragen für das Verfahren des vorläufigen Rechtsschutzes zu beantworten seien[586]. Gegen diese Ansicht spricht aber, daß bei einer solchen Verfahrensweise jegliche Elastizität hinsichtlich der Prüfungsdichte im Eilverfahren verlorengeht. Hinzu kommt, daß die Einzelfallgerechtigkeit insbesondere durch die Zulassungstatbestände des § 124 Abs. 2 Nr. 1 und 2 VwGO, aber auch durch § 124 Abs. 2 Nr. 4 und 5 VwGO abgesichert wird, sollte eine Reduzierung des Prüfungsumfangs hinsichtlich der grundsätzlichen Bedeutung einer Rechtssache im Rahmen eines Beschwerdezulassungsverfahrens erforderlich sein.

### 5. Normenkontrolle

Ebenfalls als rechtspolitischer Fehlschlag hat sich die Neuregelung des § 47 Abs. 2 VwGO erwiesen. Während bis zur 6. VwGO-Novelle für die Antragsbefugnis noch ein gegebener oder in absehbarer Zeit zu erwartender Nachteil vorausgesetzt wurde, wollte der Gesetzgeber die Anforderungen an die Antragsbefugnis verschärfen, indem er ab dem 01.01.1997 analog zu § 42 Abs. 2 VwGO die Geltendmachung einer Rechtsverletzung verlangte. Des weiteren wurde die bis dahin geltende Frist von sieben Jahren, innerhalb derer der Normenkontrollantrag zu stellen war, auf zwei Jahre reduziert. Inzwischen ist auch diese Regelung Gegenstand verschiedener Entscheidungen des *BVerwG* geworden. Dies hat, zumindest für die am häufigsten vorkommenden Normenkontrollverfahren, solche die Bebauungspläne betreffen, festgestellt, daß das Abwägungsgebot des § 1 Abs. 6 BauGB eine subjektiv-rechtliche Qualität habe und Antragsteller demgemäß regelmäßig eine Verletzung von § 1 Abs. 6 BauGB geltend machen könnten[587]. Insofern wurde die Entscheidung des Gesetzgebers somit partiell revidiert, was allerdings nicht die verbleibenden Bedenken hinsichtlich der Anwendung des neu geregelten § 47 Abs. 2 VwGO bei die übrigen Rechtsgebieten betreffenden Normenkontrollverfahren zerstreut[588]. Denn durch ein Normenkontrollverfahren läßt sich regel-

584 *OVG Lüneburg*, Beschl. v. 03.11.1998 – 9 L 5136/97 – NdsVBl. 1999, 91, 92.

585 *VGH Mannheim*, Beschl. v. 12.05.1997 – A 12 S 580/97 – NVwZ 1998, 305, 306; Beschl. v. 06.03.1997 – 14 S 424/97 –; Beschl. v. 21.02.1997 – 8 S 483/97 – DVBl 1997, 1325; *OVG Münster*, Beschl. v. 27.06.1997 – 11 B 1136/97 – NVwZ 1998, 306, 307; *OVG Weimar*, Beschl. v. 28.11.1997 – 2 ZEO 208/97 – LKV 1998, 281.

586 *OVG Lüneburg*, Beschl. v. 02.02.1998 – 12 L 194/98 – NdsVBl. 1998, 167; Beschl. v. 03.09.1997 – 12 M 3916/97 – DVBl. 1997, 1336.

587 *BVerwG*, Urt. v. 24.09.1998 – 4 CN 2.98 – NJW 1999, 592; Urt. v. 05.11.1999 – 4 CN 3.99 – NVwZ 2000, 806; *Stüer*, BauR 1999, 1221; *Hermanns*, JA-R 2000, 94, 95.

588 *Stüer/Hermanns*, BayVBl. 2001, 385, 388; *Schenke*, NJW 1997, 81, 82.

mäßig verhältnismäßig zügig und vor allem allgemeinverbindlich klären, welche Rechtswirkungen einer untergesetzlichen Norm zukommen. Diese Möglichkeit, Rechtssicherheit zu schaffen ist nun nachhaltig eingeschränkt worden. Dies führt aber nun nicht zu einer, wenn auch rechtswidrigen aber zumindest doch bestandskräftigen, Rechtssicherheit, sondern verlagert die Streitigkeiten über den Bestand der untergesetzlichen Normen in Einzelklageverfahren, in denen diese Rechtsverordnungen und Satzungen inzident geprüft werden sollen. Ehe es aber hier zu einer von den Ausgangsgerichten zu beachtenden obergerichtlichen vereinheitlichenden Rechtsprechung kommt, werden im Hinblick auf die skizzierte Zulassungspraxis der *OVG* verschiedene Verfahren vor den *VG* bestritten werden müssen, was gerade nicht zu dem vom Gesetzgeber verfolgten Ziel der Entlastung der Verwaltungsgerichtsbarkeit beiträgt[589].

### *II. Änderungsabsichten des Referentenentwurfs für ein 7. VwGO-ÄndG*

Inzwischen hat auch die Bundesregierung erkannt, daß mit dem derzeitigen System des Berufungs- und Beschwerderechts im verwaltungsgerichtlichen Verfahren etwas nicht stimmt. Im Oktober 2000 wurde nun ein Referentenentwurf zu einem 7. VwGO-ÄndG vorgelegt, in dessen Begründung es unter anderem heißt, daß lediglich Randkorrekturen veranlaßt seien um praktische Bedürfnissen infolge der Anwendung der Regelungen des 6. VwGO-ÄndG Rechnung tragen zu können. So bleibt der bisher vorliegende Novellierungsvorschlag vielfach noch hinter den Mindesterwartungen zurück[590] und nimmt sich – bezeichnenderweise – den verfassungsrechtlich umstrittenen Bestimmungen des Berufungszulassungsrechts nicht an. Im einzelnen werden folgende Änderungen angedacht.

#### 1. Berufungzulassungsrecht

#### a. Änderung bei den Berufungszulassungsgründen

Als Kernstück des Referentenentwurfs kann die Abkehr von der reinen Zulassungsberufung betrachtet werden. So sieht § 124 Abs. 1 E-VwGO vor, daß nicht mehr allein das *OVG* die Berufung zulassen können soll, sondern auch das *VG* gemäß § 124a Abs. 1 E-VwGO mit bindender Wirkung gemäß § 124a Abs. 1 E-VwGO im Urteil über die Zulassung der Berufung soll entscheiden können. Darüber hinaus soll § 124 Abs. 2 Nr. 4 VwGO insoweit ergänzt, daß eine Berufung auch dann zuzulassen ist, »wenn die Fortbildung des Rechts oder die Sicherung einer einheitlichen Rechtsprechung eine Entscheidung des *OVG* erfordert«. § 124a Abs. 1 E-VwGO sieht wiederum vor, daß das *VG* die Berufung zulassen muß, wenn ein Berufungsgrund gemäß § 124 Abs. 1 Nr. 3 oder Nr. 4 E-VwGO gegeben ist.

Der Vorschlag, nun nicht mehr allein die *OVG* über die Zulassung der Berufung entscheiden zu lassen, ist nicht neu[591]. Der Vorteil einer Zulassungsmöglichkeit durch das *VG* ist darin zu sehen, daß das sich bereits in den Fall eingearbeitet habende *VG* vielfach sicherer die Schwierigkeiten und die Bedeutung des Falles wird beurteilen können. Hier stellt sich aber die Frage, warum die *VG* auf die Zulassungsgründe des § 124 Abs. 1 Nr. 3 und Nr. 4 E-VwGO beschränkt werden und es nicht auch bei den anderen Zulas-

589 *Stüer/Hermanns*, BayVBl. 2001, 385, 388; *Ewer*, ZG 1998, 47, 56.
590 *Hüttenbrink*, DVBl. 2000, 882, 887.
591 So auch schon *Franßen* im Pressegespräch am 18.02.1999, DVBl. 1999, 501, 502.

sungsgründen der Beurteilung des *VG* unterliegen soll, ob ein Fall zulassungswürdig ist. Zwar kann man nicht unbedingt erwarten, daß das *VG* Zweifel an der Richtigkeit der eigenen Entscheidung (§ 124 Abs. 2 Nr. 1 VwGO) hegen oder aber einen Verfahrensmangel (§ 124 Abs. 2 Nr. 5 VwGO) zugestehen wird, aber tatsächliche oder rechtliche Schwierigkeiten bei einer Rechtssache müßte jedes Gericht anerkennen können, ohne dabei über seinen Schatten springen zu müssen[592]. Insofern leuchtet der im Referentenentwurf enthaltene Vorschlag nicht ein, den *VG* nur bei zwei der fünf Gruppen die Kompetenz zuzugestehen, über die Zulassung der Berufung zu entscheiden. Dies gilt umsomehr, wenn sich die Begründung des Referentenentwurfs auf die lapidare Feststellung beschränkt, die übrigen Zulassungsgründe würden sich nicht für eine Zulassung durch das *VG* eignen, trifft dies doch zumindest für § 124 Abs. 2 Nr. 2 VwGO nicht zu. Überdies scheinen die in der Sozialgerichtsbarkeit mit der Zulassung der Berufung durch die Ausgangsinstanz gewonnenen Erfahrungen nicht im Ansatz berücksichtigt worden zu sein, was als weiteres Defizit zu beanstanden ist[593].

### b. Beschwerde gegen die Nichtzulassung der Berufung

Wird die Berufung nicht zugelassen, weil das *VG* keinen Berufungzulassungsgrund festgestellt hat oder aber aufgrund mangelnder Entscheidungskompetenz die Berufung nicht zulassen konnte, soll gemäß § 124b Abs. 1 E-VwGO die Möglichkeit bestehen, die Zulassung der Berufung zu beantragen. § 124b Abs. 1 E-VwGO entspricht im wesentlichen der bisherigen Fassung des § 124a Abs. 1 VwGO. Dabei ist § 124b Abs. 1 E-VwGO die zwingende Folge der inkonsequenten Regelung der Zulassung der Berufung durch § 124a Abs. 1 S. 1 E-VwGO, sieht doch der Referentenentwurf das Nebeneinander von einem Antrag auf Zulassung der Berufung und der Zulassung durch das *VG* gerade vor. Zur Rechtsklarheit trägt dies nicht bei. Aber vielleicht bewahrt diese Gesetzesfassung, sofern sie denn Rechtswirklichkeit werden sollte, die Praxis davor, wiederum die hohen Anforderungen die an die eine Nichtzulassungsbeschwerde gemäß § 133 VwGO gegen die Nichtzulassung der Revision gestellt werden, auf die Antragstellung bei einer Nichtzulassung der Berufung durch das *VG* übertragen zu bekommen[594]. Diese Antragsform wäre nämlich die Konsequenz, wenn das *VG* über alle Berufungszulassungsgründe entscheiden könnte und müßte. Solch hohe Anforderungen wären zwar, den obigen Ausführungen entsprechend, verfassungsrechtlich kaum vertretbar, doch muß man wohl im Hinblick auf die ergangene Rechtsprechung und einer weiteren Entscheidung des *BVerfG* zum Berufungszulassungsrecht mit gleicher Stoßrichtung[595] davon ausgehen, daß dies für die *OVG* kein zwingender Grund wäre[596].

### c. Verlängerung der Begründungsfristen

Unter den gegebenen Umständen positiv zu bewerten ist, daß der Referentenentwurf teilweise eine Verlängerung der Begründungsfristen vorsieht. Gemäß § 124b Abs. 1 S. 1

---

592 *Stüer/Hermanns*, BayVBl. 2001, 385, 388.

593 *Stüer/Hermanns*, BayVBl. 2001, 385, 388.

594 *Stüer/Hermanns*, BayVBl. 2001, 385, 388 f.

595 *BVerfG (1. Kammer des 1. Senats)*, Beschl. v. 08.03.2001 – 1 BvR 1653/99 – DVBl. 2001, 894, 895.

596 *Stüer/Hermanns*, BayVBl. 2001, 385, 389; a. A. *Fischer*, DVBl. 2000, 1686, 1687.

E-VwGO ist der Antrag auf Zulassung der Berufung innerhalb eines Monats nach Zustellung des erstinstanzlichen Urteils zu stellen. Dies entspricht der bisherigen Rechtslage, § 124a Abs. 1 S. 1 VwGO. Doch der neue § 124b Abs. 1 S. 3 E-VwGO sieht nun eine Begründungsfrist von zwei Monaten, gerechnet von der Zustellung des erstinstanzlichen Urteils, vor, während nach bisheriger Rechtslage die Frist für die Beantragung der Berufung mit der Begründungsfrist für diesen Antrag einhergeht und sich, wie dargestellt, auf einen Monat beschränkt. Im Hinblick auf die vielfach beklagten zu engen Fristen des 6. VwGO-ÄndG[597] würde dies zu tatsächlichen Entlastungen der Anwaltschaft führen[598].

Weiterhin ist die Berufung selbst innerhalb eines Monats einzulegen. Wurde sie vom *VG* zugelassen, läuft die Monatsfrist ab der Zustellung des erstinstanzlichen Urteils, § 124a Abs. 2 E-VwGO. Erfolgt die Zulassung dagegen erst durch das *OVG*, bedarf es gemäß § 124b Abs. 2 S. 4 E-VwGO keiner gesonderten Einlegung der Berufung mehr. Die Berufung ist dann innerhalb eines Monats nach Zustellung des Beschlusses über die Zulassung der Berufung zu begründen. Hier stellt sich wiederum die Frage, warum im Referentenentwurf an der durch die derzeitige Rechtslage hervorgerufenen unnötigen Hektik festgehalten wird. Schon in der Vergangenheit wurden die knappen Begründungsfristen vielfach kritisiert[599]. Auch besteht keine sachliche Notwendigkeit für die knappe, nach der Systematik des Gesetzes nicht verlängerbare, Begründungsfrist. Denn zumeist wird die lange Dauer vieler Verfahren nicht durch die Trägheit der Anwaltschaft hervorgerufen. Der Grund hierfür ist vielmehr bei den Gerichten zu suchen. Auch gibt es keinen vernünftigen Grund dafür, dem Berufungskläger einer bereits vom *VG* zugelassenen Berufung gemäß § 124a Abs. 3 E-VwGO eine Frist von zwei Monaten für die Begründung der Berufung einzuräumen, wobei diese Frist noch durch den Senatsvorsitzenden verlängert werden kann, während der Berufungskläger einer durch das *OVG* zugelassenen Berufung an die enge Monatsfrist gebunden wird. Insbesondere das Argument, einer vom *OVG* zugelassenen Berufung sei das Zulassungsverfahren vorausgegangen, so daß der Anwalt mit den Gründen für die Berufung bereits vertraut sei, greift nicht durch[600]. Denn nach bisheriger Rechtsprechung reicht eine alleinige Bezugnahme auf den erfolgreichen Zulassungsantrag als Berufungsbegründung nicht aus, da nur eine solche Verfahrensweise erkennen lasse, daß der Antragsteller an seinem Ziel festhalte, ein Berufungsverfahren durchzuführen. Vielmehr sei immer ein eigener Schriftsatz, bei dem zwar auf den Zulassungsantrag Bezug genommen werden könne, erforderlich[601].

597 *Fischer*, DVBl. 2000, 1686.

598 *Stüer/Hermanns*, BayVBl. 2001, 385, 389.

599 *Quaas*, NVwZ 1998, 701, 702; *Hüttenbrink*, DVBl. 2000, 882, 884.

600 *Stüer/Hermanns*, BayVBl. 2001, 385, 389.

601 *BVerwG*, Urt. v. 30.06.1998 – 9 C 6.98 – NVwZ 1998, 1311, 1312; inzwischen noch großzügiger Urt. v. 23.04.2001 – 1 C 33.00 – NVwZ 2001, 1029, 1030.

## 2. Rechtsentscheid des *BVerwG*

Ein Hauptproblem der Zulassungsberufung war und ist die große Zahl der divergierenden Entscheidungen der *OVG*[602]. So hat sich bei den einzelnen *OVG*, teilweise gar bei den *Senaten*, eine eigene Spruchpraxis zum Berufungszulassungsrecht herausgebildet. Dies wiederum hat zur Konsequenz, daß infolge der restriktiven Zulassungspraxis auch das materielle Recht in zunehmenden Maße zersplittert, fehlt es doch an einer vereinheitlichenden Rechtsprechungspraxis des *BVerwG*[603]. Derzeit ist dies ohne eine Änderung der Zulassungspraxis seitens der *OVG* nicht zu korrigieren, da die Beschlüsse über Anträge auf Zulassung der Berufung gemäß § 124a Abs. 2 S. 3 VwGO unanfechtbar sind, soweit der Antrag abgelehnt wird. Wird der Antrag dagegen fälschlicherweise zugelassen, wird die Entscheidung des *OVG* hierauf nicht beruhen, was gemäß § 132 Abs. 2 Nr. 3 VwGO wiederum deren Revisibilität ausschließt. Vor diesem Hintergrund ist es nur zu begrüßen, daß die Ministerialbürokratie den Handlungsbedarf erkennt. Anstatt aber das Übel an der Wurzel zu packen und der gesamten Zulassungsberufung zu Leibe zu rücken, beläßt es der Referentenentwurf bei einer halbherzigen Kurskorrektur, die eher zu einer Verkomplizierung der Verfahren als zu deren baldigen Erledigung beiträgt[604].

So soll das *OVG* gemäß § 124c E-VwGO unter Begründung seiner Rechtsauffassung dem *BVerwG* per Beschluß eine Sache vorlegen, wenn es dies aufgrund grundsätzlicher Bedeutung der Rechtssache, zur Rechtsfortbildung oder zur Sicherung der Einheitlichkeit der Rechtsprechung für erforderlich hält. Alleiniger Gegenstand dieses Rechtsentscheid ist gemäß § 124c S. 1 E-VwGO die Auslegung der Berufungszulassungsgründe des § 124 Abs. 2 E-VwGO. Gemäß § 124c S. 2 E-VwGO soll die Entscheidung über die Vorlage einer Sache an das *BVerwG* unanfechtbar sein und damit weder von den Beteiligten angefochten und schon gar nicht erzwungen werden können, so daß auch von einem Leerlaufen dieser Vorschrift ausgegangen wird[605]. Letzteres führt dazu, daß bei einer unberechtigt unterbliebenen Nichtvorlage nur der Gang zum *BVerfG* bleibt, wobei sich hierbei wiederum die Frage der offensichtlichen Unhaltbarkeit der unterbliebenen Vorlage stellt[606].

Darüber hinaus verfehlt die im Entwurf zum 7. VwGO-ÄndG angedachte Lösung das eigentliche Problem. Notwendig wäre es nämlich sicherzustellen, daß eine materiell-rechtliche Befassung des *BVerwG* auch gegen den Willen von *VG* und *OVG* erzwungen werden kann. Dies ist, wie dargestellt, selbst mit Hilfe des *BVerfG* nicht möglich, denn alleiniger Gegenstand des Rechtsentscheid nach § 124c E-VwGO ist die Auslegung von § 124 Abs. 2 E-VwGO. Sollte es zu einer entsprechenden Regelung kommen, bleibt daher allein die Hoffnung auf das *BVerwG*, das durch eine weite Auslegungspraxis für Abhilfe sorgen könnte[607].

602 *Stüer/Hermanns*, BayVBl. 2001, 385, 389; *Berkemann*, DVBl. 1998, 446, 453 f.; *Quaas*, NVwZ 1998, 701, 704; *Seibert*, NVwZ 1999, 113, 114.

603 *Stüer/Hermanns*, BayVBl. 2001, 385, 389.

604 *Stüer/Hermanns*, BayVBl. 2001, 385, 389.

605 *Atzler*, NdsVBl. 2001, 111, 112.

606 Hierzu *Degenhart*, in: *Sachs*, GG, Art. 101, Rn. 20 f.; *Kunig*, in von *Münch/Kunig*, GG, III, Art. 101, Rn. 35.

607 *Stüer/Hermanns*, BayVBl. 2001, 385, 389.

### 3. Beschwerdezulassungsrecht

Den dargestellten Mißständen bei der Zulassung der Beschwerde in Verfahren des vorläufigen Rechtsschutzes soll durch eine deutliche Abschwächung der Zulassungsvoraussetzungen für die Beschwerde begegnet werden. So soll der in § 146 Abs. 4 VwGO enthaltene Verweis auf die Berufungzulassungsgründe aufgehoben und durch eine Neufassung ersetzt werden. So sieht § 146 Abs. 4 E-VwGO vor, daß in Verfahren des vorläufigen Rechtsschutzes die Beschwerde durch das *OVG* zuzulassen sei, wenn sie Aussicht auf Erfolg habe. Wesentlich ist auch die im Entwurf vorgesehene Abkehr von der engen, zwei Wochen währenden, Frist für das Stellen des Antrags der Zulassung der Beschwerde und auch dessen Begründung. Zwar sieht auch § 146 Abs. 5 S. 1 E-VwGO weiterhin vor, daß der Antrag auf Zulassung der Beschwerde lediglich zwei Wochen zur Verfügung stehen, doch wenigstens wird in § 146 Abs. 5 S. 3 E-VwGO von einer Frist von einem Monat, gerechnet ab der Zustellung der Entscheidung des *VG*, ausgegangen[608].

Im Falle der Umsetzung des Entwurfs käme es also zu einer Abkehr von der Koppelung der Zulassungsvoraussetzungen der Beschwerde an die Zulassungsvoraussetzungen der Berufung. Damit würde der Kritik entsprochen werden, daß die Zulassungsvoraussetzungen des Hauptsacheverfahrens nicht ohne weiteres auf das Eilverfahren übertragen werden können. Akzeptiert man aber diese Erkenntnis, stellt sich die Frage, warum überhaupt weiterhin Zulassungsvoraussetzungen in Verfahren des vorläufigen Rechtsschutzes angewendet werden sollen[609]. Nimmt man den Begriff Eilverfahren beim Wort, ist jeder Zwischenschritt eine das Ziel des Rechtsschutzbegehrens einschränkende Verzögerung. Zwar sieht § 146 Abs. 6 S. 2 VwGO nun explizit vor, daß das *OVG* über die Zulassung der Beschwerde und über die Beschwerde selbst gleichzeitig, also in einem Beschluß, entscheiden kann. Damit wird jedoch nur die derzeitige Rechtspraxis aufgegriffen[610] und ihr eine gesetzliche Form gegeben, so daß diese Regelung die tatsächliche Entscheidungspraxis kaum zu beeinflussen vermag[611].

Auch bleibt es bei dem grundsätzlichen Problem, daß verschiedene Rechtsbereiche abschließend primär in Verfahren des vorläufigen Rechtsschutzes entschieden werden[612]. Findet man sich mit der letztlich dann doch unbefriedigenden Fortführung der jetzigen Rechtslage ab, ist die Generalklausel des einzigen Zulassungsgrundes »Aussicht auf Erfolg der Beschwerde« hinzunehmen[613]. Zwar würde es zunächst wiederum Schwierigkeiten geben, zu einer einheitlichen Linie zu finden, insbesondere wenn man berücksichtigt, daß der Rechtsentscheid durch das *BVerwG* hier keine Anwendung findet. Wenn die *OVG* aber berücksichtigen, daß die Anforderungen an die Aussicht auf Erfolg einer Beschwerde nach § 146 Abs. 6 S. 2 E-VwGO sich noch unterhalb des Kriteriums des in § 124 Abs. 2 Nr. 1 VwGO geregelten Zulassungsgrundes der ernstlichen

---

608 *Stüer/Hermanns*, BayVBl. 2001, 385, 389.

609 *Stüer/Hermanns*, BayVBl. 2001, 385, 390.

610 *OVG Lüneburg*, Beschl. v. 27.03.1997 – 12 M 1731/97 – NVwZ 1997, 1225; *VGH Mannheim*, Beschl. v. 12.02.1997 – 7 S 430/97 – NVwZ 1998, 405; *VGH München*, Beschl. v. 17.09.1997 – 12 ZE 97.1331 – BayVBl. 1998, 83.

611 *Stüer/Hermanns*, BayVBl. 2001, 385, 390.

612 *Finkelnburg/Jank*, Rn. 50; *Stüer/Hermanns*, BayVBl. 2001, 385, 390; *Becker*, RiA 1983, 83, 87.

613 *Stüer/Hermanns*, BayVBl. 2001, 385, 390.

Zweifel an der Richtigkeit der Entscheidung bewegen und darüber hinaus auch die Entscheidung des *BVerfG* beachten, daß ernstliche Zweifel immer dann gegeben sind, wenn ein einzelner tragender Rechtssatz oder eine erhebliche Tatsachenfeststellung mit schlüssigen Gegenargumenten in Frage gestellt werden können[614], würde dies zumindest eine partielle Verbesserung des Rechtsschutzes bedeuten.

## C. Das 2. FGO-ÄndG

Durch das 2. FGO-ÄndG vom 19.12.2000[615] wurde der bereits dargestellte Rechtsstand hergestellt. Gegenstand der Änderung war insbesondere die Neuregelung des Revisionsrechts in der FGO. So wurde die schon seit 1985 durch das BFHEntlG außer Kraft gesetzte Streitwertrevision gänzlich aus der FGO verbannt. Grund hierfür war die Auffassung des Gesetzgebers, daß der Streitwert kein geeignetes Auswahlkriterium zur Zulassung einer Revision sei[616]. Überdies wurde die zulassungsfreie Verfahrensrevision nach § 116 FGO a. F., der verschiedene Revisionsgründe enthielt, die im wesentlichen den absoluten Revisionsgründen der StPO entsprachen, abgeschafft. In der Praxis gab es erhebliche Schwierigkeiten bei der Abgrenzung zur zulassungsbedürftigen Revision aufgrund von Verfahrensfehlern und insgesamt war in der Finanzgerichtsbarkeit eine überproportional hohe Zahl unzulässiger Revisionen festzustellen[617]. Die Streichung der zulassungsfreien Verfahrensrevision gemäß § 116 FGO a. F. entspricht der bereits vor Jahren erfolgten Streichung des entsprechenden § 133 VwGO a. F. Insofern wurde die FGO der VwGO zumindest in dieser Hinsicht wieder angenähert.

Mit der Neufassung der Revisionszulassungsgründe in § 115 Abs. 2 FGO hat sich diese aber auch ein wenig von der VwGO entfernt. So fehlt es dem Revisionszulassungsgrund des § 115 Abs. 2 Nr. 2 FGO an einem Pendant in der VwGO. Die Formel des § 115 Abs. 2 Nr. 2 FGO, daß die Revision zuzulassen sei, wenn die Fortbildung des Rechts oder die Sicherung einer einheitlichen Rechtsprechung eine Entscheidung des *BFH* erfordere, sollte der Kritik an den zu engen Revisionszulassungsgründen des bislang geltenden Rechts Rechnung tragen. Der wesentliche Unterschied zu § 132 Abs. 2 VwGO, zu § 160 Abs. 2 Nr. 2 SGG und zur bisherigen Regelung ist darin zu sehen, daß der Revisionsführer nun nicht mehr darlegen muß, daß die angegriffene Entscheidung auf der Divergenz beruht. Darüber hinaus genügt es, wenn er darlegen kann, daß infolge der angegriffenen Entscheidung eine Fortbildung des Rechts erfolgen müsse. Insgesamt hätte die beabsichtigte Erweiterung der Revisionszulassungsgründe im Gesetzestext deutlicher gemacht werden können. Gleichwohl ist eine rechtsschutzfreundlichere Judikatur bei der Zulassung von Revisionen zu erwarten, wenn auch erst die Praxis der Voraussetzung des Erfordernis der Rechtsfortbildung eine eigene Gestalt geben muß[618].

So wird es zwar sicherlich noch Anpassungsschwierigkeiten hinsichtlich der neuen Rechtslage geben, insgesamt ist aber im Hinblick auf die Zusammenführung der bisher, bedingt durch das BFHEntlG, gespaltenen Kodifikation des finanzgerichtlichen Verfah-

614 *BVerfG* (*2. Kammer des 1. Senats*), Beschl. v. 23.06.2000 – 1 BvR 830/00 – NVwZ 2000, 1163, 1164.

615 2. FGOÄndG v. 19.12.2000, BGBl. I 2000, 1757.

616 *Lange*, NJW 2001, 1098.

617 *Lange*, NJW 2001, 1098, 1100; *Spindler*, DB 2001, 61.

618 *Spindler*, DB 2001, 61, 62.

rensrechts unter Rechtsschutzgesichtspunkten von einer Verbesserung des Regelungsgefüges der FGO auszugehen.

## D. Auswirkungen auf das Vorhaben einer Neustrukturierung

Die vollzogenen grundlegenden Änderungen des Rechtsmittelrechts im Rahmen des 6. VwGO-ÄndG, die, ausweislich des vorliegenden Referentenentwurfs, auch nicht durch das 7. VwGO-ÄndG wesentlich revidiert werden sollen, stellen keine Hürde für das Vorhaben einer Neustrukturierung der Verwaltungsgerichtsbarkeiten dar. Auch eine Verabschiedung des vorliegenden Entwurfs eines 7. VwGO-ÄndG würde keine selbständigen Hindernisse nach sich ziehen. Gleiches gilt für das 2. FGO-ÄndG. Weder zwischen Verwaltungs- und Finanzgerichtsbarkeit, noch zwischen Verwaltungs- und Sozialgerichtsbarkeit und auch nicht zwischen Finanz- und Sozialgerichtsbarkeit werden neue, noch mehr trennende, Divergenzen hervorgerufen.

### *I. Auswirkungen im Verhältnis zur Finanzgerichtsbarkeit*

Da das 6. VwGO-ÄndG keinerlei gerichtsorganisatorische Veränderungen bei der Besetzung der Spruchkörper vorsah und dies auch beim 7. VwGO-ÄndG, soweit bisher abzusehen, nicht der Fall ist, können sich hieraus keine neuen Divergenzen ergeben. Darüber hinaus verfügt die Finanzgerichtsbarkeit nicht über eine Berufungsinstanz, so daß es auch unter diesem Gesichtspunkt nicht zu einem weiteren Auseinanderdriften von allgemeiner Verwaltungsgerichtsbarkeit und Finanzgerichtsbarkeit kommen kann, da das 6. VwGO-ÄndG und das 7. VwGO-ÄndG jeweils nur das Rechtsmittelrecht zum Gegenstand haben. Soweit in der Finanzgerichtsbarkeit eine Beschwerde gegen Entscheidungen des *FG* zwangsläufig unmittelbar vom *BFH* behandelt wird, gilt die eben getroffene Feststellung auch insoweit, da, wie bereits ausgeführt, das Beschwerdeverfahren vor dem *BFH* ohnehin ein Verfahren eigener Art ist. Die aktuellen Änderungen der VwGO wirken sich demnach nicht weiter auf die Möglichkeit zu einer Zusammenführung von allgemeiner Verwaltungsgericht und Finanzgerichtsbarkeit aus.

Andersherum ist durch die vorgenommene Änderung des Revisionsrechts der FGO diese wieder ein Stück näher an die VwGO herangerückt worden. Wenn auch die Revisionsverfahren immer noch nicht einheitlich geregelt worden sind, sind doch die Hürden, die sich aus unterschiedlichem Revisionsrecht von VwGO und FGO ergeben, zumindest abgesenkt worden. Insbesondere der nunmehr endgültige Fortfall der Streitwertrevision vermeidet grundsätzliche Verschiedenheiten im System des Revisionsrechts.

### *II. Auswirkungen im Verhältnis zur Sozialgerichtsbarkeit*

Sieht man als wesentlichen Gegenstand der jüngsten VwGO-Novelle sowie dem bevorstehenden 7. VwGO-ÄndG die Veränderung im Berufungs- und Beschwerdezulassungsrecht, entwickelt sich die allgemeine Verwaltungsgerichtsbarkeit auf die Sozialgerichtsbarkeit zu.

Wie dargestellt, werden auch die Berufung und Beschwerde im sozialgerichtlichen Verfahren gemäß der §§ 144 und 145 SGG einem Zulassungsverfahren unterworfen. Allerdings kennt das SGG bisher nur das Beschwerdeverfahren gegen die Nichtzulassung der Berufung oder Beschwerde. Insofern würde es auch im Falle der Verabschiedung des Entwurfes zum 7. VwGO-ÄndG dabei bleiben, daß ein auf Zulassungsgründen, die nur der Antragsteller geltend machen und aufgrund derer das Ausgangsgericht die Zulassung nicht selbständig aussprechen kann, basierendes Antragsverfahren auf Zulassung von Berufung oder Beschwerde dem SGG fremd ist. Im Ergebnis führt dies aber nicht zu wesentlichen Unterschieden, denn wenn das Ausgangsgericht selbst über die Zulassung der Berufung oder Beschwerde befindet und dies unterläßt, worauf der Antragsteller dann die Zulassung beim Obergericht beantragt, wird das Obergericht gleichermaßen mit dem Verfahren befaßt. Im Unterschied zur alleinigen Möglichkeit der Zulassung des Rechtsmittels auf Antrag der Beteiligten verfügt das Obergericht bei der Zulassungsmöglichkeit durch das Ausgangsgericht sogleich über dessen Votum, das eben durch die Nichtzulassung zum Ausdruck kommt. Ob dies aber einen wesentlichen Erkenntnisgewinn mit sich bringt, kann hier auf sich beruhen. Insgesamt ist daher nicht festzustellen, daß die aktuellen Entwicklungen in der VwGO eine Zusammenfassung der Verfahrensordnungen oder der Gerichtsbarkeiten erschweren würden.

# 8. Kapitel – Grundsätze einer Neustrukturierung der Verwaltungsgerichtsbarkeit

Ein eigener, vollständiger, Vorschlag zur Neustrukturierug unter Vorzeichnung des Inhalts einer neustrukturiertern Verwaltungsgerichtsordnung und einer in Einzelheiten gehenden Begründung kann hier nicht dargeboten werden. Auch würde es den Rahmen dieser Darstellung sprengen, zu einer möglichst großen Zahl von Einzelfragen wertend Stellung zu nehmen, geschweige denn, daß mit einzelnen Bestimmungen eine rechtstechnische Auseinandersetzung möglich ist. Ziel muß es daher vielmehr sein, auf der obigen Darstellung aufbauend und gleichsam zusammenfassend Grundsätze einer Neustrukturierung der drei großen Verwaltungsgerichtsbarkeiten sowie die konkrete Möglichkeiten einer Neustrukturierung aufzuzeigen, wobei sich an den bisherigen Schwerpunkten der Ausführungen orientiert werden soll.

## A. Grundsätze der Neustrukturierung der drei großen Verwaltungsgerichtsbarkeiten

Basierend auf den obigen Ausführungen lassen sich folgende Grundsätze für eine Neustrukturierung der drei großen Verwaltungsgerichtsbarkeiten entwickeln.

### *I. Ausgangspunkt von Reformbestrebungen*

Ausgangspunkt aller Reformbestrebungen muß eine hinreichende Klarheit über das mit der Reform verfolgte Ziel sein. Danach folgt eine substantiierte Feststellung des gegebenen, zu reformierenden Zustands.

#### 1. Hinreichende Klarheit über das Reformziel

Bevor mit der Reform eines gegebenen Rechtszustandes begonnen werden kann, müssen sich diejenigen, die diese Reform betreiben, über die mit der Reform verfolgten Zielvorstellungen Klarheit verschaffen. Dies bedeutet, daß diejenigen sich unter Berücksichtigung der politischen Durchsetzbarkeit ihrer (politischen) Ideen eine Vorstellung entwickeln müssen, welches Regelungssystem nach Vollzug der Reform bestehen soll.

Werden nämlich die Zielvorstellungen nicht eindeutig definiert, können die späteren Reformschritte nicht mit der erforderlichen Sicherheit zum Ziel führen, da es an einer klaren Zielbestimmung im Wege einer Gesamtkonzeption gerade fehlt. Typische Anzeichen für derartige Fehlentwicklungen sind Regelungen, deren Wirkungen weit über das mit der konkret Veränderung der Regelung bezweckte hinausgehen, weil der Gesamtzusammenhang und das Gesamtziel nicht gesehen wurde oder auch – als extrem – sich innerhalb kurzer Zeit widersprechende Gesetzgebungsaktivitäten.

### 2. Feststellung des zu reformierenden Zustands

Ist das Reformziel klar bestimmt, bedarf es als nächstes einer intensiven Untersuchung der gegebenen Rechtslage. Sie muß mit einer hinreichenden Genauigkeit festgestellt werden. Ohne derartige Feststellungen ist es nämlich nicht möglich, den gegebenen Zustand mit dem als Reformziel angestrebten Zustand zu vergleichen und ohne einen Vergleich ist die sachgerechte Bestimmung des Umfangs der Reform nicht möglich, sie hinge vielmehr von Zufälligkeiten ab.

Dieser Vergleich ist einerseits notwendig, um bereits im Vorfeld auf Gesetzgebungsaktivitäten, die aufgrund des gegebenen Rechtszustandes und dem verfolgten Ziel nicht erforderlich sind, einzuwirken. Andererseits ermöglicht eine genaue Feststellung des gegebenen Zustands auch eine Konkretisierung bestehender Defizite, mit der Folge, daß der gesetzgeberische Handlungsbedarf dementsprechend abgelesen werden kann.

## *II. Langfristige Konzeption von Reformen*

Das rechtspolitische Tagesgeschäft darf den Blick nicht für langfristig wirkende Reformvorhaben verstellen.

Wird tatsächlich eine Reform im Sinne des Wortes angestrebt, kann es nicht um eine möglichst rasche Beseitigung eines auf eine Fehlentwicklung hindeutenden Symptom gehen. Bei einer Reform kann es vielmehr nur darum gehen, gegebene Problemstellungen möglichst langfristig zu lösen.

So kann es notwendig sein, im Rahmen einer Reform Maßnahmen zu ergreifen, die zum Zeitpunkt ihres Wirksamwerdens politisch nicht opportun sind. Gerade in der jüngsten Vergangenheit wurde dem Gesetzgeber bei neuen Gesetzgebungsvorhaben und Novellierungen regelmäßig vorgehalten, er handele aktionistisch ohne dabei ein durchdachtes Konzept bereitzuhalten. Dem entsprechend sei auch regelmäßig die Qualität der Produkte der jeweiligen Gesetzgebungsprozesse ausgefallen.

Ungeachtet der Frage, ob der Vorwurf so, in seiner Allgemeinheit, berechtigt ist, ist an ihm ein Grundkonflikt zwischen (vermeintlichen) politischen Zwangspunkten auf der einen und sachlichen Notwendigkeiten auf der anderen Seite abzulesen. Bei einer am richtigen Ergebnis, das heißt an der rechtlich bestmöglichen Lösung eines Problems, orientierten Politik kann es aber keinesfalls darum gehen, zugunsten des politischen Tagesgeschäfts auf die Umsetzung der bestmöglichen zu verwirklichenden Lösung zu verzichten.

## *III. Maßstab für Reformen innerhalb der Verwaltungsgerichtsbarkeit*

Eine Neustrukturierung der Verwaltungsgerichtsbarkeit muß sich als erstes am Rechtsschutzauftrag gemäß Art. 19 Abs. 4 GG, am Rechtsstaatsprinzip gemäß Art. 20 Abs. 3 GG orientieren.

Soll es zu einer Reform der Verwaltungsgerichtsbarkeit kommen, müssen noch vor den mit der Reform verfolgten politischen Zielstellungen die verfassungsrechtlichen Vorgaben beachtet werden, die auch im Rahmen einer Reform zu beachten sind. Hierzu gehören zunächst die unabänderlichen Garantien des Grundgesetzes, die auch dann nicht abgeändert werden können, wenn es in den Gesetzgebungsorganen eine für eine Grundgesetzänderung notwendige Mehrheit von Zweidritteln gäbe. Hierzu gehört zunächst die Rechtsschutzgarantie gegen die Akte der öffentlichen Gewalt gemäß Art. 19 Abs. 4 GG und das Rechtsstaatsprinzip gemäß Art. 20 Abs. 3 GG.

### *IV. Aufgaben der Verwaltungsgerichtsbarkeit*

Unter diesen Voraussetzungen ist es Aufgabe der Verwaltungsgerichtsbarkeit, effektiv Rechtsschutz zu gewähren, die Verwaltung zu kontrollieren und eine abschließende Streitentscheidung bei einer entsprechenden Verfahrensgestaltung zu erreichen. Keine dieser Aufgaben ist dabei Selbstzweck, sondern jede muß sich in der Reihe der anderen Aufgaben einordnen.

Der Maßstab für Reformen in der Verwaltungsgerichtsbarkeit und die Aufgabenzuweisung müssen miteinander korrespondieren, würde dies doch ansonsten bedeuten, daß Aufgabenzuweisung und damit folglich auch die Aufgabenerledigung nicht den grundgesetzlichen Vorgaben entsprechen würden. Daher besteht an dieser Stelle ebenfalls, wie auch schon bei der Anwendung des Reformmaßstabs, weder für den einfachen, noch für den verfassungsändernden Gesetzgeber ein relevanter Entscheidungsspielraum, denn durch die Annahme eines solchen bei der Aufgabenzuweisung würden die Wertentscheidungen des Grundgesetzes unterlaufen werden können, was eben nicht mit dem Grundgesetz vereinbar wäre.

### *V. Effiziente Verfahrensgestaltung ohne eine Ökonomisierung der Verwaltungsgerichtsbarkeit*

Ein weiterer Gesichtspunkt einer Neustrukturierung der Verwaltungsgerichtsbarkeit ist die Effizienz der verwaltungsgerichtlichen Verfahren. Dabei darf es nicht zu einer Ökonomisierung der Rechtsprechung kommen, maßgeblich bleibt in erster Linie der Individualrechtsschutz.

Die aus dem Rechtsschutzauftrag und dem Rechtsstaatsprinzip des Grundgesetzes abgeleitete Aufgabe der Verwaltungsgerichtsbarkeit, den Individualrechtsschutz zu gewährleisten, darf nicht isoliert von den übrigen Verfassungsbestimmungen gesehen werden. Dies bedeutet konkret, daß auch bei der Rechtsschutzgewährung das für jegliches staatliche Handeln verfassungsrechtlich festgeschriebene Effektivitätsgebot zu beachten ist. Rechtsschutz kann also nicht frei von Gesichtspunkten der Effizienz gewährt werden.

Dies bedeutet aber nicht, daß damit eine Ökonomisierung der Rechtsprechung einhergehen darf. Eine Ökonomisierung der Rechtsprechung hätte zur Konsequenz, daß der verwaltungsgerichtliche Rechtsschutz einer vollständigen Kosten-Nutzen-Rechnung unterzogen werden müßte, so daß verschiedene Rechtsschutzbegehren sich unter ökonomischen Gesichtspunkten als nicht durchführbar erwiesen. Auch würde hiermit eine rechtliche Ausgrenzung verschiedener Rechtsschutzsuchender verbunden sein, sich nicht mit den verfassungsrechtlichen Vorgaben vereinbaren ließe. Ungeachtet dessen dürfte es darüber hinaus nicht zu den verfassungsrechtlichen Vorgaben widersprechenden Beeinträchtigungen der richterlichen Entscheidungspraxis kommen.

Unter diesen Voraussetzungen bleibt dann aber auch kein Raum für eine Ökonomisierung der Verwaltungsrechtsprechung, wenn dabei nicht gegen Bestimmungen des Grundgesetzes verstoßen werden soll.

### *VI. Überprüfung der Verwirklichng des Rechtsschutzauftrages*

Die Organisation der Rechtsprechung muß ständig dahingehend überprüft werden, ob sie den Anforderungen an Rechtsstaatlichkeit und Verfahrenseffizienz noch hinreichend gerecht wird.

Legt man den dargestellten Rechtsschutzauftrag als Maßstab der Ausgestaltung jeder verwaltungsgerichtlichen Kontrolle zu Grunde, ist es notwendig regelmäßig zu überprüfen, ob die gegebene Rechtslage den anhand dieser Maßstäbe zu bestimmenden Anforderungen an der entsprechenden Rechtsstaatlichkeit noch gerecht wird. Berücksichtigt man die wachsende Schnellebigkeit von Entwicklungen in der Gesellschaft, die auch vor dem Recht und seiner Anwendung kein Halt macht, ist eine ständige Selbstkontrolle des Rechtsstaates um so dringlicher geboten.

Hierzu gehört insbesondere die Frage, ob die Organisation und die Ausgestaltung des Verfahrens den individuellen Rechtsschutzbedürfnissen entsprechen. Angesichts der vielfach konstatierten langen Verfahrensdauer, auch in Verfahren des Eilrechtsschutzes, bedarf dieses Problem der besonderen Aufmerksamkeit der jeweils Verantwortlichen. Dies gilt natürlich auch für die Verfahrenseffizienz, hinsichtlich der ebenfalls regelmäßig zu kontrollieren ist, ob die Ausgestaltung der Rechtsschutzverfahren einerseits mit den an ein rechtsstaatliches Verfahren zu stellenden Anforderungen noch im Einklang steht, andererseits sich der für das Verfahren betriebene Aufwand noch mit dem in der Verfassung angelegten Wirtschaflichkeitgebots jeden staatlichen Handelns verträgt.

Kommt es zu einer kontinuierlichen Kontrolle, ob der Rechtsschutzauftrag maßstabsgerecht umgesetzt wird, erleichtert dies dem Gesetzgeber, soweit es denn von ihm als notwendig erachtet wird, Fehlentwicklungen zu begegnen und gegebenenfalls durch entsprechende gesetzliche Regelungen nachzusteuern.

### *VII. Gründe für die Begründung der erstinstanzlichen Zuständigkeit*

Bei der Begründung der erstinstanzlichen Zuständigkeit sind bei typisierender Betrachtung die gemein- oder gesamtwirtschaftliche Bedeutung, die Zahl der von der Entscheidung unmittelbar Betroffenen und das besondere Interesse der Gemeinschaft an einer zügigen Entscheidung wesentliche Kriterien der gesetzlichen Zuweisungsregelung.

Die gesetzliche Bestimmung der erstinstanzlichen Zuständigkeit kann infolge seiner abstrakt-generellen Regelung nur auf einer typisierenden Betrachtungsweise beruhen. Gleichwohl müssen Maßstäbe entwickelt werden, anhand derer die gesetzliche Zuweisung vorgenommen werden kann. Diese Maßstäbe wiederum können nicht frei entwikkelt werden, sondern müssen sich ihrerseits an dem Auftrag der Verwaltungsrechtsprechung im Gefüge des Rechtsstaates orientieren. Daher sind Aspekte der optimalen individuellen Rechtsschutzgewährung mit einer effizienten Organisation des Rechtsschutzes in Einklang zu bringen, wobei die Gemeinwohlinteressen nicht außer Betracht bleiben dürfen.

Dies führt zu einer Verlagerung der erstinstanzlichen Zuständigkeit für verwaltungsgerichtliche Verfahren zu den Obergerichten, die eine große gemein- oder gesamtwirtschaftliche Bedeutung haben. Eine solche wird regelmäßig, aber nicht zwingend, dann vorliegen, wenn die Zahl der von der Streitentscheidung Betroffenen überdurchschnittlich groß sein wird. So können auch individuelle Rechtsschutzbegehren eine große

Breitenwirkung haben, weil der Ausgang ihres Verfahrens künftig zur Grundlage des weiteren Verwaltungshandelns gemacht wird.

Schließlich ist ein weiterer wesentlicher Grund für eine Hochzonung der erstinstanzlichen Zuständigkeit, wenn ein besonderes Interesse der Gemeinschaft an einer zügigen Entscheidung des Rechtsstreites besteht. Dies wird regelmäßig bei den bereits genannten Varianten der Fall sein, kann aber auch dann gegeben sein, wenn nur wenige Beteiligte vom Ausgang des Verfahrens persönlich oder wirtschaftlich betroffen sind, gleichwohl aber – beispielsweise aus politischen Gründen – der Ausgang des Rechtsstreites im Fokus des öffentlichen Interesses steht, insbesondere weil er im wesentlichen Zusammenhang mit der politischen Willensbildung steht.

### *VIII. Beachtung einer nachhaltigen Personalentwicklung*

Änderungen in der Gerichtsorganisation und im Verfahrensrecht müssen auch an einer nachhaltigen und qualitativ hochwertigen Personalentwicklung insbesondere im richterlichen Bereich orientiert sein.

Die Erkenntnis, daß eine nachhaltige Personalentwicklung auch in der Verwaltungsgerichtsbarkeit ein wesentlicher Baustein einer kontinuierlichen Rechtsschutzgewährung ist, kann inzwischen als allgemein anerkannt gelten. Insofern ist es erforderlich, auch bei Reformprozessen diesem Grundsatz die erforderliche Beachtung zu schenken. So müssen insbesondere gleichmäßige Leistungsanforderungen bei der Einstellung neuer Richter, eine gleichmäßige Altersstruktur innerhalb der Verwaltungsgerichtsbarkeit und hinreichende Möglichkeiten zur persönlichen Weiterentwicklung für jeden einzelnen Richter tragenden Elemente der Personalentwicklung sein. Denn eine inhomogene oder gar mit ihrer eigenen Stellung und Funktion unzufriedene Richterschaft kann den stetig steigenden Anforderungen an sachlicher und persönlicher Flexibilität weitaus schwieriger genügen als eine Richterschaft, die – ohne dabei ihren Auftrag außer Acht zu lassen – mit der Zeit geht und sich, ohne sich zu verbiegen oder das Recht aufzugeben, den Herausforderungen der Zeit stellt.

### *IX. Zeitgemäße Überantwortung und Honorierung richterlicher Tätigkeit*

Soweit Berufsrichtern eine erhöhte Verantwortung übertragen wird, muß dies auch in der Besoldung zum Ausdruck kommen. Das Element des Laienrichterwesens hat sich in der Verwaltungsgerichtsbarkeit weitgehend überlebt.

#### 1. Amtsangemessene Besoldung

Mit den Maßnahmen einer nachhaltigen Personalentwicklung korrespondieren, gleichsam als spezielle Ausformung davon, die Anforderungen an eine zeitgemäße Überantwortung von Aufgaben und an eine leistungsgerechte Besoldung. Es entspricht der allgemeinen Erfahrung, daß bei leistungsfähigen Beschäftigten Leistungsfähigkeit und Leistungsbereitschaft mit den Aufgaben wachsen. Die durch eine frühzeitige Übertragung von Verantwortung gewonnenen sachlichen und persönlichen Erfahrungen müssen dann aber auch finanziell entsprechend honoriert werden, wofür die besoldungsrechtlichen Voraussetzungen zu schaffen sind. Dies gilt umso mehr, wenn man in Rechnung stellt, daß die Justizverwaltung mit der Anwaltschaft um die besten Absolventen konkurriert. Dabei kann es allerdings nicht darum gehen, Unterschiede oder gar Gegensätze zur ordentlichen Gerichtsbarkeit aufzubauen, wie sie noch in den sechziger Jahren des vergangenen Jahrhunderts bestanden. Ziel muß allein die Sicherstellung der angemessene Positionierung der Verwaltungsrichter im besoldungsrechtlichen Gesamtgefüge sein.

2. Überprüfung des Laienrichterwesen

Wertet man auf der einen Seite die Berufsrichter auf und überträgt man ihnen dabei mehr Verantwortung, bedeutet dies gleichzeitig eine Abwertung des Laienrichterwesens. Zu berücksichtigen sind hierbei aber vor allem die historischen Wurzeln des Laienrichterwesens in der Verwaltungsgerichtsbarkeit. So ist auch sachlich nicht von einer untrennbaren Verbindung zwischen Verwaltungsrechtsprechung und Laienrichterwesen auszugehen. Demgemäß stellt sich die schlußendlich wohl zu verneinende Frage, ob am Laienrichterwesen festzuhalten ist, so daß dieses auch keine maßgebliche Determinante im Falle einer Neustrukturierung der Verwaltungsgerichtsbarkeit wäre.

*X. Grundsätzliche Einheit der Verwaltungsgerichtsbarkeit*

Die allgemeine Verwaltungsgerichtsbarkeit sowie die Finanz- und Sozialgerichtsbarkeit sind weder hinsichtlich ihrer Struktur, noch hinsichtlich des in ihnen geregelten Verfahrens so unterschiedlich, daß eine Zusammenfassung von vornherein ausgeschlossen ist.

Die vorhandenen strukturellen Unterschiede der drei großen Verwaltungsgerichtsbarkeiten basieren primär auf der historischen Entwicklung der im Grundgesetz getrennt angelegten Gerichtsbarkeiten und den daraus gezogenen politischen Schlüssen. Sachliche Zwangspunkte, die dazu zwingen, die eine oder andere Frage der Struktur und der Organisation der jeweiligen Gerichtsbarkeit so und nicht anders zu beantworten, sind nicht ersichtlich. Gleiches gilt für die Gestaltung des Verfahrens, die mit der vorgegebenen Organisation des verwaltungs-, sozial- oder finanzgerichtlichen Rechtsschutzes entsprechend korrespondiert.

Dies führt dazu, daß die Verwaltungsgerichtsbarkeit im Hinblick auf ihre Aufgabe, ihre Organisation und ihre Verfahrensgestaltung insgesamt sehr ähnlich ausgestaltet ist, so daß von einer grundsätzlichen Einheit der Verwaltungsgerichtsbarkeit gesprochen werden kann. Diese Einheit durch eine zusammengefaßte Gerichtsorganisation und eine dazugehörende Verfahrensordnung darzustellen, ist ein Ergebnis der bisherigen Ausführungen.

## B. Mögliche Gestaltung einer neustrukturierten Verwaltungsgerichtsbarkeit

Vor diesem Hintergrund könnte eine Neustrukturierung der drei großen Verwaltungsgerichtsbarkeiten folgendermaßen aussehen.

1. Die allgemeine Verwaltungs- sowie die Finanz- und Sozialgerichtsbarkeit werden zu einer einheitlichen Verwaltungsgerichtsbarkeit, VwGO, FGO und SGG zu einer Verfahrensordnung zusammengeführt.
2. Die Spruchkörper der *VG* entscheiden in einer Besetzung mit einem Berufsrichter, die *Senate* der *OVG* mit zumindest drei Berufsrichtern. Die Möglichkeiten der Länder, die Anzahl der Berufsrichter auf bis zu fünf zu erhöhen, bleibt unberührt. Die *Senate* des zusammengefaßten *BVerwG* entscheiden in einer Besetzung von fünf Berufsrichtern. Planmäßige Berufsrichter am *VG*

werden in die Besoldungsgruppe R 2 eingestuft. Inwieweit am Laienrichterwesen festzuhalten ist und Laienrichter weiterhin am Verfahren beteiligt werden, muß gesondert geprüft werden.

3. Der Katalog der erstinstanzlichen Zuständigkeit des *OVG* wird erweitert. Das *OVG* ist zukünftig auch für Streitigkeiten, über das Kommunalwahlrecht, das Kommunalverfassungsrecht, die Höhe von Pflegesätzen sowie das Rundfunk- und Medienrecht erstinstanzlich zuständig.
4. Ob das *OVG* nach der Neustrukturierung auch für die Streitigkeiten, für die bisher das *FG* zuständig war, erstinstanzlich zuständig bleibt oder aber ob das *VG* nun auch für diese Streitigkeiten erstinstanzlich zuständig ist, bedarf einer weiteren Erörterung und kann hier nicht abschließend geklärt werden.
5. Zulassungsberufung und Zulassungsbeschwerde werden abgeschafft. Gegen Entscheidungen des *VG* sind die Rechtsmittel der Berufung und Beschwerde gegeben.
6. In Ergänzung zu den §§ 130a und 130b VwGO wird eine Regelung eingeführt, nach der offensichtlich unzulässige oder unbegründete Berufungen durch einstimmigen Beschluß ohne Begründung zurückgewiesen werden können.
7. Vor dem *OVG* wird für alle Verfahren ein Vertretungszwang eingeführt. Soweit bereits ein Vertretungszwang besteht, wird die Postulationsfähigkeit auf Rechtsanwälte und Rechtslehrer an deutschen Hochschulen beschränkt.

## C. Begründung des Vorschlags

### *I. Zusammenführung der Verwaltungsgerichtsbarkeiten und der Verfahrensordnungen*

Anhand der Ausführungen in den vorhergehenden Kapiteln wird deutlich, daß die überwiegende Zahl der Gründe für eine Zusammenfassung der drei großen Verwaltungsgerichtsbarkeiten unter gleichzeitiger Vereinheitlichung der Verfahrensordnungen spricht.

Wie ausführlich dargestellt, legen insbesondere die vielfältigen Synergieeffekte im Bereich der Personalwirtschaft und der Bereitstellung und Unterhaltung der Gerichtsbarkeiten eine Zusammenfassung der Verfahrensordnungen nahe. So wurden schon im Hinblick auf die Idee der Konzentration des gesamten Sozialrechts bei der Sozialgerichtsbarkeit vielfältige Synergieeffekte als Argument hierfür geltend gemacht[619]. Die Flexiblisierung im personellen Bereich würde es den Gerichten ermöglichen, auf aktuelle Entwicklungen zeitnah und im notwendigen Umfang zu reagieren. Die für eine Zusammenfassung der drei großen Verwaltungsgerichtbarkeiten nach der hier vertretenen Auffassung gleichfalls erforderliche Vereinheitlichung der Verfahrensordnungen würde auf Dauer die Rechtsanwendung erleichtern, auch wenn sie mehr Mittel zum Zweck einer erfolgreichen Zusammenfassung von allgemeiner Verwaltungsgerichtsbarkeit sowie Finanz- und Sozialgerichtsbarkeit ist.

619 *Becker*, SGb 1998, 101, 107.

## *II. Zuschnitt der Spruchkörper*

### 1. Besetzung der Spruchkörper mit Berufsrichtern

Die Besetzung der Spruchkörper ist eine bei der Neugestaltung der Verwaltungsgerichtsbarkeit eminent wichtige Frage. Veränderungen in der Struktur der Verwaltungsgerichtsbarkeit kommen durch die konkrete Rechtsanwendung gegenüber den Beteiligten zum Ausdruck. Deshalb ist es an dieser Stelle besonders wichtig, auch durch ein ausgewogenes System bei der Besetzung der Spruchkörper den Betroffenen den Zweck der gesamten Neustrukturierung zu vermitteln.

#### a. Besetzung der zusammengefaßten Oberverwaltungsgerichte

Die drei bisherigen Systeme stimmen darin überein, daß die *Senate* der Obergerichte mit zumindest drei Berufsrichtern besetzt sind. In der Finanzgerichtsbarkeit wird hiervon nur insoweit abgewichen, daß Verfahren auf den Einzelrichter übertragen werden können. An dieser Stelle wird wiederum das große Problem deutlich, wie die Finanzgerichtsbarkeit organisatorisch sachgerecht in eine einheitliche Verwaltungsgerichtsbarkeit integriert werden kann. Doch kann der Widerspruch, den das derzeitige System der Finanzgerichtsbarkeit in sich birgt, nicht ohne klare Schnitte aufgelöst werden. Soweit für die Finanzgerichtsbarkeit nämlich in Anspruch genommen wird, ihre Verfahren seien so besonders vorbereitet, daß sich eine dreistufige Gerichtsorganisation verbiete, leuchtet es nicht ein, daß dann aber vor dem *FG* als Obergericht eine Übertragung auf den Einzelrichter zulässig sein soll.

Bleibt es aber bei einer erstinstanzlichen Zuständigkeit der zusammengefaßten *OVG* für Verfahren, die bisher in der Finanzgerichtsbarkeit entschieden wurden, ist es daher schon aus systematischen Gründen geboten, die Übertragung von Verfahren auf den Einzelrichter auszuschließen. Eine Aussage darüber, ob die *OVG* weiterhin entsprechend der bisherigen Zuständigkeit der *FG* zuständig bleiben, ist damit allerdings nicht getroffen.

#### b. Besetzung der zusammengefaßten Verwaltungsgerichte erster Instanz

Allerdings bedeutet dies nicht, daß aus der derzeitigen Organisation der Rechtsschutzgewährung in der Finanzgerichtsbarkeit keine positiven Lehren gezogen werden können. Es gibt nämlich viele gute Gründe für eine Zuständigkeit des Einzelrichters in der ersten Instanz, solange dessen Entscheidungen uneingeschränkt einer nochmaligen Kontrolle unterworfen werden können. Hieran kranken denn auch die zur Zeit in der allgemeinen Verwaltungsgerichtsbarkeit und der Finanzgerichtsbarkeit praktizierten Systeme, die zwar eine Übertragung auf den Einzelrichter möglich machen, den Unterlegenen aber gleichwohl auf die Zulassung von Berufung oder Beschwerde beziehungsweise Revision beschränken.

Soweit also eine weitere vollständige Kontrolle der Entscheidungen der Eingangsgerichte gesichert ist, sind keine durchgreifenden Bedenken gegen einen Einzelrichter ersichtlich. Dieser Feststellung entsprechen letztlich die in den bisher verschiedenen Gerichtsbarkeiten gemachten Erfahrungen. Würde man sich zu einem solchen Schritt entscheiden, zwänge dies aber auch dazu, das bisher praktizierte System der Heranführung des richterlichen Nachwuchses an die Rechtspraxis neu zu gestalten. Fortan müßte zunächst in den Obergerichten der Nachwuchs ausgebildet, die Proberichter dort zumindest im ersten Jahr erprobt werden. Ziel dieser verwaltungsgerichtsinternen Ausbildung muß es sein, Richter zu entwickeln, die als Einzelrichter in der Eingangsinstanz zur sachgerechten und effizienten Streitschlichtung in der Lage sind. Zu bedenken wäre bei einer Entscheidung für eine solche Organisation der Besetzung der Spruchkörper, daß man so auch für vormals finanzgerichtliche Verfahren den Weg zur Dreistufigkeit ebnen könnte.

Dies bedeutet letztlich eine Erhöhung der Anforderungen an den Richter in der ersten Instanz, die sich auch in der Besoldung niederschlagen muß. Insofern liegt es nahe, die Richter an den Verwaltungsgerichten als Vorsitzende – vergleichbar den Vorsitzenden einer Kammer für Handelssachen – zu behandeln und sie demgemäß in die Besoldungsstufe R 2 einzustufen. Durch die Behandlung als Vorsitzende würde man auch den Anforderungen des *BVerfG* hinsichtlich der besoldungsrechtlichen Gleichstellung von Richtern, die grundsätzlich vergleichbare Tätigkeiten versehen[620], entsprechen. Finanziert könnten die erhöhten Aufwendungen für diese Richter durch Einsparungen aufgrund des Wegfalls der Kammer in der allgemeinen Verwaltungsgerichtsbarkeit. Wichtig dabei ist es jedoch, daß die Reform nicht zu einer Reduktion des finanziellen Gesamtaufwands für die zusammengefaßte Verwaltungsgerichtsbarkeit genutzt, sondern die Mittel nur optimaler verwendet werden würden.

#### c. Besetzung des zusammengefaßten *BVerwG*

Beim zusammengefaßten *BVerwG* liegt eine Besetzung bei Urteilen mit fünf und bei Beschlüssen mit drei Berufsrichtern nahe. Dies entspricht der schon jetzt geltenden gesetzlichen Regelung in der allgemeinen Verwaltungsgerichtsbarkeit und der Finanzgerichtsbarkeit. Im Hinblick auf die derzeitige Beteiligung von Laienrichtern beim *BSG* müßte bei einer Neustrukturierung ohnehin eine neue Lösung gefunden werden.

### 2. Die zukünftige Handhabung des Laienrichterwesens

Sicher ist es, daß insbesondere bei dem vereinigten *BVerwG* eine Regelung hinsichtlich der weiteren Verwendung von Laienrichtern getroffen werden müßte. Hier weicht das SGG, das die Beteiligung von Laienrichtern auch vor dem *BSG* vorsieht, von den beiden anderen Verfahrensordnungen ab. Naheliegend wäre es insofern, zumindest vor dem vereinigten BVerwG auf eine Beteiligung von Laienrichtern zu verzichten, will man nicht wiederum im materiellen Recht Sonderbestimmungen einführen, nach denen bei bestimmten Rechtsstreitigkeiten bestimmte Spruchkörper zuständig sind.

Darüber hinaus stellt sich aber weiterhin die Frage, wie künftig grundsätzlich mit dem Laienrichterwesen in der Verwaltungsgerichtsbarkeit umzugehen ist. Dabei geht es nicht nur um die unterschiedlichen Kriterien bei der Auswahl der Laienrichter, die im Falle einer Zusammenfassung der Gerichtsbarkeiten vereinheitlicht werden müßten. Zunächst stellt sich nämlich die grundsätzliche Frage, ob am Laienrichterwesen in der Verwaltungsgerichtsbarkeit überhaupt festzuhalten ist. Maßstab bei der Beantwortung dieser Frage kann dabei aber nicht sein, wessen Rechtsanwendung kontrolliert wird, sondern wer das Recht anwendet. Geht es also um eine wirksame Rechtskontrolle, stellt

620 *BVerfG*, Beschl. v. 04.06.1969 – 2 BvR 86, 245/66 – BVerfGE 26, 100, 110.

sich die Frage, warum in der Zivilgerichtsbarkeit von der Einbindung ehrenamtlicher Richter abgesehen wird, wenn die Antwort auf diese nicht ohnehin auf der Hand liegt: Bei der Einbeziehung der ehrenamtlichen Richter handelt es sich um ein Relikt aus der Zeit, als sich die Verwaltungsgerichtsbarkeit im Obrigkeitsstaat erst zu emanzipieren begann. Hierüber ist aber die Zeit hinweg gegangen, die Notwendigkeit, Althergebrachtes zu hinterfragen, gilt auch für die Beteiligung von Laienrichtern.

Gleichwohl kann im Rahmen dieser Untersuchung keine abschließende und dabei wohlabgewogene Entscheidung zum Fortbestand des Laienrichterwesens in der Verwaltungsgerichtsbarkeit getroffen werden, dies muß weiteren Untersuchungen vorbehalten bleiben.

### *III. Neuregelung der Zuständigkeiten von* OVG *und* VG

Die Verlagerung verschiedener Verfahren vom Eingansgericht auf eine höhere Instanz ist ein bewährtes Mittel der Verfahrensbeschleunigung[621]. Sie wird hier aber insbesondere auch vorgeschlagen, weil die Reduzierung der Mitglieder im Spruchkörper nicht an der Aufgabenverteilung spurlos vorbeigehen darf. Wer ein vielpoliges Streitverfahren, beispielsweise um Vergabe von Fequenzen im Kabelfernsehen, erlebt hat, weiß, daß eine solche Auseinandersetzung zwischen finanzkräftigen und entsprechend juristisch beratenen Kontrahenten geeignet ist, eine ganze Kammer oder einen ganzen Senat lahmzulegen. Des weiteren ist zu bedenken, welche Ausstrahlungswirkung die einzelnen Verfahren haben. Streitigkeiten über die Gültigkeit einer Kommunalwahl, kommunalverfassungsrechtliche Auseinandersetzungen, Verfahren bezüglich der Höhe von Pflegesätzen und eben auch solche die das Rundfunk- und Medienrecht betreffen haben regelmäßig eine große Breitenwirkung und oftmals auch eine große ökonomische Bedeutung. Insofern ist es im Grunde untragbar – wenn auch den Beteiligten kein Vorwurf zu machen ist – daß beispielsweise über die Gültigkeit einer Oberbürgermeisterwahl im ersten Rechtszug nach mehr als eineinhalb Jahren entschieden wird[622] und, im Falle der Zulassung einer Berufung, regelmäßig zumindest ein weiteres Jahr bis zur Entscheidung im nächsten Rechtszug vergeht. Eine schnelle Streitentscheidung ist in solchen Verfahren, vielmehr besonders geboten. Stellt man dazu auch noch die genannten gerichtsinternen Gründe in Rechnung, empfiehlt es sich entsprechend zu § 48 VwGO die Zuständigkeit des zusammengefaßten *OVG* zumindest für die genannten Verfahren zu begründen.

### *IV. Gestaltung des Instanzenzuges*

Inwieweit auch die bisher der Finanzgerichtsbarkeit zugeordneten Verfahren erstinstanzlich vor dem vereinigten Obergericht zu verhandeln sind oder ob man für diese im Rahmen der Neustrukturierung auch die Zuständigkeit der zusammengefaßten Verwaltungsgerichte erster Instanz begründet, kann hier nicht abschließend erörtert werden. Wie ausgeführt, gäbe es im Zuge einer Reform viele Gründe und auch Möglichkeiten, diese Verfahren an die Verwaltungsgerichte zu verlagern. Allerdings müßten hierfür auch spezifische steuerrechtliche Aspekte – falls es diese in diesem Zusammenhang

621 In diesem Sinne auch *von Oertzen*, DÖV 1985, 749, 750 ff.

622 Beispielsweise *VG Darmstadt*, Urt. v. 11.09.2000 – 3 E 955/99 (1) – NVwZ-RR 2001, 173 ff.

überhaupt gibt – ausführlich behandelt werden, was im Rahmen dieser Untersuchung nicht mit hinreichender Genauigkeit geleistet werden kann.

### *V. Zugang zur höheren Instanz*

Die Ausgestaltung des Zugangs zur höheren Instanz und die Spruchkörperbesetzung korrespondieren miteinander. Dabei ist schon zweifelhaft, ob nicht der materielle Gehalt von Art. 19 Abs. 4 GG einen mehrgliedrigen Instanzenzug gebietet[623]. Doch auch wenn dies zwar ganz überwiegend verneint wird, muß eine erstinstanzliche einzelrichterliche Alleinzuständigkeit jedoch im Rechtsmittelrecht seinen Niederschlag finden[624]. Die immer gegebene Fehlbarkeit des Menschen bedarf dann eines besonderen Kontrollmechanismus, wenn er berufen ist, eine Entscheidung alleine zu treffen. Insofern drängt sich der Gedanke auf, Entscheidungen des Einzelrichters von einem mehrgliedrigen Spruchkörper kontrollieren zu lassen[625]. Das bedeutet, daß mit dem bestehenden System von Zulassungsberufung und Zulassungsbeschwerde zu brechen ist. Berücksichtigt man aber, wie oben dargestellt, die umfangreiche Kritik einerseits und die geringe positive Resonanz andererseits, die dieses Rechtsinstitut seit seiner Einführung in die VwGO sowohl von Wissenschaft als auch Praxis erfahren mußte, fällt dies nicht schwer. Aus rechtsstaatlicher Sicht gibt es außer der Einsparung von Richterstellen keine Gründe, die für eine erschwerten Zugang zur Berufungsinstanz sprechen, wobei schon zweifelhaft ist, ob es sich bei der Einsparung von Richterstellen wie sie von ministerieller Seite vorgetragen wurde, um einen rechtsstaatlichen Grund handelt. Das Argument, das zweistufige Verwaltungsverfahren biete schon vor einer gerichtlichen Auseinandersetzung eine hinreichende Selbstkontrolle, greift nicht mehr, seitdem durch das Genehmigungsverfahrensbeschleunigungsgesetz umfangreiche Möglichkeiten zur Heilung von Verfahrensfehlern geschaffen wurden und so ein Bedeutungsverlust des Verwaltungsverfahrens zu konstatieren ist[626]. Dem nach dem Beschluß des *BVerfG* hinsichtlich der Anwendung der Berufungs- und Beschwerdezulassungsgründen nun zu erwartenden zahlenmäßigem Ansteigen der Verfassungsbeschwerden würde ebenfalls der Boden entzogen werden, das *BVerfG* nicht mehr als Ersatzberufungsinstanz mißbraucht werden können[627].

### *VI. Entscheidung über offensichtlich unzulässige oder offensichtlich unbegründete Rechtsmittel*

Dem Problem von offensichtlich unbegründeten oder auch unzulässigen Berufungen und Beschwerden könnte durch eine Erweiterung der Regelungen der §§ 130a und 130b VwGO Rechnung getragen werden.

623 So auch *Lorenz*, in: Festschrift für *Menger*, S. 143, 154.

624 *Jöhnk*, SchlHA 1996, 169, 171.

625 Anschaulich hierzu *Hufen*, Die Verwaltung 34 (1999), 519, 528 f.

626 *Uechtritz*, VBlBW 2000, 65, 66; zum Genehmigungsverfahrenbeschleunigungsgesetz ausführlich: *Hermanns*, Der Landkreis 1997, 237 ff.; *ders.*, in *Stüer*: Verfahrensbeschleunigung, S. 144 ff.

627 *Hufen*, Die Verwaltung 34 (1999), 519, 533.

### 1. Regelungsgehalt von § 130a VwGO

Gemäß § 130a VwGO ist es den *OVG* möglich, aufgrund einstimmigen Beschlusses eine Berufung zurückzuweisen, wenn es diese für unbegründet und eine mündliche Verhandlung für entbehrlich hält. Dabei setzt § 130a VwGO noch nicht einmal die Notwendigkeit der offensichtlichen Unbegründetheit der Berufung voraus. Setzt man diese Regelung ins Verhältnis zu den Regelungen über die Zulassung von Berufung und Beschwerde im verwaltungsgerichtlichen Verfahren, steht sie diesen in der Schärfe kaum nach. Allerdings müssen Beschlüsse nach § 130a VwGO im Gegensatz zu die Zulassung der Berufung regelnden Beschlüsse nach § 124a Abs. 2 VwGO zumindest im wesentlichen begründet werden. Bei § 130a VwGO genügt es allerdings, wenn sich die tatsächlichen Grundlagen für die Entscheidung des Berufungsgerichts aus den Entscheidungsgründen ergeben oder wenn auf eine andere dieses Verfahren betreffende Entscheidung, insbesondere auf den Tatbestand der Entscheidung erster Instanz Bezug genommen wird[628]. Im Beschwerdeverfahren, in dem ohnehin durch Beschluß entschieden wird, gilt § 122 Abs. 2 S. 3 VwGO, so daß keine weitere Begründung erforderlich ist, wenn das nun entscheidende Gericht aus den Gründen der angefochtenen Entscheidung zurückweist.

### 2. Regelungsgehalt von § 130b VwGO

§ 130b VwGO gestattet es dem *OVG*, auf den Tatbestand und die Entscheidungsgründe des angefochtenen Urteils Bezug zu nehmen, wenn es sich die Feststellungen des Verwaltungsgerichts vollumfänglich zu eigen macht und soweit es die Berufung aus den Gründen der angefochtenen Entscheidung als unbegründet zurückweist. Dies bedeutet, daß das *OVG* entlastet werden sollte, indem reine Schreibarbeit vermieden wird. In den Fällen, in denen es eine Begründung für ergänzungsbedürftig hält, steht es dem *OVG* frei, diese Ergänzungen deutlich zu machen. Für die Beschwerde gilt auch hier § 122 Abs. 2 S. 3 VwGO, der einen dem § 130b VwGO entsprechenden Regelungsgehalt hat.

### 3. Erweiterung der §§ 130a und 130b VwGO

Bei näherer Betrachtung der §§ 130a, 130b und 122 Abs. 2 S. 3 VwGO überrascht es nicht, daß sie seit dem Inkrafttreten des 6. VwGO-ÄndG wesentlich an Bedeutung verloren haben. Möchte sich nämlich das *OVG* nicht weiter mit einer Berufung oder Beschwerde befassen, erledigt es diese bereits im Zulassungsverfahren. Wenn der hier vertretenen Auffassung der Abschaffung von Zulassungsberufung und Zulassungsbeschwerde gefolgt werden würde, müßte es aber einen Regelungsmechanismus geben, der einen pragmatischen Umgang mit offensichtlich unbegründeten oder unzulässigen, oftmals auch aus querulatorischen Motiven erhobenen, Rechtsmitteln ermöglicht. Diese könnte ein Instrument in Anlehnung an die §§ 130a und 130b VwGO sein, daß die Verwerfung gegebenenfalls auch ohne Begründung ermöglicht, wenn die Berufung oder Beschwerde offensichtlich unzulässig oder unbegründet ist, wenn man nicht schon die jetzige Fassung der §§ 130a und 130b VwGO schon als hinreichendes Instrument zu beschleunigten Verfahrenserledigung in der Berufungsinstanz erachtet[629]. Hierbei

---

628 *BVerwG*, Urt. v. 21.08.1997 – 2 C 37.96 – DÖV 1998, 204.

629 So *Atzler*, NVwZ 2001, 410, 411.

könnte auf die zu § 133 Abs. 5 S. 2 VwGO gesammelten Erfahrungen bei der Verwerfung von unzulässigen oder unbegründeten Nichtzulassungsbeschwerden zurückgegriffen werden. Auch entspräche eine solche Regelung dem § 124a Abs. 2 S. 2 VwGO, der nicht substantiiert verfassungsrechtlich beanstandet wurde. Diszipliniert würden die *OVG* darüber hinaus durch die zumindest dem Berufungsführer gemäß § 125 Abs. 2 S. 3 VwGO weiterhin verbleibende Möglichkeit, die Entscheidung des *OVG* durch die Nichtzulassungsbeschwerde anzugreifen.

### *VII. Postulationsfähigkeit und Vertretungszwang*

Vieles spricht dafür, die Postulationsfähigkeit vor dem vereinigten *BVerwG* auf Rechtsanwälte und Hochschullehrer zu beschränken, wenn auch diese Frage hier keiner abschließenden Prüfung bedarf. Insbesondere in der Finanzgerichtsbarkeit wird die hohe Zahl der bereits unzulässigen Nichtzulassungsbeschwerden mit der Qualität der Beratung in Finanzprozessen, in denen gemäß § 62 a Abs. 2 FGO neben Rechtsanwälten und Hochschullehrern auch Steuerberater und Wirtschaftsprüfer im weitesten Sinne auftreten können, in Verbindung gebracht[630]. So wird die Zahl der Berufsangehörigen, die in Finanzprozessen auftreten dürfen, als zu hoch erachtet. Dies führe oftmals zu einer Überforderung, zumal die steuerlichen Berater schon mit der Kompliziertheit des materiellen Rechts sehr belastet seien[631]. Zu berücksichtigen ist ferner, daß es im Falle einer Ausdehnung der Dreistufigkeit des verwaltungsgerichtlichen Verfahrens auch auf die steuer- und abgabenrechtlichen Streitigkeiten angemessen ist, im selben Zuge den Rechtsschutz vor dem *BVerwG* durch eine Änderung der Vertretungsregelung qualitative aufzuwerten[632]. Insofern erscheint es sachgerecht, die Postulationsfähigkeit vor dem *BVerwG* zu beschränken.

Für die zweite Instanz wäre es darüber hinaus sinnvoll, die zur Postulationsfähigkeit getroffenen Regelungen der VwGO grundsätzlich zu übernehmen, sie aber um einen entsprechenden Zusatz zu erweitern, daß auch die in § 68a FGO genannten Berufsgruppe vor dem Obergericht auftreten dürfe. Derjenige, der das Rechtsmittelgericht bemühen will, wäre so verpflichtet, den Streitstand vor Einschaltung des Obergerichts durch einen Anwalt überprüfen zu lassen. Dadurch würde der Streitstand geordnet werden, die rechtlich maßgeblichen Gesichtspunkte gewännen an Gewicht. Eine solche Regelung würde zwar dazu führen, daß sich Betroffene in abgabenrechtlichen Streitigkeiten immer vertreten lassen müßten, doch dies wäre im Sinne einer Gesamtsteigerung der Verfahrenseffizienz hinzunehmen.

630 *Lange*, NJW 2001, 1098, 1101.

631 *Klein*, DB 1993, 1387, 1389; *Offerhaus*, BB 1988, 2074, 2075.

632 In diesem Sinne für eine Änderung der Vertretungsregelung vor dem *BFH* schon *Offerhaus*, BB 1988, 2074, 2075.

# 9. Kapitel – Resümee und Ausblick

Alles in allem ist davon auszugehen, daß die materielle Rechtslage unsere Lebensverhältnisse widerspiegelt. Das Verfahrensrecht hat primär die Aufgabe, die Durchsetzung materieller Rechtsansprüche und Rechtspflichten sicherzustellen. Die Kompliziertheit und die infolgedessen partiell auftretende Schwerfälligkeit bei der Rechtsanwendung resultiert daher überwiegend aus dem materiellen Recht. Aber auch wenn komplizierte Lebensverhältnisse komplizierte Rechtsverhältnisse zur Folge haben – und unsere Lebensverhältnisse sind kompliziert – wäre eine Vereinfachung auf materieller Ebene sicher vielfach möglich[633]. Solange aber das Maßnahmerecht als reaktives Vorgehen auf (vermeintlich) festgestellte Mißstände überwiegt, wird es nicht zu einer Konsolidierung der Verwaltungsgerichtsbarkeit kommen[634].

Dies vorausgeschickt bleibt es fraglich, ob eine Einheit der Verwaltungsgerichtsbarkeit in der dargestellten Form tatsächlich die mit ihr selbst verfolgten Ziele erreichen kann, wenn nicht zugleich auch im Bereich des materiellen Rechts etwas ändern würde. Dementsprechend wird auch der Ansatz, mit den Mitteln des Prozeßrechts der Verfahrensflut Herr werden zu wollen für ungeeignet erachtet[635]. Sicherlich könnte man VwGO, FGO und SGG in dem Sinne zusammenfassen, daß die bestehenden Regelungen zusammengefügt werden und bei Divergenzen Ausnahmetatbestände festgeschrieben werden. Aber eine solche Vorgehensweise würde, wenn sie überhaupt dem Begriff »Vereinheitlichung« gerecht werden würde, zumindest die postulierten Ziele einer Vereinheitlichung niemals erreichen.

Wird dann das Ziel einer materiellen Vereinheitlichung des Verfahrensrechts und auch der Zusammenfassung der zugehörenden Gerichtsbarkeiten verfolgt, kommt man zu dem paradoxen Ergebnis, daß die entscheidenden Probleme nicht unbedingt in den Bereichen der Verfahrensordnungen und dem Aufbau der Gerichtsbarkeiten liegen, die den Bürger unmittelbar betreffen, obwohl der Bürger der größte Nutznießer der Vereinheitlichung und Zusammenfassung werden sollte. Zwar ist es für diesen wichtig, ob qualitative Unterschiede durch eine kleine oder große Richterbank hervorgerufen werden. Da diese aber bereits konstituiert ist, wenn der Bürger das Gericht anruft, spielt sie für den Zugang zum Gericht keine Rolle, so daß er sich auch über sie keine Gedanken zu machen braucht[636], zumal er immer eine hochwertige Bearbeitung seines Anliegens erwarten darf. Für den Bürger ist es wichtiger zu wissen, was er tun muß, um sein Recht zu wahren und wie schnell dann Recht gesprochen wird, wenn er das Notwendige getan hat. Während nämlich Zeit meßbar ist, ist dies bei Gerechtigkeit nicht ohne weiteres der Fall[637] und zur Verfahrensbeschleunigung – darin besteht, wie dargestellt, weitgehend

633 *Stelkens*, in: Festschrift für *Redeker*, S. 314, 331; *Steiner*, BayVBl. 1997, Beiheft 1, II, III; i. E. auch *Seeger*, DStR 2000, 10, 13.

634 *Redeker*, NVwZ 1982, 1, 4.

635 *Broß*, in: Festgabe für *Graßhof*, S. 357, 358.

636 *Kraft*, in: Festgabe für *Grüner*, S. 311, 317.

637 *Sendler*, DVBl. 1982, 157, 164.

Einigkeit – können weder eine einheitliche Verwaltungsprozeßordnung noch eine Zusammenfassung der Gerichtsbarkeiten kaum mehr beitragen, als eine konsequente Nutzbarmachung sämtlicher Beschleunigungsinstrumente bei Fortbestehen des gegebenen Zustands. Bei der Frage, was der Bürger selbst erledigen muß, um seine Rechtsposition zu sichern, würden sich demgemäß nicht so viele Probleme bei einer Vereinheitlichung und Zusammenfassung der Verfahrensordnungen und der Gerichtsbarkeiten stellen. Die meisten Schwierigkeiten entständen erst bei den überwiegend gerichtsverfassungsrechtlichen Bestimmungen über den Instanzenzug und der Spruchkörperbesetzung und den allein daraus resultierenden Folgeproblemen im Rechtsmittelrecht. Und selbst wenn diese Schwierigkeiten bewältigt werden würden, wäre eine Verwirklichung der primär geltend gemachten Ziele der Verfahrensbeschleunigung und Entlastung der Verwaltungsgerichtsbarkeit doch wohl nicht zu erreichen[638]. Zu berücksichtigen ist schließlich auch, daß die mit der Verrechtlichung der Lebensbereiche einhergehende steigende Bereitschaft der Bürger, Konflikte mit Hilfe der Gerichte zu lösen[639], durch eine Neustrukturierung der Verwaltungsgerichtsbarkeit nicht geringer werden würde.

Andererseits dürfen die Unterschiede im Falle der Beibehaltung der drei Verfahrensordnungen nicht überschätzt werden[640], denn viele der in den verschiedenen Entwürfen zu einer VwPO eingebrachten Vorschläge zur Verbesserung der Verfahrensordnungen finden sich nun in anderen Sachzusammenhängen bei Änderungen der einzelnen Verfahrensordnungen wieder[641].

So drängt sich der Eindruck auf, bei allen Schwierigkeiten, die eine Vereinheitlichung der Verfahrensordnungen mit sich bringen würde, ist es ratsam, lieber von dem Vorhaben insgesamt Abstand zu nehmen oder aber den ganzen Schritt zu machen und nicht nur VwGO, FGO und SGG, sondern auch die drei großen Verwaltungsgerichtsbarkeiten zu vereinheitlichen[642]. Nur auf diesem Wege wäre es nämlich langfristig möglich, den Aufwand für Personal und Sachmittel zumindest unter Beibehaltung der derzeitigen Qualität der Rechtsprechung nachhaltig zu reduzieren. Und schon dieses Ziel ist vor dem Hintergrund nur noch in reduzierter Form zu Verfügung stehender finanzieller Mittel für die staatliche Aufgabenerledigung erstrebenswert, zumal andererseits auch, wie ausgeführt, keine qualitative Einbußen bei der Rechtsprechung zu erwarten sind.

Doch würde eine solche tiefgreifende Reform der bisher drei großen Verwaltungsgerichtsbarkeiten, dies wurde schon in den fünfziger Jahren des vergangenen Jahrhunderts festgestellt, von allen Beteiligten zahlreiche Opfer verlangen[643]. Insofern muß sie, insbesondere auch vor dem Hintergrund einer dafür erforderlichen Verfassungsänderung, des erst vor wenigen Jahren gefundenen Kompromisses über die Verteilung der Sitze der obersten Gerichtshöfe des Bundes[644] und dem bisher gescheiterten Versuch der Verein-

---

638 *Broß*, RiA 1985, 241, 250.

639 *Papier*, Die Stellung der Verwaltungsgerichtsbarkeit im demokratischen Rechtsstaat, S. 21.

640 *Sommermann*, Die Deutsche Verwaltungsgerichtsbarkeit, S. 30.

641 *Schuwerack*, ZfSH/SGB 1993, 633; *Hofe/Müller*, BayVBl. 1995, 225, 227; *Rieß*, Zur Reform der öffentlich-rechtlichen Gerichtsbarkeit, S. 17; für die FGO *Kraft*, ZRP 1985, 97, 98.

642 *Kopp*, ZRP 1988, 113, 115.

643 *Arndt*, DRiZ 1957, 198, 202.

644 *Offerhaus*, Stbg 1998, 437.

heitlichung der öffentlich-rechtlichen Verfahrensordnungen[645] sowie den vielen anderen praktischen Problemen, die eine derartige Reform nach sich ziehen würde, auf absehbare Zeit als irreal erachtet werden[646].

645 *Verstegen*, in: *Pitschas*, Die Reform der Verwaltungsgerichtsbarkeit, S. 173, 181.

646 *Bertrams*, NWVBl. 1999, 245, 252; *Meyer-Ladewig*, SGb. 1999, 269, 274; *Hofe/Müller*, BayVBl. 1995, 225, 227; *Kipp*, in: FS für *Berge*, S. 187, 188; *Rieß*, Zur Reform der öffentlich-rechtlichen Gerichtsbarkeit, S. 27.

# Literaturverzeichnis

ARNDT, Herbert, Die ungeteilte Rechtsprechung, DRiZ 1950, 229 ff.

ders., Empfiehlt es sich, die verschiedenen Zweige der Rechtsprechung ganz oder teilweise zusammenzufassen?, DRiZ 1957, 198 ff.

VON ARNIM, Hans Herbert, Wirtschaftlichkeit als Rechtsprinzip, Berlin 1988.

ATZLER, Bernhard, Die vorgesehenen Änderungen des Berufungs- und Beschwerdezulassungsrecht im verwaltungsgerichtlichen Verfahren, NdsVBl. 2001, 111 ff.

ders., Zulassung der Berufung, NVwZ 2001, 410 f.

BACHOF, Otto, Über öffentliches Recht, in: Festgabe für das Bundesverwaltungsgericht, München 1978, S. 1 ff.

BADER, Johann, Das sechste Gesetz zur Änderung der Verwaltungsgerichtsordnung, DÖV 1997, 442 ff.

ders., Johann / FUNKE-KAISER, Michael / KUNTZE, Stefan / VON ALBEDYLL, Jörg, Verwaltungsgerichtsordnung, Kommentar, Heidelberg 1999.

VON BARGEN, Joachim, Das Freiburger Verwaltungsgericht auf dem Weg ins nächste Jahrtausend, VBlBW 1998, 121 ff.

BECKER, Hans Joachim, Auf dem Weg zu einer einheitlichen Verwaltungsprozeßordnung, RiA 1983, 83 ff.

BECKER, Peter, Der Entwurf eines 5. SGG-Änderungsgesetzes, SGb 1998, 101 ff.

BENKEL, Jürgen B., Zwei Jahre Rechtspflegeentlastungsgesetz, NZS 1995, 289 ff.

BERKEMANN, Jörg, Verwaltungsprozeßrecht auf »neuen« Wegen?, DVBl. 1998, 446 ff.

BERTRAMS, Michael, Die nordrhein-westfälische Verwaltungsgerichtsbarkeit, NWVBl. 1999, 245 ff.

BETTERMANN, Karl August, Notwendigkeit, Möglichkeiten und Grenzen einer Angleichung der deutschen Verfahrensordnungen, ZZP 70 (1957), 161 ff.

BICKEL, Heribert, Finanzgerichtsbarkeit und Neuordnung des Verwaltungsprozeßrechts, ZRP 1984, 57 ff.

BLÜMEL, Willi/PITSCHAS, Rainer, Verwaltungsverfahren und Verwaltungsprozeß im Wandel der Staatsfunktionen, Berlin 1997.

BIRK, Dieter, Die Situation der Finanzgerichtsbarkeit, Köln 1989.

ders., Effizienz im finanzgerichtlichen Verfahren, StuW 1993, 296 ff.

BROHM, Winfried, Stellung und Funktion des Verwaltungsrichters, Die Verwaltung 24 (1991), 137 ff.

BROß, Siegfried, Überlegungen zur Straffung des verwaltungsgerichtlichen Verfahrens – mit Bemerkungen zum Sozial- und Finanzgerichtsverfahren", RiA 1985, 241 ff.

ders., Zu den Rahmenbedingungen einer Eindämmung der Prozeßflut – Welchen Beitrag können hierzu Behörden und Gerichte leisten?, Festgabe für Karin Graßhof, Heidelberg 1998, S. 357 ff.

BUNDESMINISTER DER JUSTIZ, Entwurf einer Verwaltungsprozeßordnung, Köln 1978.

CARTELLIERI, Wolfgang, Ein Recht, aber wieviel Gerichtsbarkeiten?, BB 1953, 1021 ff.

DÄUBLER-GMELIN, Herta, Justizreform, ZRP 2000, 457 ff.

DAMMERT, Bernd, Verwaltungsrecht und Verwaltungsgerichtsbarkeit in Sachsen, SächsVBl. 2001, 53 ff.

ENGELHARD, Hans A., Rechtspolitische Vorstellungen des Bundesministers der Justiz für die 10. Legislaturperiode, ZRP 1983, 233

ERICHSEN, Hans-Uwe, Allgemeines Verwaltungsrecht, 10. Auflage, Berlin 1995.

EYERMANN, Erich, Verwaltungsgerichtsordnung, Kommentar, 11. Auflage, München 2000.

EWER, Wolfgang, Das Sechste Gesetz zur Änderung der Verwaltungsgerichtsordnung – gesetzgeberischer Aktionismus mit kontraproduktiver Wirkung, ZG 1998, 47 ff.

FISCHER, Hartmut; Anmerkung zu BVerfG, Beschl. v. 23.06.2000 – 1 BvR 830/00 – DVBl. 2000, 1458 ff., DVBl. 2000, 1686 f.

FRANßEN, Everhardt, Verwaltungsgerichtsbarkeit im vereinten Deutschland, SächsVBl. 1993, 35 ff.

ders., 50 Jahre Verwaltungsgerichtsbarkeit in der Bundesrepublik Deutschland, DVBl. 1998, 413 ff.

FUNK, Winfried, Die Neuregelung des Verwaltungsprozeßrechts aus der Sicht der Sozialgerichtsbarkeit, SGb 1982, 467 ff.

FUNKE, Rainer, Grundlagen für eine Strukturreform, DRiZ 1998, 120.

FINKELNBURG, Klaus, 50 Jahre Verwaltungsgerichtsbarkeit in Berlin, LKV 2001, 337 ff.

ders./JANK, Klaus Peter, Vorläufiger Rechtsschutz im Verwaltungsverfahren, 4. Auflage, München 1998.

GLÜCKLICH, Heinz-Werner, Was kostet die Gerechtigkeit?, SGb. 1970, 161.

GRÄBER, Fritz, Finanzgerichtsordnung, Kommentar, 4. Auflage, München 1997.

HAEGERT, Lutz, Eine empirische Widerlegung der gängigen Thesen über die Ursachen für die Überlastung der Finanzgerichte, BB 1991, 36 ff.

HAMANN, Andreas, Vereinheitlichung der Gerichtsbarkeiten, DVBl. 1955, 205 ff.

HAPP, Michael, Die Darlegung ernsthafter Zweifel an der Richtigkeit des Urteils, BayVBl. 1999, 577 ff.

HEINZE, Meinhard, Die Bedeutung des Prozeßrechts für das materielle Sozialrecht im Wandel der letzten 100 Jahre, SGb 1984, 390 ff.

HELLWIG, Peter, Die Verwaltungsprozeßordnung, Fluch oder Segen?, DB 1983, 1511 f.

HERMANNS, Caspar David, Das Genehmigungsverfahrenbeschleunigungsgesetz, Der Landkreis 1997, 237 ff.

ders., Anmerkung zu BVerwG, Urt. v. 05.11.1999 – 4 CN 3.99 – NVwZ 2000, 806 f., JA-R 2000, 94 f.

HILL, Hermann, Gesetzgebung und Verwaltungsmodernisierung, ZG 1998, 101 ff.

HOFE, Gerhard, Grundfragen zur Ökonomisierung von Verwaltungsverfahren und Verwaltungsprozeß im schlanken Staat, WM 1998, 4 ff.

ders./MÜLLER, Andreas, Wandel der Staatsfunktionen – Wandel in Verwaltungsverfahren und Verwaltungsprozeß, BayVBl. 1995, 225 ff.

HÜBSCHMANN, Walter/HEPP, Ernst/ SPITALER, Armin, Abgabenordnung, Finanzgerichtsordnung, Kommentar, Loseblatt, Stand: 159. ELfg., November 1998, Köln.

HÜTTENBRINK, Jost, Droht die 7. VwGO-Novelle?, DVBl. 2000, 882 ff.

HUFEN, Friedhelm, Verwaltungsprozeßrecht besteht, Verfassungsrecht vergeht?, Die Verwaltung 34 (1999), 519 ff.

ISENSEE, Josef/KIRCHHOF, Paul, Handbuch des Staatstrechts, Band III, 2. Auflage, Heidelberg 1996.

dies., Handbuch des Staatsrechts, Band IV, 2. Auflage, Heidelberg 1999.

JESSEN, Uwe, Die Gestaltung des Rechtsmittelzuges im Entwurf einer Verwaltungsprozeßordnung, NVwZ 1982, 410 ff.

JÖHNK, Wulf, Ein eigenes Oberverwaltungsgericht für das Land Schleswig-Holstein, NVwZ 1991, 966 f.

ders., 50 Jahre Schleswig-Holsteinisches Verwaltungsgericht – 5 Jahre Schleswig-Holsteinisches Oberverwaltungsgericht, SchlHA 1996, 169 ff.

JUNG, Hans-Peter, Sozialgerichtsbarkeit und Justizreform, SGb. 2000, 149 ff.

KÄVENHEIM, Michael, Das FGO-Änderungsgesetz, NJW 1993, 1372 ff.

KERN, Eduard, Einheitliche Gerichtsbarkeit, DRiZ 1956, 214 ff.

KLEIN, Franz, Ist der Rechtsschutz im Steuerrecht in Gefahr?, DStR 1984, 17 ff.

ders./PROBST, Ulrich, Harmonie oder Stückwerk – Vollendung der FGO-Reform!, DB 1993, 1387 ff.

ders., Steuerreform und Steuervereinfachung – vordringliche Aufgabe in der nächsten Legislaturperiode, ZG 1986, 245 ff.

KLEINKNECHT, Theodor/MEYER-GOßNER, Lutz, Strafprozeßordnung, Kommentar, 45. Auflage, München 2001.

KIPP, Jürgen, Gerichtsinterne Möglichkeiten zur Verkürzung der Verfahrensdauer im Verwaltungsprozeß, Festschrift für Günter Berge, Berlin 1989, S. 188 ff.

KNAUER, Arnd, Zur Vereinheitlichung der verwaltungsgerichtlichen Verfahrensordnungen, Jur. Diss. Georg-August-Universität zu Göttingen 1968, Göttingen 1968.

KOPP, Ferdinand, Entlastung der Verwaltungsgerichte und Beschleunigung des Verfahrens nach dem Entwurf einer Verwaltungsprozeßordnung (EVwPO), DVBl. 1982, 613 ff.

ders., Sollte man den Entwurf einer Verwaltungsprozeßordnung weiter verfolgen?, ZRP 1988, 113 ff.

KRAFT, Wolfgang, Rechtsschutzverbesserung durch Vereinheitlichung des Gerichtsverfahrensrechts?, Festgabe für Hans Grüner, Percha 1982, S. 311 ff.

ders., Zum Luxus eines Einheitsgesetzes, ZRP 1985, 97 ff.

KRASNEY, Otto Ernst, Das sozialgerichtliche Verfahren, SGb. 1999, 105 ff.

KRAUSE, Hartmut, Ist es noch tunlich, die Verwaltungsprozessordnung zu verabschieden?, SGb. 1983, 525 ff.

KUHLA, Wolfgang/HÜTTENBRINK, Jost, Endstation Einzelrichter, DVBl. 1996, 717 ff.

LÄSSIG, Curt Lutz, Die Einführng der VwGO nach dem Einigungsvertrag – Licht und Schatten, NVwZ 1991, 1140 ff.

LANGE, Hans-Friedrich, Neuregelung des Zugangs zum BFH – Das Zweite FGO-Änderungsgesetz, NJW 2001, 1098 ff.

LORENZ, Dieter, Die verfassungsrechtlichen Vorgaben des Art. 19 Abs. 4 GG für das Verwaltungsprozeßrecht, Festschrift für Christian Friedrich Menger, Köln 1985, S. 143 ff.

LEUTHEUSSER-SCHNARRENBERGER, Sabine, Rechtspflegeministerium für alle Gerichtsbarkeiten, Festschrift für Franz Klein, Köln 1994, S. 993 ff.

LINDEMANN, Peter, Schlanker Staat und Justiz, ZRP 1999, 200 ff.

LOTZ, Werner, Zur Abgrenzung der Rechtsschutzaufgaben von Widerspruchsbehörde, Verwaltungsgericht und Verwaltungsgerichtshof, BayVBl. 1987, 738 ff.

MARTENS, Joachim, Der Luxus antiquierten Verwaltunsprozeßrechts, ZRP 1985, 278 ff.

MAUNZ, Theodor/DÜRIG, Günter, Grundgesetz, Kommentar, Loseblatt, Stand: 34 ELfg., Juni 1998, München.

MEISSNER, Claus, Die Novellierung des Verwaltungsprozessrechts durch das Sechste Gesetz zur Änderung der Verwaltungsgerichtsordnung, VBlBW 1997, 81 ff.

MENARD, Lutz, Problematische Fragen zum Entwurf einer einheitlichen Verwaltungsprozeßordnung aus der Sicht der Sozialgerichtsbarkeit, SGb 1980, 139 ff.

MENGER, Christian-Friedrich, System des verwaltungsgerichtlichen Rechtsschutzes, Tübingen 1954.

MERTEN, Detlef, Die Vereinheitlichung der Verwaltungsgerichtsgesetze zu einer Verwaltungsprozeßordnung, Berlin 1978.

MEßMER, Kurt, Der »erschöpfte« Finanzrechtsweg, BB 1986, 741 ff.

MEYER-LADEWIG, Jens, Die Neuordnung des Verwaltungsprozeßrechts, SGb 1982, 461 ff.

ders., Die Vereinheitlichung der öffentlich-rechtlichen Prozeßordnungen, in: Festschrift für Menger, Köln 1985, S. 833 ff.

ders., Das Gesetz zur Beschleunigung verwaltungsgerichtlicher und finanzgerichtlicher Verfahren, NJW 1985, 1985 ff.

ders., Sozialgerichtsgesetz, Sozialgerichtsgesetz mit Erläuterungen, 6. Auflage, München 1998.

ders., Zur Reform des sozialgerichtlichen Verfahrens, SGb. 1999, 269 ff.

MILLGRAMM, Karl-Heinz, Das 6. VwGO-Änderungsgesetz, SächsVBl. 1997, 107 ff.

VON MÜNCH, Ingo/ KUNIG, Philip, Grundgesetz, Band III, Kommentar, 3. Auflage, München 1996.

VON MUTIUS, Albert, Gerichtsverfahren und Verwaltungsverfahren, in: Festschrift für Menger, Köln 1985, S. 575 ff.

OERKE, Alexander, Der IT-Einsatz in der Berliner Verwaltungsgerichtsbarkeit, NVwZ 2001, Beilage II, 53 f.

VON OERTZEN, Hans Joachim, Zur erstinstanzlichen Zuständigkeit des OVG nach dem Beschleunigungsgesetz, DÖV 1985, 749 ff.

OFFERHAUS, Klaus, Möglichkeiten der Verbesserung des Finanzgerichtsverfahrens, DStR 1986, 99 ff.

ders., Was die FGO-Novelle bringt – und was sie nicht bringt, BB 1988, 2074 ff.

ders., Entscheidungswerkstatt Bundesfinanzhof und Gedanken zu gesetzlichen Veränderungen, Stbg 1998, 437 ff.

ORTLOFF, Karsten-Michael, VG Berlin: 115 Richter – 115 Einzelrichter?, NVwZ 2001, Beilage II, 51 ff.

PAGENKOPF, Martin, Die VwGO-Novelle – Augenmaß und Schlichtheit, DVBl. 1991, 285 ff.

PAPIER, Hans-Jürgen, Die Stellung der Verwaltungsgerichtsbarkeit im demokratischen Rechtsstaat, Berlin 1979.

ders., Anmerkung zu BSG, Urt. v. 27.10.1987 – 6 RKA 57/86 – SGb 1989, 120 ff., SGb 1989, 123 f.

ders., Die richterliche Unabhängigkeit und ihre Schranken, NJW 2001, 1089 ff.

PITSCHAS, Rainer, Der Kampf um Art. 19 IV GG, ZRP 1998, 96 ff.

ders., Die Reform der Verwaltungsgerichtsbarkeit, Berlin 1999.

QUAAS, Michael, Das 6. VwGO-Änderungsgesetz aus anwaltlicher Sicht, NVwZ 1998, 701 ff.

RAUSKOLB, Diethard, 50 Jahre Verwaltungsgerichtsbarkeit in Berlin, NVwZ 2001, Beilage II, 4 ff.

REDEKER, Konrad, Verwaltungsrecht und Anwaltschaft, NVwZ 1982, 1 ff.

ders., Bemerkungen zum Entwurf einer Verwaltungsprozeßordnung aus anwaltlicher Sicht, DVBl. 1982, 805 ff.

ders., Neue Experimente mit der VwGO?, NVwZ 1996, 521 ff.

ders./VON OERTZEN, Hans-Joachim, Verwaltungsgerichtsordnung, Kommentar, 13. Auflage, Stuttgart 2000.

REICH, Siegfried, 100 Jahre Sächsisches Oberverwaltungsgericht, SächsVBl. 2001, 49 ff.

RIEß, Peter, Zur Reform der öffentlich-rechtlichen Gerichtsbarkeit in der Bundesrepublik Deutschland, Baden-Baden 1991.

ROTH, Wolfgang, Der Berufungszulassungsgrund der »ernstlichen Zweifel« im verwaltungsgerichtlichen Verfahren, VerwArch. 1997, 416 ff.

RÖßLER, Gerhard, Zum Erlaß einer einheitlichen Verwaltungsprozeßordnung für die öffentlich-rechtlichen Gerichtsbarkeiten, BB 1982, 1621 ff.

ders., Cui bono? Zur Verbesserung des Rechtsschutzes durch eine dreistufige Organisation der Finanzgerichtsbarkeit, DStZ 1987, 246 f.

ROXIN, Claus, Strafverfahrensrecht, 25. Auflage, München 1998.

RUDLOFF, Herbert, Nochmals: Besserer Rechtsschutz in Steuersachen bei dreistufiger Finanzgerichtsbarkeit?, DStR 1986, 503 ff.

SACHS, Michael, Effektive Rechtsschutzgewährleistung in einer Verwaltungsprozeßordnung, ZRP 1982, 227 ff.

ders., Grundgesetz, Kommentar, 2. Auflage, München 1998.

SACHVERSTÄNDIGENRAT SCHLANKER STAAT, Abschlußbericht, Bonn 1997.

SCHENKE, Wolf-Rüdiger, Mehr Rechtsschutz durch eine einheitliche Verwaltungsprozeßordnung, DÖV 1982, 709 ff.

ders., »Reform« ohne Ende – Das Sechste Gesetz zur Änderung der Verwaltungsgerichtsordnung und anderer Gesetze (6. VwGOÄndG), NJW 1997, 81 ff.

ders., Der vorläufige Rechtsschutz zwischen Rechtsbewahrung und Flexibilitätsanforderungen, VBlBW 2000, 56 ff.

SCHERER, Emil, Entwurf einer Verwaltungsprozeßordnung (1978), Jur. Diss., Christian-Albrechts-Universität zu Kiel 1979, Mainz 1979.

SCHEUNER, Ulrich, Die Selbständigkeit und Einheit der Rechtspflege, DÖV 1953, 517 ff.

SCHMIDT-AßMANN, Eberhard. Aufgaben- und Funktionswandel der Verwaltungsgerichtsbarkeit vor dem Hintergrund der Verwaltungsrechtsentwicklung“, VBlBW 2000, 45 ff.

ders./SCHOCH, Friedrich/PIETZNER, Rainer, Verwaltungsgerichtsordnung, Kommentar, Loseblatt, Stand: 5. ELfg., Januar 2001, München.

SCHMIDT-RÄNTSCH, Günther/SCHMIDT-RÄNTSCH, Jürgen, Deutsches Richtergesetz, Kommentar, 5. Auflage, München 1995.

SCHMIDT, Jörg, Das 6. VwGO-Änderungsgesetz und seine Folgen aus der Sicht der Berufungsinstanz, NVwZ 1998, 694 ff.

ders., Organisatorische und gerichtsverfassungsrechtliche Bedingungen der Verwaltungsgerichtsbarkeit zur Aufgabenbewältigung, VBlBW 2000, 53 ff.

SCHMIESZEK, Hans-Peter, Die Novelle zur Verwaltungsgerichtsordnung, NVwZ 1991, 522 ff.

SCHOCH, Friedrich, Die Verwaltungsgerichtsbarkeit vor den Herausforderungen der jüngeren Rechtsentwicklung", VBlBW 2000, 41 ff.

SCHOLZ, Rupert, Die Verwaltungsprozeßordnung im Gesetzgebungsverfahren, DVBl. 1982, 605 ff.

SCHUWERACK, Friedrich, Reform in Teilstücken – Änderungen des Sozialgerichtsgesetzes, ZfSH/SGB 1993, 633 ff.

SEEGER, Siegbert F., Das deutsche Steuerrecht zu Beginn des 21. Jahrhunderts – Notwendige Reformen aus Sicht der Finanzgerichtsbarkeit, DStR 2000, 10 ff.

SENDLER, Horst, Zum Instanzenzug in der Verwaltungsgerichtsbarkeit, DVBl. 1982, 157 ff.

ders., Guter Rechtsschutz und Verfahrensbeschleunigung, DVBl. 1982, 812 ff.

ders., 125 Jahre Verwaltungsgerichtsbarkeit: Woher – wohin?, VBlBW 1989, 41 ff.

ders., Rainer Pitschas (Hrsg.): Die Reform der Verwaltungsgerichtsbarkeit, (Rezension), DVBl. 2000, 1234 ff.

SENING, Christoph, Erstinstanzliche Zuständigkeit der Oberverwaltungsgerichte für verwaltungsgerichtliche Klagen gegen Großvorhaben?, BayVBl. 1983, 686 f.

SEIBERT, Max-Jürgen, Das Verfahren auf Zulassung der Berufung – Erfahrungen mit der 6. VwGO-Novelle, NVwZ 1999, 113 ff.

ders., Die Zulassung der Berufung, DVBl. 1999, 932 ff.

SIEGFRIED, Matthias, System des vorläufigen Rechtsschutzes bei sozialrechtlichen Streitigkeiten, SGb 1989, 555 ff.

SODAN, Helge/ZIEKOW, Jan, Verwaltungsgerichtsordnung, Kommentar, Loseblatt, Stand: 3. Lfg., Juli 2000, Baden-Baden.

SOMMERMANN, Karl-Peter, Die Deutsche Verwaltungsgerichtsbarkeit, Speyer 1991.

SPINDLER, Wolfgang, Das 2. FGO-Änderungsgesetz, DB 2001, 61 ff.

STÄNDIGE DEPUTATION DES DEUTSCHEN JURISTENTAGES, Verhandlungen des Achtunddreißigsten Deutschen Juristentages, Band I (Teil D), Tübingen 1951.

dies., Verhandlungen des Vierundfünfzigsten Deutschen Juristentages, Band I (Teil B) und Band II (Teil L), München 1982.

STEINER, Udo, Staats- und verfassungsrechtliche Bedeutung einer umfassenden Verwaltungsgerichtsbarkeit, BayVBl. 1997, Beiheft 1, II f.

STELKENS, Paul, Das Gesetz zur Neuregelung des verwaltungsgerichtlichen Verfahrens (4. VwGOÄndG) – das Ende einer Reform?, NVwZ 1991, 209 ff.

ders., Strukturveränderung in der Verwaltungsgerichtsbarkeit? oder Wie lästig dürfen Verwaltungsrichter sein?, in: Festschrift für Konrad Redeker, München 1993, S. 313 ff.

ders., Die verwaltungsgerichtliche Rechtsprechung wird Richtern auf Probe anvertraut, NWVBl. 1994, 258 ff.

ders., Verwaltungsgerichtsbarkeit in der Krise, DVBl. 1995, 1105 ff.

ders., Aktuelle Probleme und Reformen in der Verwaltungsgerichtsbarkeit, NVwZ 2000, 155 ff.

STRAẞHEIMER, Petra, Gebäudemanagement in der öffentlichen Verwaltung, VM 2000, 302 ff.

STÜER, Bernhard, Verfahrensbeschleunigung, Osnabrück 1997.

ders., Handbuch des Bau- und Fachplanungsrechts, 2. Auflage, München 1998.

ders., Antragsbefugnis im Normenkontrollverfahren. Stürzt die Abwägungs- und Rechtsschutzpyramide ein?, BauR 1999, 1221 ff.

ders./HERMANNS, Caspar David, Erfahrungen mit der 6. VwGO-Novelle, VBlBW 2000, 256 ff.

dies., Der verfassungsrechtliche Rahmen einer Vereinheitlichung der öffentlich-rechtlichen Fachgerichtsbarkeiten, DÖV 2001, 505 ff.

dies., Kommt ein 7. VwGO-ÄndG?, BayVBl. 2001, 385 ff.

TANNEBERG, Uwe, Effizienz und Kostenstruktur der Justiz des Landes Mecklenburg-Vorpommern aus Sicht des Landesrechnungshofs", NordÖR 2001, 1 ff.

TIMME, Hinnerk, Der einstweilige Rechtsschutz in der Rechtsprechung der Landessozialgerichte, NZS 1992, 91 ff.

TIPKE, Klaus/KRUSE, Heinrich Wilhelm, Abgabenordnung, Finanzgerichtsordnung, Kommentar, III, Loseblatt, Stand: 86. ELfg., November 1998, Köln.

TRZASKALIK, Christoph, Die Vereinheitlichung der Verwaltungsprozeßordnungen, NJW 1982, 1553 ff.

UECHTRITZ, Michael, Die Konkretisierung des neuen Rechtsmittelrechts durch die Verwaltungsgerichtsarkeit, VBlBW 2000, 65 ff.

ders., Die 6. VwGO-Novelle und die aktuellen Überlegungen zur Reform des Rechtsmittelrechts: Das Berufungsverfahren, NVwZ 2000, 1217 ff.

ULE, Carl Hermann, Die künftige Verwaltungsgerichtsordnung, JZ 1953, 681 ff.

ders., Zur Vereinheitlichung der gerichtlichen Verfahrensordnungen, DVBl. 1958, 691 ff.

ders., Zur Vereinheitlichung der verwaltungsgerichtlichen Verfahrensordnungen, DVBl. 1967, 345 ff.

ders., Für ein einheitliches Verwaltungsgerichtsgesetz, NJW 1968, 967 ff.

ders., Vor einer einheitlichen Verwaltungsprozeßordnung, DVBl. 1981, 363 ff.

ders., Effektiver Rechtsschutz in einer funktionsfähigen Rechtspflege, DVBl. 1982, 821 ff.

VOẞ, Reimer, Argumente für die Zweistufigkeit der Finanzgerichtsbarkeit auf dem Prüfstand, BB 1987, 376 ff.

WANNAGAT, Georg, Künftige Gerichtsverfassung der öffentlichrechtlichen Gerichtsbarkeiten", ZRP 1980, 119 ff.

WEBER-GRELLET, Heinrich, Cui bono? Zur Verbesserung des Rechtsschutzes durch eine dreistufige Finanzgerichtsbarkeit, DStZ 1987, 20 ff.

WEYREUTHER, Felix, Revisionszulassung und Nichtzulassungsbeschwerde in der Rechtsprechung der obersten Bundesgerichte, München 1971.

WICHMANN, Alexander, Das Verwaltungsgericht Berlin in Zeiten des Umbruchs, NVwZ 2001, Beilage II, 7 ff.

WILKE, Reinhard, »Kurskorrektur« in der Verwaltungsgerichtsordnung, NordÖR 2001, 6 ff.

WINDEL, Peter A., Soll am Laienrichterwesen festgehalten werden?, ZZP 112 (1999), 293 ff.

WITTMANN, Johann, Zum Wandel des Verhältnisses von Verwaltung und Verwaltungsgerichtsbarkeit, BayVBl. 1996, 586 ff.

WOLF, Manfred, Gerichtsverfassungsrecht aller Verfahrenszweige, 6. Auflage, München 1987.

WOLFF, Hans J./BACHOF, Otto/STOBER, Rolf, Verwaltungsrecht I, 10. Auflage, München 1994.

WÜRTENBERGER, Thomas, Akzeptanz durch Verwaltungsverfahren, NJW 1991, 257 ff.

ZUCK, Rüdiger, Die Berufsfreiheit der freien Berufe, NJW 2001, 2055 ff.

ZULEEG, Manfred, Der Wandel der deutschen Judikative in Zeiten knapper Mittel, ZRP 2000, 483 ff.

Verwendete Abkürzungen richten sich nach:

KIRCHNER, Hildebert, Abkürzungsverzeichnis der Rechtssprache, 4. Auflage, Berlin 1993.

## ..ungsrecht
## ..erausgegeben von Professor Dr. Bernhard Stüer

Diese Schriftenreihe ist planungsrechtlichen Themen gewidmet. Das Bauplanungsrecht und die verschiedenen Fachplanungsrechte stehen hier im Mittelpunkt, wenngleich die vielfältigen Bezüge des Planungsrechts zu verwandten Rechtsgebieten auch berücksichtigt werden.
Folgende Bände sind im Universitätsverlag Rasch bereits erschienen:

Band 1
**Stüer, B. (Hg.): Verfahrensbeschleunigung**
1997, 311 S., pb
isbn 3-932147-14-6

Band 2
**Stüer, B. (Hg.): Planung von Großvorhaben**
1999, 346 S., pb
isbn 3-932147-15-4

Band 3
**Rude, S.: Planreparatur – Zur Behebung der Fehler städtebaulicher Pläne**
2000, 200 S., pb
isbn 3-934005-43-8

Band 4
**Plogmann, C.: Naturschutzrechtliche Konfliktbewältigung**
2000, 273 S., pb
isbn 3-934005-51-9

Band 5
**Stüer, B. (Hg.): Städtebaurecht 2001. BauGB – UVPG – BauNVO – ROG**
Einführung – Grundbegriffe – Umweltbericht
2001, 320 S., pb
isbn 3-935326-32-7

Band 6
**Hönig, D.: Fachplanung und Enteignung**
Anforderungen der Eigentumsgarantie an die projektbezogene Fachplanung
2001, 267 S., pb
isbn 3-935326-34-3